应急物流理论与实践研究

公双雷 著

全国百佳图书出版单位
吉林出版集团股份有限公司

图书在版编目(CIP)数据

应急物流理论与实践研究 / 公双雷著. --长春：吉林出版集团股份有限公司，2023.7

ISBN 978-7-5731-4067-8

Ⅰ．①应… Ⅱ．①公… Ⅲ．①物流-研究 Ⅳ．①F252

中国国家版本馆 CIP 数据核字(2023)第 142955 号

YINGJI WULIU LILUN YU SHIJIAN YANJIU

应 急 物 流 理 论 与 实 践 研 究

| 著：公双雷 |
| 责任编辑：沈丽娟 |
| 技术编辑：王会莲 |
| 封面设计：豫燕川 |

| 开　　本：787mm×1092mm　1/16 |
| 字　　数：280 千字 |
| 印　　张：11.5 |
| 版　　次：2024 年 1 月第 1 版 |
| 印　　次：2024 年 1 月第 1 次印刷 |
| 出　　版：吉林出版集团股份有限公司 |
| 发　　行：吉林出版集团外语教育有限公司 |
| 地　　址：长春福祉大路 5788 号龙腾国际大厦 B 座 7 层 |
| 电　　话：总编办：0431－81629929 |
| 印　　刷：吉林省创美堂印刷有限公司 |

ISBN 978-7-5731-4067-8　　　　　定　价：69.00 元

版权所有　侵权必究　　　　　举报电话：0431－81629929

前言

党中央创新发展新时代应急管理思想,坚持提前预防、科学治理,改变灾难推动型治理方式,开启了我国应急管理新篇章。作为应急管理的重要组成部分和突发事件应对的物质支撑,应急物流能力的提升,是应急管理体系和应急管理能力现代化的需要,也是国家治理体系和治理能力现代化的时代要求。

应急物流是为应对严重自然灾害、突发性公共卫生事件、公共安全事件等突发事件而对物资、人员、资金等的需求进行紧急保障的一种特殊物流活动,具有突发性、不确定性、急迫性、多主体参与性、弱经济性、非常规性等特点。加强应急物流研究、建立完善的应急物流体系、探讨应急物流管理理论和方法,目的是提升我国应急物流管理水平以及提高突发事件的应急保障能力。

在世界各地不断发生灾难性事件的情况下,应急物流的出现因面向实际问题和热点问题而得到了广泛的关注,在理论和实践方面,出现了多种研究趋势,研究内容也各有特点、精彩纷呈。本书将近年来国内对应急物流的研究和应用情况进行了归纳和总结,并结合了作者的研究进展和实践情况,助推这一具有鲜明特色的学科快速发展。从理论出发,分析了应急物流的基础设施、选址、组织管理等一系列的研究与探索,对应急物流管理方向相关研究者和从业人员具有学习与参考价值。

应急物流是现代物流体系中一个新兴的细分领域,涉及面广、要求高,对应急物流相关理论、技术的研究始终处于不断创新与发展中,本书是对该领域技术研究的阶段性成果所做的总结。由于作者能力及时间有限,书中难免有不全面、不准确的地方,敬请读者批评指正。

目 录

第一章　物流与应急物流概述 ………………………………………………………… 1
　　第一节　物流和应急物流 ……………………………………………………… 1
　　第二节　应急物流的一般机理 ………………………………………………… 5
　　第三节　应急物流的核心能力 ………………………………………………… 11

第二章　应急物流体系 ………………………………………………………………… 15
　　第一节　应急物流体系的结构 ………………………………………………… 15
　　第二节　应急物流体系的管理流程 …………………………………………… 16
　　第三节　应急物流体系的构建 ………………………………………………… 21

第三章　基础设施、装备技术及信息平台设计 ……………………………………… 27
　　第一节　应急物流的基础设施建设 …………………………………………… 27
　　第二节　应急物流的装备技术管理 …………………………………………… 34
　　第三节　应急物流的信息平台设计 …………………………………………… 41

第四章　应急物流系统的整体构建与中心选址规划 ………………………………… 48
　　第一节　应急物流系统与中心选址概述 ……………………………………… 48
　　第二节　应急物流系统设计与供应链构建 …………………………………… 52
　　第三节　应急物流中心选址决策方法 ………………………………………… 60
　　第四节　应急物流中心选址模型 ……………………………………………… 66

第五章　应急物流信息系统 …………………………………………………………… 70
　　第一节　物流信息系统的概述 ………………………………………………… 70
　　第二节　应急物流信息系统的结构设计 ……………………………………… 73
　　第三节　应急物流信息系统的开发 …………………………………………… 76
　　第四节　应急物流的关键技术 ………………………………………………… 81

第六章　全面认识应急物流管理 ························· 92
第一节　应急物流管理组织机制 ························· 92
第二节　应急物流中的物资管理 ························· 96
第三节　各类突发公共事件中的应急物流管理 ··············· 101

第七章　供应链视角下的应急物流 ························· 117
第一节　应急供应链的重要性 ························· 117
第二节　应急物流供应链的结构设计 ····················· 124
第三节　应急供应链的快速响应机制 ····················· 130

第八章　应急物流的资源、资金、绩效及风险研究 ··············· 132
第一节　应急物流的资源配置和征用 ····················· 132
第二节　应急物流的资金筹措和保险 ····················· 137
第三节　应急物流的绩效测量和评价 ····················· 142
第四节　应急物流的风险分析和防范 ····················· 147

第九章　物流产业健康发展的必由之路 ····················· 152
第一节　第四方物流 ························· 152
第二节　绿色物流 ························· 155
第三节　电子商务物流 ························· 158
第四节　"互联网＋物流" ························· 163

第十章　我国应急物流存在的问题及对策 ····················· 166
第一节　我国应急物流发展现状及问题与对策 ··············· 166
第二节　我国应急物流管理系统的问题及对策 ··············· 168
第三节　城市应急物流体系的特点问题及改进对策 ············· 170
第四节　我国自然灾害应急物流的问题及对策研究 ············· 173

参考文献 ························· 177

第一章　物流与应急物流概述

第一节　物流和应急物流

一、物流的构成要素

研究整个的物流过程,可以抽象出流体、载体、流向、流量、流程、流速六项最基本的构成要素。

(一)流体

物流活动的目的是实现流体由供应者向需求者的流动,流体是指物流中的实体,具有自然属性和社会属性等不同的性质。自然属性是指流体的物理、化学、生物学属性,物流管理的任务之一和物流服务质量的重要体现就是流体的自然属性不受损坏,因此在物流过程中应根据流体的自然属性合理安排运输、仓储、装卸、配送等物流作业,组织进行流体的检验及养护。社会属性是指流体所具有的价值属性以及产品的生产者、采购者、物流业者、销售者之间的各种关系。单位体积或质量流体的价值量(价值系数)越大,物流过程组织越要精心,越要追求提高物流效率。

(二)载体

载体是指物流过程中流体借以实现流动的设施和设备。物流载体可以分成两大类:第一类载体指物流基础设施,主要指各类固定基础设施,如铁路车辆、公路线路、水运航道、港口码头、货运场站、机场等;第二类载体指以各种固定设施为基础,直接承载运送流体的各种设备,大多数是可移动设备,如铁路车辆、公路车辆、船舶、飞机、装卸搬运设备、集装器具、包装、加工机械设备等。物流载体的配置及运用状况,对物流运作的质量、效率和效益,具有决定性的作用。研究各类物流载体的网络结构与布局,如物流中心与配送中心的网络结构、数量、规模、选址、分工,移动载体的定位、跟踪、运行速度的提高、各种技术设备的合理运用等是物流学极为重要的研究内容。

(三)流向

流向是指流体从起点到终点的流动方向。流向通常可以分为四种:一是自然流向,根据产销关系所确定的商品的流向。商品从其产地流向销地,表明对该产品的客观需要。二是计划流向,根据流体经营者的商品经济计划而形成的商品流向,即商品从供应地流向需求地。三是市场流向,根据市场供求关系和价值规律所确定的商品流向。四是实际流向,在物流过程中流体实际发生的流向。在物流运作过程中,上述几种流向有可能相互重叠,但由于主客观多种因素的影响,也可能导致流体的实际流向与其他流向发生偏离。通过对产销关系、供求关系的研究,深刻认识和准确把握流向的变化规律,提高计划制订和组织管理水平,以达到优化配置物流资源、提高物流运作效率、降低物流成本的目的。

(四)流量

流量是指流体在一定流向上通过载体的数量表现。流量与流向是紧密相关、不可分割的两大要素,每一流向都有一定的流量与之相对应。可以参照流向的分类方法对流量进行分类,即分为自然流量、计划流量、市场流量和实际流量四类。此外,根据流量自身的特点,还可按实际流量和理论流量对流量进行分类。从物流管理的角度分析,在各组往返流向及各种流程上物流流量呈均衡是最理想的状况。这样,可以最有效地配置和利用物流资源,最方便实施物流组织及管理。但由于多种因素的影响,实际上不同流向、不同流程上的各种流量是难以达到均衡的。这就要求通过科学地规划、合理地配置资源、采用先进的信息技术和严密的组织方法,最大限度地消除流向、流量分布不均衡性所带来的不利影响。

(五)流程

流程是指流体通过载体在一定流向上实现空间位移的数量表现,流程的大小对物流成本水平及物流载体形式的选择等有重要影响。与流量的分类方法相同,流程可以分为自然流程、计划流程、市场流程与实际流程,也可分为理论流程和实际流程。理论流程通常为可行路径中的最短路径,实际路径又可分为按流体统计、按载体统计、按流向统计、按发运人统计四种基本类型及通过不同组合进行复合统计的更多种类的流程。

(六)流速

流速是指流体通过载体在一定流程上的速度表现。流速与流向、流量、流程构成物流的四大量化要素,是衡量物流效率和效益的重要指标。

上述物流的六要素之间存在紧密的联系,在拟定物流系统规划和组织物流活动中要注意分析和处理好这些要素之间的关系,以确保提升物流服务水平、降低物流成本、提高物流效率和效益。从物流运作角度分析,除上述六要素外,还应包括人员、组织、资金等其他要素。

二、突发事件与应急物流

(一)突发事件的定义

在英语中存在一些与突发事件相关的名词,涵义比较相近,在这里列举一些。Event指一般意义上的事件,定义相对中性的词,并不暗含对事件的积极或消极性质的说明。Accident 通常用于描述事故,含有偶然发生、并非意料之中的意思,多取负面意义。Incident 在应急管理以及与安全相关的文献中出现频率较高,用于表述突发的可能造成损失的事件,是一种比较标准的用法,在提到灾难性事件时通常使用这个词。Disaster 多用于形容大规模的灾难性事件,尤其是自然灾害。Disruption 意为干扰,多用于形容偏离初始均衡状态且比较容易被恢复的小幅度扰动。Crisis 意为危机,可以理解为危险与机遇并存的转折点。Emergency 正是最常用的对于"突发事件"的表述形式,同时体现了突发性、紧迫性和危害性的主要特点,是应急管理中的最常见用法。Risk 意为风险,是一种相对广义的概念。突发事件可以被认为是风险的重要组成部分,也可以被认为是风险事件中烈度最高的那一类事件。

在汉语中,关于"突发事件"的近似说法还有"紧急事件""紧急情况""非常状态""戒严状态"等,这些提法在词语的描述上不尽一致,但其内涵大致相当。

比较和分析上述说法,可以归纳出对于突发事件的定义:从狭义上来讲,突发事件是指在一定区域内,突然发生的规模较大、对社会产生广泛负面影响、对生命和财产构成严重威胁的事件和灾难。从广义上来说,突发事件是指在组织或者个人原定计划之外或者在其认识范围之外突然发生的,对其利益具有损伤性或潜在危害性的一切事件。

人们工作和生活所处的环境状态一般可以认为是一个均衡状态,是多个均衡系统的集成体系,如经济系统、文化系统、自然系统和安全系统。这些系统的均衡呈现出在一条直线附近波动的状态。

突发事件的发生往往意味着整个均衡状态被打破。与其他类型的事件一样,突发事件在发生之前有一个从量变到质变的积累过程。但是,这个过程往往是在短时间内就积聚完成了,和一般事件的发生过程相比具有一些特殊性。

突发事件一旦出现,对于承灾主体和处置主体来说,往往会伴随着日常生活秩序的极大变动,正常的工作和生活将被干扰,并且在很短的时间内很难快速恢复到以往的正常运行状态。因此,就本质而言,突发事件扮演了一个均衡状态破坏者的角色。

(二)突发事件的类型

现实世界中的突发事件种类繁多,无法找出两个完全相同的例子。这种类别上的差异也直接导致其迥异的外在表现,对突发事件的类型可以按照不同特性进行分类。比如,根据发生地域的不同,可以分成平原、山区、海洋、湖泊中的突发事件;根据行业的不同,可以分为交通类、化工类、建筑类的突发事件等。

为了对突发事件进行更加合理与有效的管理,在我国的应急管理总体预案以及《突发事件应对法》中,将突发事件划分为以下的四个大类:自然灾害、事故灾难、公共卫生事件和社会安全事件。这四个类型事件相互之间都会存在交叉的现象,具体而言,事故灾难事件同时也可以是社会安全事件,而一个公共卫生事件也完全可能是一次自然灾害带来的,如水灾后的瘟疫等。

（三）应急物流的定义

应急物流(Emergency Logistics)是指以提供自然灾害、公共卫生、社会动乱等突发性事件所需应急物资为目的,以追求时间效益最大化和灾害损失最小化为目标的特种物流活动。应急物流与普通物流一样,由流体、载体、流向、流量、流程、流速等要素构成,具有空间效用、时间效用和形质效用。普通物流强调物流的效率但更强调物流的效益,而应急物流在许多情况下是通过物流效率的实现来完成其物流效益的实现,其主要解决的问题包括:实现快速准时交货的措施、低成本准时的物资采购供应策略、物流信息的准确输送,信息反馈和共享、物流系统的敏捷性和灵活性、供需协调实现无缝供应链连接等。

根据突发事件所发生的领域,又可以将应急物流分为突发自然灾害应急物流、突发社会危害应急物流和突发疫情应急物流。突发自然灾害包括地震等;突发社会危害包括重大交通事故、生产事故等;疫情应急物流可分为人群疫情和动物疫情,前者如甲流等,后者如禽流感等。

与普通物流比较分析可得,应急物流具有以下特点:

①突发性,由突发事件引起,最显著的特点是突然性和不可预测性。应急物流对时效性的要求非常高,必须在最短时间内,以最安全、最有效的方式把应急货物送往突发事件发生地。

②不确定性,不确定性源自突发事件的不确定性。由于无法准确预测突发事件的持续时间、影响范围等,使得应急物流也具有不确定性。

③非常规性,本着特事特办的原则,省去许多中间环节,整个物流系统看上去十分紧凑,具有很明显的非常规性。

④弱经济性,一般只考虑物流的效率,甚至有时会成为纯粹的消耗行为。

三、应急物流的地位与作用

为应对突发事件提供物资支援的应急物流是现代物流新兴的分支领域,属于特种物流,已经成为当今社会经济持续健康快速发展的重要保障力量。

首先,应急物流是国家安全保障系统的重要力量。社会经济在发展过程中总难免发生一些突发事件。在事件发生后,短时间内需要大量物资,救灾的胜负不仅取决于现场救援力量,也依赖于应急物流能力。应急物流主体功能包括:快速抢救受灾物资和各类设施、设备,减少损失;及时补充物资,维系抢险救灾活动顺利进行;快速供应物资,帮助灾区重建;稳定民心,维护社会经济秩序安定等。良好的应急物流体系能够源源不断地将国民经济力量输送到灾区,补充救灾物资消耗,恢复救灾有生力量,成为救灾能力的倍增器。可见,良好的应急物流系统既是综合国力的重要组成部分,也是其发展水平的重要标志,更是综合国力转化为救灾实力的物质桥梁。

应急物流建设事关国计民生，意义十分重大。从宏观上讲，它直接关系着国家社会和谐稳定和国防安全巩固，与国家、各级政府息息相关；从微观层面上讲，则关系着百姓安康、生活幸福，与个人和群体利益也紧密相连。因此，为确保国家安全、经济建设、国计民生能够对突发事件应对自如，减少损失，应站在战略角度重视应急物流体系建设，充分发挥应急物流提供物资保障的作用，由被动应对变为主动应对、由片面应对变为全面应对、由劣质应对变为优质应对。

其次，应急物流为应急管理提供强大的物资支撑。应急管理理论认为，突发事件可分为潜伏期、发展期、暴发期和恢复期四个阶段。应急物流在突发事件潜伏期做好各种准备，发展期启动，在暴发期和恢复期真正运作，体现其价值。在应急行动中，大致可分为实施抢救的现场救援活动和实施物资保障的物流活动。国家实力不会自动地转化为抗灾救灾实力，应急物资必须经过包装加工、组配、储存、配送、分发等多个环节，通过物流的桥梁作用，才能为现场救援提供不间断的物资供应。

历次应对社会突发事件的经验表明，人们应时刻保持忧患意识，居安思危。只有这样，当洪水、地震等突发事件来临时，我们才能从容应对，争取主动。所以，应对社会突发事件是应急物流针对事件的性质与特点，在事发地点有效匹配而形成抗灾减灾能力。尽管应急物流是因突发事件引发的现场救援而存在，但并不说明它是现场救援的附属，相反，它同现场救援是应急处置不可分割的两个方面，贯穿应急处置的全过程。

最后，应急物流是做好应对准备的重点建设工程。我国现行分类管理、分级负责、条块结合、属地管理的应急管理体制，各个种类突发事件所需应急物资，均以本主管部门为主线，构建相对独立、自上而下、垂直式的补给通道，各个部门之间平行作业，整个物流呈分离式平行线性运作。这一模式导致了补给线路细长零乱、保障对象补给分离、保障能力分散、建设效率比较低，这种状况无疑给应急物流的组织指挥带来巨大困难。

应急物流系统集成、整体优化的理念，将有力促进现场救援的物资保障要素高度集成、环节衔接流畅、集约性能显著。应对突发事件的任何行动都离不开物流的保障和支援，信息流的畅通离不开物流系统，应急通信设备准确、及时保障到位，救灾人员作用的发挥依赖于救灾物资的伴随保障，灾区人民的生存、生活更需要物流的顺畅。因此，应急物流是做好应对准备的重点建设工程。

第二节　应急物流的一般机理

"机理"指的是事物所遵循的内在逻辑规律。对于突发事件来说，分析清楚事件的机理，就可以找到事件的源头，发现事件形成的规律和事件发展的动力，以便在应急物流中找到相应的应对策略。机理分析是开展应急物流的基础。掌握了事件的内在机理，在灾难发生后才可以做出迅速、有效的反应,采取尽可能合理的应对措施,达到处理突发事件、减少损失的最终目的。

机理的发现来源于对各种实际事件的演化过程以及应急物流全生命周期的观察、总结和抽象。它可以揭示突发事件以及应急物流的原则性、原理性、流程性、操作性机理特征与具体的表现形式。分析突发事件的机理,可以找到促成事件发生的风险因素,发现事件形成的规律和事件发展的动力,分析事件在每一步的发展方向,指导人们在应急过程中掌握更多的有效信息,找到更加合适的应对策略。同样,分析应急物流的机理,可以获知合理的应急物流工作所应具有的一般步骤,理清条理,抓住工作重点,在时间有限、技术有限的条件下采取相对最优的应对方案。

一、应急物流机理系统的层次性

在应急物流中,机理系统首先可分为突发事件的机理与应急物流的机理两部分,后者基本上是由前者决定的,两者之间存在着很强的关联性,这两部分都包含有专业性机理和一般性机理两个层次。

和事物的基本特征一样,机理也可以用各类不同的特性描述来解释,先从机理最初的两个分类进行分析,就是专业性机理和一般性机理。

（一）专业性机理

专业性的特定机理,又被称作行业性或领域性机理,是指每个突发事件都有其专业领域内的特殊性。目前,我国把突发事件分为自然灾害、事故灾难、公共卫生事件和社会安全事件四类。从大的方面说,这四个类型的突发事件的专业性机理各不相同。比如,地震灾害就有地球物理学、力学等学科的机理与之相应;而突发的烈性传染病则需要由病理学、分子生物学、传染病学等机理进行解释。更具体地讲,每一类里的每一件突发事件的机理都有其特殊之处,比如洪水和火山喷发同属于自然灾害,但成因、发生、发展以及后果却存在着天壤之别。

（二）一般性机理

突发事件的一般性机理或称为管理类机理,是指突发事件发生、发展与传导的一般性规律,又可以分为原则性机理、原理性机理、流程性机理和操作性机理四个不同的类别。类似地,应急物流的一般性机理也包含这四个类型。突发事件与应急物流的机理系统不仅具有清晰的层次性,而且两类机理之间还存在着很强的逻辑性。

其中,原则性机理是指对特征的简单描述;原理性机理则对整个事件过程和应急处理过程的规律性进行刻画;流程性机理说明事件和应急处置过程的前后逻辑,是一个最优的过程;而操作性机理在流程性机理的基础上,考虑到各种实际存在的约束,给出的是一套事件和应急物流的规律性表达。

原则性机理概括了突发事件与应急物流的特征,因此是整个机理系统的根基,也是相对简单的一部分。明确了各种特征之后,才能研究突发事件与应急物流从开始到结束的全过程,总结其一般规律,得到原理性机理。在此基础上更深入地探寻事件与应急物流过程每个环节的前后联系以及在理想状态下每种状况出现的原因和可能引发的后果,就得到流程性机理。以流程性机理为基础,加入现实中的各种约束,就得到操作性机理。不同的是,对突发事件的约束是可能对事件下一步发展产生影响的外部环境以及为应对事件而人为采取的应急措施;对应急物流的约束则是可用资源、交通条件、时间、成本和技术条件等。这些都是一般性的理论,适用于每一类突发事件及其应对过程。

针对每个具体事件而言,它具有不同于其他事件的特殊性,因此结合事件的专业性机理和应急物流的专业性机理,可以得到具体的流程性和操作性机理。这样,在处置过程中就更容易把握事件的发展方向,也更有针对性。

各类突发事件及其管理专业性机理目前大多已经有比较成熟的学科与之相对应,这里不再对专业性机理进行介绍,而将对一般性机理的四个组成部分,即原则性机理、原理性机理、流程性机理以及操作性机理分别进行阐述,这些也正是目前应急物流理论与实践中比较紧缺的内容。

二、应急物流系统的原则性机理

谈到一个事物的特征,人们往往用这个事物具备"怎样的性质"来进行总结和概括。这里对于原则性机理的描述,也使用同样的意思来表达对突发事件和应急物流内在规律的概括。

原则性机理是对特征的简单描述。一般地,对于突发事件的原则性机理可以用"突然性、茫然性、必然性、偶然性"这四个词来描述。相应地,应急物流也有其原则性机理,包括快速启动性、探索尝试性、有效遏制性、动态博弈性等。

"突然性"是对突发事件在时间方面的描述,指事件的爆发通常是一个很短的过程,出乎人们的意料。由于事件的发生过于突然,人们往往也没有做好充分的应对准备。而为了最大限度地降低损失,控制影响范围,又必须迅速做出反应,在第一时间启动相应的预案或采取其他的手段,这就是应急物流的快速启动性。

"茫然性"是指信息的不完全性或高度缺失性,在一定程度上是由突然性所决定的。信息的高度缺失一方面指在事件出现时,人们除了知道事件正在发生这一事实之外,对事件爆发的原因、影响到的人群和具体结构组成都不清楚;另一方面,人们也对应该采取怎样的手段阻止事件的发展和演化等缺乏必要的认知。

"必然性"是指灾害本身的发展有其不以人的意志转移的成分,而应急物流的主体也同样有运行和发展的客观规律性。虽然在事件发生时,人们需要掌握的信息高度缺失,但是发生事件的载体有自身的内在规律,即在什么条件下会造成风险因素的不断积聚,在怎样的情况下会诱发事件的爆发以及这样的爆发又会沿着怎样的路径去发展演化,其背后都有一定的规律可循,事件的发生、发展具有其内在的必然性。从应对的角度说,知道主体的内在规律性,人们所采取的措施就有据可循,就更容易抓住事件的主要矛盾,从有效遏制事态的进一步发展。也就是说,事件的必然性特征是应急物流有效遏制性的先决条件。

"偶然性"是指事件的发展演化过程是人们难以预见的。虽然应急主体都有其内在规律性,朝着什么方向发展不是随心所欲的。但是由于人们对于这种规律性的了解非常有限,因此事件呈现给人们的情况纷繁复杂,难以预料,并且在每一个状态人们所采取的措施又会对事件的下一步发展产生影响。事件的发展存在很多种可能,而究竟选择哪一种存在一定的偶然性。必须根据实际情况的变化不断调整应对方案,事件的发展与应对措施之间相互影响、相互制约,因此,应急物流具有动态博弈性。

同样,还可以描述突发事件更多的特征,如蔓延性、危害性等。以上都是突发事件具备的共性特征。和过去相比,现代社会发生的很多突发事件具备了以往突发事件所没有的特征,应急物流将会更加复杂。例如,多主体相关性是指突发事件所有可能的主体多是相关的,有的是两两相关,有的则是多个主体之间存在相互的关系。一般地,一个突发事件会涉及以下主体:

①受灾人群。被灾害直接或间接伤及的人群。
②政府。可以是中央政府和地方政府,负责应急物流的宏观层面的工作。
③应急处置人员。负责应急物流的具体工作的人员,如消防人员之于火灾事件。
④专家。包括行业领域专家和应急物流专家、资金管理专家等。
⑤民间组织。非政府组织(NGO)、专业性学会协会、因灾而临时性成立的组织。
⑥物资供应商。包括必要的食品、药品、救灾物资以及其他所需物资的供应者,如超市、生产厂商等。
⑦社会公众。因为灾害而在生活、工作中受到影响的人群,或关注灾害的人群。
⑧媒体。一般会报道灾害的情况,包括网络、电视、平面媒体等。

三、应急物流系统的原理性机理

原理性机理刻画了突发事件和应急物流的整个过程的规律性。对于原理性机理,可以划分成两个先后相继的阶段:一个是单事件阶段,另一个则是多事件阶段。

发生机理又分成突发和渐发两个不同类型,区别主要在于人类是否事先掌握了事件要发生的信息,如果事先知道,则认为是渐发,否则就称为突发。

发展机理则分别按照空间上的扩展和烈度上的增强来进行区分。对应于火灾,空间上的扩展可以是从一座楼烧到另外一座楼,而烈度上的增强则可以是火势由小变大。

一个事件的发生可能是由其他事件诱发的,也可能会造成更多的事件。对于多事件之间存在的这种关系,可以用"演化"一词概括。进一步细分,则可分为"转化""蔓延""衍生""耦合"四个不同的机理模式。其中,"转化"是指B事件的发生是由A事件引起的,例如室内的火灾引发建筑物门口的挤踏。而"蔓延"机理则主要说明的是同类灾害不断发生,如航班的延误、火车的误点等,往往一个延误带来一连多个事件串的延误。

"衍生"的意思与通常的理解稍微有些差异,主要是指因为应对某个事件采取的一些积极措施会造成另外的事件,很可能后面这个事件比前一个还要严重。比如,北京市在雪灾之后开始研发融雪剂,而最开始研发出来的融雪剂不具备环保特性,很可能对施过融雪剂的土地造成永久性不可恢复的损害。

"耦合"机理是指两个或两个以上因素共同作用导致突发事件进一步加剧。中国南方雪灾就是多种因素耦合在一起发生的事件,主要包含以下耦合因素:

①雪灾发生的区域不属于北方,而是南方大多数省市区,那里缺乏北方的防雪、防低温的设置和准备。

②雪灾发生在春节前后。此时,包括公路、铁路、民航、水运在内的运输部门正在组织运送上亿的人员返家过年。

③城市及运输系统的重要基础——电力系统首先受灾,电力系统的崩溃会导致运输中断、无法供暖、无法烹煮和加热食品,乃至无法进行医疗手术。

④资源瞬时短缺,缺油、缺煤、断水。这些都属于由以上事件演化产生的事件,直接影响到所有人的正常生活。

这些耦合因素的存在,一下子造成灾害的无限制扩大,影响面在短时间内就由局部扩展到全局,以致最后几乎不可收拾。

突发事件的原理性机理包括事件发生、发展和演化三个环节,与此相联系,都对应着应急物流的策略。所要采取的应急对策就是与发生机理相对应的过程阻断、与发展机理相对应的中止隔断以及与演化机理相对应的路径控制、舍弃、择优选择、解耦等环节。

例如,针对突发事件的蔓延机理之后,我们应该采取"舍弃"的应急物流机理与之相应。蔓延是一个事件出现后不断会有类似事件发生,如果这样的情况是可以预见到的,有时候对第一个突发事件采取听之任之的态度更合适一些。

四、应急物流系统的流程性机理

流程性机理一方面说明事件发生发展的前后逻辑顺序,另一方面也说明处置过程中需要遵从的逻辑性。突发事件从发生到结束始终是一个理性选择的过程,它沿着最优路径逐步发展,消耗最少的能量使灾害达到最大化。突发事件的流程性机理与原理性机理之间存在着十分密切的联系。

在本质上，无论是地震还是海啸，都有一个能量变化的过程。起始点是能量的少量聚集，如果有合适的释放点让能量在聚集的过程中得到释放，那么未释放的能量不足以引起质变，事件也就一直不会发生。反之，如果没有合适的释放点，能量聚集到一定程度，达到临界点爆发出来，就表现为突发事件的发生。进一步就是突发事件在空间上的蔓延，在烈度上不断地增强。在这个过程中，不同的外界环境对事件发展可能起到阻碍或推动的作用，由此存在着对路径的选择问题。

根据路径的特征，可以分为链式、辐射式、迁移式和汇集式四种最基本的形式，分别对应突发事件原理中的转化、蔓延、衍生与耦合。例如，由地震引发海啸进而造成人员伤亡就是链式的路径。地震会同时导致人员伤亡、环境破坏、社会心理恐慌等次生事件，则是多个链式路径的复合，进而会形成树状或网状路径。辐射式是指以一个事件为中心点，引发其他相似的事件。比如，一次强震带来的周边地区的多次余震。

应急物流的流程性机理与突发事件的流程性机理在每个环节上一一对应。如果成功预警，即发现了能量的逐渐聚集。此时需要采取的措施是阻止能量的聚集或改变事件发生的临界点，两者的目的都是使能量无法达到临界点，从而将可能发生的事件扼杀在萌芽状态。

事件发生之后，大量的能量释放，灾害规模进一步扩大。为了阻止灾害的蔓延和转化，应当从源头、传播路径和易感物三个方面采取措施。特别是在源头，用相应的物体去中和灾害的能量，控制事态的发展。例如，在非典肆虐的时候，一方面对患者进行隔离，使病毒无法传播；另一方面要保护易感人群，使其远离传染源。

如果措施有效，则突发事件的发展势头会逐渐减弱。经过必要的善后处理之后，就可以进入事后总结的阶段，即修正错误以利于应对下一次灾难。如果引发了其他灾害，由突发事件的流程性机理可以知道，这些灾害会遵循相似的发生发展和路径选择的过程。因此，应急物流的流程性机理也遵循与上面类似的处理过程，直到最后灾害结束，采取善后措施，进入事后总结阶段。

五、应急物流系统的操作性机理

突发事件的操作性机理以流程性机理为基础，但是由于实际情况并不是在理想状态中，存在着种种约束，比如在火灾中存在有风和无风的情况，有风时风的大小以及方向的限制都是一种约束，而且人们也在采取着各种应急措施，因此突发事件只能在各种限制条件下寻找相对优的路径，使灾害最小化。

类似地，应急物流的操作性机理从开始到结束的每一步也存在着各种约束，因为人们所能采取的措施不是随心所欲的，必然会受到可用资源、地理环境、交通状况、时间、技术条件等多种因素的制约，因此很多环节可能是现有条件下根本无法实现的。

总结以上阐述的内容不难发现，分析突发事件与应急物流的机理具有很强的实际意义。

它从多个角度刻画了事件从萌芽、发生到减缓、结束的整个过程,并对该过程中每个环节的规律性都进行了较为细致的探索,同时还总结了应急物流处置过程的一般规律。此外,了解演化机理与几类不同的路径有利于防止次生灾害的发生,在很多时候,次生灾害的影响远比直接灾害更加深远持久。流程性机理给出了多事件阶段中的基本路径,这也是引发次生灾害的基本情形。所以,要防止次生灾害,达到控灾减灾的目的,必须先了解次生灾害的发生原因及演化路径,如此才能从本质入手,有效阻止次生灾害的发生或控制其影响规模。

从实践角度来看,建立突发事件与应急物流的机理联系还有利于国家应急物流体系的建设。其中,应急预案与机理系统中的原理性和流程性机理联系紧密。只有明确了突发事件的发生发展流程,才能考虑到各种可能出现的情形,根据应急物流的一般流程,结合具体的专业性机理,制订出比较周全的预案。恰当的应急物流体制能有效地管理各类突发事件,而不恰当的体制则有可能起到完全相反的效果。应当深入分析突发事件与应急物流本身所具有的特性,根据这些特性来不断修正完善当前的体制建设。应急物流的机制更是直接以机理分析为根基,无论是启动机制、终止机制还是运行机制,都需要在掌握突发事件机理的基础上进行设计。

第三节 应急物流的核心能力

一、应急物流能力的定义与特征

(一)应急物流能力的定义

"能力"从一般意义上讲,是指使一个企业实现出色的绩效并且维持在竞争者中竞争优势的品质、本领、组织方法、知识和技能,包括如客户服务、客户响应和订单循环时间之类的商业绩效和过程。基于资源的管理理论认为,能力是为了达成渴望的结果而组合配置资源的能力。能力是一个企业所特有的,是他人无法模仿的;同时,能力是不断发展的,是企业竞争优势的强大基础。

应急物流能力是指某一特定的应急物流系统从应急需求分析、应急需求确认、应急物资采购、分拣、运输到交付给应急救援点的全过程中,在响应时间、响应速度、物流成本、订单完成准时性和订单交付可靠性等方面的突出表现。

应急物流能力既包括应急物流系统中的仓储、运输、分拣等物流设备和资源的处理能力(有形要素),也包括对应急物流活动的计划、组织与控制的能力(无形要素),是对整个应急物流过程中的有形要素和无形要素进行组织、控制和协调的综合反映。

应急物流能力由两部分构成并且具有两重性:一是由应急物流系统的物质结构形成的客观能力,如应急交通运输网络的疏密与路况、救灾物资储备库的大小与分布、救援人员的数量、应急设施和设备的工作能力等;二是由应急物流系统的管理者对整个应急物流运作过程的协调与控制能力。

(二)应急物流能力的特征

应急物流作为各类突发事件中对物资、人员、资金的需求进行紧急保障的特殊物流活动,具有突发性、不确定性、弱经济性和非常规性等特点。与之相对应,应急物流能力具备以下特征:

①强时效性。突然性和难以提前预知是应急物流区别于一般物流的最显著特征,这就要求在最短的时间内、以最快捷的流程和最安全的方式来进行应急物流保障。强时效性至少包含三个方面的内容:一是从应急需求确认到应急物流机制启动的响应时间要尽可能压缩;二是应急物流系统必须具备能够将大量的应急物资在极短的时间内进行快速运送的能力;三是快速运送的应急物资要在第一时间满足防灾减灾的需要。

②柔韧性。由于突发事件的不确定性,人们无法准确地估计突发事件的持续时间、影响范围、强度大小等各种不可预期的因素,使应急物流的内容随之变得具有不确定性,这就要求应急物流系统具备很强的柔韧性:既需要满足应急物流实施的不同阶段的需要,如在灾害发生的初期主要是提供基本生存物资、积极疏导群众,在救灾中保障灾民的生活,灾后恢复生产等;也需要满足同一阶段内的不同需求,如灾难发生后,首先是灾民的救援,接着是衣食的保障,然后是灾民的安顿等。

③独特性。应急物流能力是某供应链或某应急物流系统所特有的,不同的应急系统其应急物流能力在质与量上存在相当的差别。例如,突发性传播性疾病的应急物流系统,其主要能力是提供医疗器械、隔离受感染体、限制人员流动等;而对于地震、海啸等灾害,应急物流系统则应该提供充足的运输能力,尽可能疏散处于灾区的人员和财产。另外,对同一应急物流系统,不同的控制策略及协调水平往往导致不同的结果,这就尤其要加强对应急物流能力中无形要素的管理。

④开放性和可扩展性。应急物流需求的随机性和不确定性决定了应急物流能力应具有开放性和可扩展性。应急物流需求和供给在突发事件发生前是不确定的,而必须在突发事件发生之后将其纳入应急物流系统中。在防灾减灾中,应急需要的物流量大量增加,往往超出原应急系统的能力范围,这就需要该系统能对供应该物资的其他系统进行开放,扩展其能力。

⑤整体性。应急物流能力是应急物流系统有形要素和无形要素能力的综合反映,并不是系统内部各功能要素能力的简单叠加。应急物流能力更不是系统内各成员企业物流能力的简单叠加,通过各成员企业物流资源的有效整合和良好组织协调,供应链物流系统可以产生更加强大的整体物流能力。比如,在东南亚海啸救助中出现的物流问题就是由于能力的不匹配,在海啸中被毁坏的公路严重阻碍了救援物资的运输,导致一方面大量国际救援物资

积压在机场和码头,另一方面大批灾民仍面临着严重的食品和药品短缺。

二、应急物流能力的分类与构成

(一)应急物流能力的分类

按照研究范围的大小,应急物流可划分为宏观、中观和微观等三个层面。相应地,应急物流能力也可以划分为宏观应急物流能力、中观应急物流能力和微观应急物流能力。

①宏观应急物流能力作为社会总体的应急物流能力是社会总体物流能力的有机构成。可以从经济社会整体角度认识和研究应急物流能力,如某个国家的应急物流能力、某个经济合作区的应急物流能力都属于此类。

②中观应急物流能力指区域性或者行业性社会再生产过程中的应急物流的能力体现。主要有两种划分方法:一是根据地理区域或者行政区域来划分,二是根据行业或者灾害类型来划分。如果根据行业或者灾害类型来划分,有突发性灾害应急物流能力、渐变性灾害应急物流能力和环境灾害应急物流能力,也可以划分得更为具体,如地震、海啸、干旱、酸雨等应急物流能力等。

③微观应急物流能力指某一微观经济实体的应急物流能力。该微观经济实体的应急物流能力可能局限于提供整个应急物流的某一功能或者某几个功能能力。例如,中国地震应急搜救中心提供的地震现场应急搜索救援能力,中央救灾物资储备库提供的棉、单帐篷等物资的储备能力等。

一个国家的宏观应急物流能力由各行业、各地区的中观应急物流能力构成,而各中观的应急物流能力又由各微观经济实体的应急物流能力构成。因此,对微观应急物流能力进行深入剖析是研究应急物流能力的基础所在。

(二)应急物流能力的构成

对照物流能力的划分体系,微观层次的应急物流能力同样可以从物流活动的性质、物流系统的抽象特征和能力构成要素的特点三个角度进行划分。这些分类之间是相互联系的,比如应急物流各要素能力在节点、通道、子网和网络能力中均有不同的体现;而要素能力和运作能力在供应、生产、分销、回收和废弃物物流能力中也各有其特征与表现。

①按照应急物流活动的性质,将应急物流能力划分为应急供应能力、应急生产能力、应急分销能力、应急回收能力和废弃物应急处理能力。

②从应急物流系统的抽象特征角度,将应急物流能力划分为节点应急能力、子网应急能力和网络应急能力。例如,物资储备库的应急能力为节点应急能力;两个或两个以上相互联系的节点形成的子网的应急能力为子网应急能力,如供应与制造子网、制造与分销子网的应急物流能力;整个应急物流系统的综合物流能力则为网络应急能力。

③按照应急物流能力各构成要素的特点,应急物流能力由应急要素能力和应急运作能

力综合而成。应急要素能力主要是指物流硬件资源的处理能力,是机械设备、仓储设施等有形物流要素在面积、数量、生产率、劳动时间等诸要素上的综合;应急运作能力是指管理者通过采用计划、组织与控制等手段,优化配置资源,为防灾减灾提供高效率、低成本的物流服务的能力。

第二章　应急物流体系

第一节　应急物流体系的结构

一、应急物流体系的概述

当前,在应对各类重大突发性公共事件实践中,我国已经具备了较高的应急物资保障能力,但如何更好地在第一时间把合适数量、质量的应急物资以合理的方式快速送达各类公共事件突发目的地,对保障人民生命财产安全、迅速恢复正常的生产生活秩序、尽可能减少各类损失、最大限度降低对经济社会的不利影响等方面,还有待进一步加强,加快应急物流体系建设问题日益受到重视。

当前,国内应急物流体系建设重点在以下几个方面：一是基础设施建设,包括骨干运输通道能力、铁路网络结构、民航支线机场数量、公路基础网络通达和衔接程度。要提升内河航道等级,促进东、中、西大地带交通设施平衡发展,改善部分区域运输网稀疏的状况;同时,还要进一步完善应急物流信息网络等。二是组织机制建设。要加快建立健全中央与地方各级应急物流组织机构,尽快形成和完善中央有关部门之间、中央与地方之间以及中央、地方和有关企业之间联动机制,加强统一指挥调度,提高系统效率。三是应急物流企业培育。目前,应急物流基地、应急物流中心、应急配送中心、第三方应急物流企业数量等,还有待进一步增加。四是应急物资储备系统合理化。要合理布局救灾储备中心,发挥快速响应职能;要改变救灾物资储备过于分散状况,加强组织协调,降低保障成本;要促进救灾信息通畅,协调解决好捐赠主体繁多、社会捐助物资种类和时间等方面的供需平衡问题。五是完善相关法律法规及政策。

基于上述分析,加快应急物流体系建设,基本思路是应急物流体系建设要以应急物资保障目标为核心,系统组织符合应急物流特点的物资采购、运输、储备、装卸、搬运、包装、流通加工、分拨、配送、回收以及信息处理等各项活动。

二、应急物流体系的类型

应急物流体系按照不同标准可以分为以下几种类型：

①根据突发事件的发生过程、性质和机理,可以划分为突发自然灾害应急物流、突发疫

情应急物流、突发社会危害应急物流。突发自然灾害包括火山、地震、水旱、海啸和泥石流等;突发疫情主要是指由于细菌或病毒引起的,造成严重危害人类或者动植物健康的灾害事件,例如禽流感、SARS 等;突发社会危害事件主要包括恐怖袭击事件、重大交通事故、设施设备安全事故、经济安全事件和涉外突发事件等。

②根据突发事件的可预测程度可将应急物流划分为可预测的应急物流和较难预测的应急物流。由于国家对应急物流的研究越来越重视,很多学者都参与到了应急物流的研究领域,伴随着科技创新和信息技术的发展,很多的先进技术和设备都运用到了对突发事件的预测中,就目前来说,人们对于自然灾害和疫情灾害已经能够做到一定程度的预测,但是对于突发的社会事件,比如大型的交通事故或者是恐怖袭击,根本无法做到预测。

③根据物流活动的需求时间和约束条件,应急物流可以划分为一次性消耗救援物资应急物流和连续性消耗救援物资应急物流。一次性消耗救援物资应急物流是指在突发事件发生初期,对于应急物资的需求是不确定的,而且对物资配送的时间要求非常严格,必须在最短的时间内将应急物资送达受灾者手中。而连续性消耗救援物资应急物流是指在应急救援的后期,物资和人员需求趋于稳定,救援的主要工作是进行灾后重建和预防次生灾害的发生,物资的需求和时间限制并没有那么严格,从而可以考虑物资和运输成本的物流活动。

三、应急物流体系的意义

应急物流体系是保证社会应急危机的快速处理体系,一些重大突发事件所需应急物资的数量和种类往往是惊人的,我们不可能指望某一个物流企业能全部保障,而是需要众多的物流企业来共同参与完成。这就要有一个机构来分配任务、组织协调,否则难免会出现问题。以往在面对一些突发事件时,都是由政府出面运用行政权力从各单位紧急抽调人员临时组成一个协调机构。这种方式总的来说取得了一些成果,但也暴露出了其不足。

由于信息沟通和一系列程序上的问题,使得协调机构无法在第一时间内组织起来,救援工作无法及时展开,致使灾情扩大。且政府救灾物资协调机构中的领导平时很少进行应急保障方面的专业训练,对物资流通方面了解不多,有时难免出现外行指挥内行的情况,工作效率难以保证。所以,搭建一个专业性更强、保障能力更强、办事效率更高的应急物流体系有着很重要的现实意义。

第二节　应急物流体系的管理流程

应急物流体系的管理流程由应急物流体系的运行机制、管理机制和政策保障机制三部分组成。运行机制是整个应急物流系统框架的主体,实现了物资的配送和信息的传达;管理机制由需求管理机制、供应管理机制、库存管理机制和资源管理机制组成;法律保障机制为应急物流工作的顺利开展提供保证。

一、应急物流体系的运行机制

应急物流体系运作是支撑整个应急物流系统的主体框架,它实现了物资的及时配送和信息的准确传达。通过对整个应急物流的运作流程进行分析,我们可以从中发现运作中出现的问题和缺点,及时地进行改进和优化,使整个运作系统能够更加快捷流畅。所以说设计一个合理高效的应急物流运作流程体系,使得各职能部门和系统之间配合得当、信息快速准确传递,不仅能够提升应急救援的速度、保证救灾物资的及时送达,而且还可以提高应急救援的服务水平和效率。

通常情况下,当突发事件预警警报发出时,最先采取行动的是应急物流辅助决策系统,通过事态监控,对突发事件的具体地理位置、外部环境、人口数量和受灾面积等因素进行分析,然后根据应急物流信息系统及时收集和整理的有关灾情的情报信息,参照应急预案历史数据库,参考以往工作经验,做出应急救援的初步部署工作,根据应急物流信息系统提供的数据,确定应急物资的采购范围和数量,确定应急出救点的地理位置和营救设施点,规划应急救灾路径,并对应急物流服务设施点进行选址和布局,向有关应急救援部门下达任务,确定应急物资配送车辆,同时通过应急物流信息系统平台,运用各类数据库和信息技术,对灾害事件的进程和物资配送流程进行实时的跟踪和监控,对得到的信息和数据进行整理和处理,反馈到应急物流的救援工作中,及时对其进行修正和调整。

而应急物流协调指挥系统通过对决策支持系统所做的决策和计划以及制订的应急物流预案进行分析,将救援任务下达至应急物流运作系统。

应急物流运作系统是整个应急物流体系的核心。它包括从应急物资的筹备和采购开始,一直到救灾物资送达受灾群众手中的全过程。根据应急物流协调指挥系统公布的应急方案和应急服务点的布局,及时对所需应急物资进行筹措和准备,对于紧缺物资和物资短缺情况,必须尽快组织相关人员进行采购,必要时可以发动群众组织进行捐赠和救助;对应急物资进行集中分类,并选择合适的车辆和配送路线,将应急救灾物资快速准确的送达受灾点;对配送到达的人员和物资进行登记和分配,并通过应急物流信息系统对其他应急物资的配送信息进行记录和管理;对灾情的具体情况和实时数据进行分析和处理,将所得到的信息和数据反馈给应急物流协调指挥中心,以便于对应急物流运作流程进行动态调控,及时调整和修正应急预案。

二、应急物流体系的管理机制

在突发事件的预处理过程中,一个优秀的应急物流体系的快速反应机制通常起到极其重要的作用。

(一)需求管理机制

突发事件在很多方面都是无法预测的,所以在应急物流的预处理阶段,建立某种形式的需求管理是非常有必要的。一些学者认为,需求管理是对库存产品的品种和能力的要求的决策过程,以确保灾难发生后物资的准备和保障。

尽管灾害是无法预测的,但是某些缓慢发生的灾害,比如洪水,一般都有3~5天的延迟期,再比如飓风,一般会有提前48小时的预测期,这样就使得人们可以有时间采取相应的措施来应对灾害的发生。对于许多的商业企业来说,对于外部环境的预测,都会运用不同的方法,搜取相关信息做出长期、中期和短期的预测,所以对于应急救援来说,也需要一定的预测。短期预测,就是针对规律性发生的突发事件进行预测,它所预测的对象和内容,一般都表现出明显的季节性或是倾向性;中期预测主要是针对那些发生原因不明,没有明显的变化规律的突发事件进行的;而长期预测的范围就比较广,内容也较复杂。

需求管理就是根据预测信息,结合历史事件信息数据库、区域居住人口数和当地地理环境条件大致预测出受灾后的应急物流物资需求量以及决定营救的需求点数量,并根据地理条件因素决定出救点的设备和路径。所以历史信息数据库的存在和发展在一定程度上给我们的信息预测和需求管理都提供很大的帮助。

(二)供应管理机制

对于供应管理来说,采购和供应商的管理决定着应急响应的速度和水平。首先需要解决的是分析清楚什么属于内部活动,而什么属于外包业务活动,这些都是要以人道主义救助为基础进行的。例如,很多学者认为,运输活动采用外包对于紧急救援是比较有益的,特别是在突发需求出现时,但是它的有效性却是好坏参半的。

在商业物流的供应链管理中,一个好的供应链管理计划是需要很多供应商参与的,并且是一个动态协调的供应链,而且需要建立有效的长期供应合同。所以说,参与救援的各机构之间的协调是一个很具有挑战性的工作。然而,组织机构之间的相关性却与灾害没有多大联系,如果忽略了这个特点,就可能导致设立多余的物流活动,比如建立更多的仓库等。

所以供应管理阶段,就是建立一个合作发展平台的准备阶段,主要工作是明确整个救援系统的组织成员、确定各成员机构各自的任务、建立完善的信息系统、协调各组织成员之间的关系等。

(三)库存管理机制

很多学者认为,灾害的救助计划是围绕社会库存能力进行的。应急响应的速度很大程度上依赖于灾害救援团体的库存水平,因此,救灾物资的采购、储存和分配是关键。

救援机构必须区别不同灾害所必需的物资种类,比如饮用水和食物是灾害发生后通用的救灾物资,但是针对各种灾害,还有其特定的救助物资种类,这两种类型的救灾物资,它们的需求是有很大差异的。目前有很多学者就这方面展开了研究,有学者建立了随机规划模型来确定各种物资的安全库存水平,但是由于特种物资的需求是很不确定的,所以应该储备什么、储备多少都是很难进行预测的。但是能够确定的一点是,特种物资的需求是在灾难初期发生的,而且需求量大,而通用物资一般属于连续需求,它们的需求一般是相对稳定的。

(四)资源管理机制

为了对突发事件快速做出响应,就需要大量的资源和工作支持,一般情况下都需要在条件艰难的环境下进行操作。很多研究应急物流的学者都把重点放在如何在灾难发生后尽快地接近灾害区域、了解灾害的具体情况和需求信息、减少灾害所造成的损失,研究都注重车辆路径的选择和响应时间的最小化,所以资源管理的重点主要是对救灾响应期间救援资源的配送提供基础设施和后备力量。

良好的资源管理最重要的就是精英的组织团队,救援组织对于成员的选择一般都是集中在救援组织机构的内部人员,而且必须是经过专业培训的。在专业的培训中,团队合作和互相协调是必备科目,而且在应急救援中,许多的社会团体也会加入进来,所以对于团体之间的协调也是很重要的因素,公众教育和救灾演习也是资源管理不可缺少的一部分,能够在很大程度上减少灾害突发时的损失。

三、应急物流体系的政策法规保障

应急物流体系建设在我国尚处于起步阶段,在法律建设方面,我国目前还没有专门的应急物流法规,宪法只规定了紧急状态,还没有紧急状态法等相关法律,有关应急物流的内容一般都融合于各部专门法律法规之中,如《中央级救灾储备物资管理办法》《突发事件应对法》《国家突发公共事件总体应急预案》《自然灾害救助条例》等。

《突发事件应对法》明确规定"自然灾害、事故灾难或公共卫生事件发生后,履行统一领导职责的人民政府可以采取十项应急处置措施",这些处置措施主要包括"控制、标明、封锁危险场所,在灾区实行交通管制;组织公民参加应急救援和处置工作,要求具有特定专长的人提供服务;保障食品、饮用水、燃料等基本生活必需品的供应"等。该条规定了政府在救灾时的职责和权力,其中第八条还明确规定国务院在灾害发生时根据具体需要建立紧急指挥机构以及各级机构的职责和权限,提高救援效率,节省救援的行政成本,保证救援工作协调、科学、合理地进行。《突发事件应对法》是我国应急物流法律保障机制的基础,以其为指导,加强对应急物流体系法律保障机制的研究十分重要。虽然研究应急物流体系的法律保障机制的主题仍是政府的指挥、各力量的协调和应急物资的采购、运输、储备、配送等,但只有建立了完善的应急物流保障机制,才能确保应急物流工作的顺利进行,保障人民的生命和财产安全。

《国家突发公共事件总体应急预案》第四章明确规定了应急物流方面的法律规范,第三款"应急物资保障"中规定"建立健全应急物资监测网络、预警体系和应急物资生产、储备、调拨及紧急配送体系,完善应急工作程序,确保应急所需物资和生活用品的及时供应,并加强对物资储备的监督管理,及时予以补充和更新",第六款"交通运输保障"则指出"要保证紧急情况下应急交通工具的优先安排、优先调度、优先放行,确保运输安全畅通;要依法建立紧急情况社会交通运输工具的征用程序,确保抢险救灾物资和人员能够及时、安全送达"。这两个条款的规定,为应急物资的储存和运输提供了主要的法律依据,实现了应急物流工作的法制化、有序化、结构化、规模化,提升了整个社会的危机应对能力。但也应该看到该应急预案的规定过于笼统,而且针对性不强,当工作细微到各个环节时,可以依据的法规比较零散,要建立完善的应急物流法制体系就必须克服这种弊端。

目前,我国没有专门的关于补偿机制的法律规范,所有关于灾后补偿的条文都散落于各部法律规范之中,其中,有关应急物流的补偿规范少之又少。《突发事件应对法》中规定:"有关政府及部门在应急管理中可以征用单位和个人的财产,被征用的财产在使用完毕或者突发事件应急处置工作结束后,及时返还。财产被征用或者征用后损毁、灭失的,给予补偿。"对应急物流过程中发生的如对于被征用的物资、车辆、房屋补偿,志愿者的意外伤害补偿,失业救助和训练补贴等,一般都是由国家或地方政府财政出资,少部分由保险公司赔偿。

目前,我国有三大补偿机制:政府灾害补偿、社会灾害补偿和市场灾害补偿机制,其中以政府补偿为主。政府补偿主要依赖于国家财政,社会补偿依赖于社会团体及一些慈善机构,市场补偿主要是指一些保险公司对承保的企业、个人的补偿。政府补偿金由中央政府层层下发,或是由地方政府用地方财政予以补偿,我国没有设立专门的机构负责补偿金的筹集和发放,而社会补偿金依赖于各个社会团体和慈善机构对社会各界的捐赠进行归类、整理、发放和使用。这种模式将政府力量和非政府力量相结合,走出了一条新型合作发展道路,为完善灾后工作起到重要作用。但是由于没有专门关于灾后补偿的法律,补偿标准、补偿范围等条文分散于各个法律规范之中,这种模式的补偿效果和补偿机制功能还需进一步完善和发展。

法律保障机制是我国应急物流体系的重要组成部分,只有建立健全法律保障机制才能为应急物流工作的顺利进行提供保证,才能为保障人民的生命和财产提供法律依据。

(一)制定有针对性的法律法规,完善应急物流法律体系

对于我国的应急物流法制建设应注意应急法制的"子与母"的关系,应急物流融合于应急管理机制中,是其重要组成部分,所以应急物流的法制建设也不能脱离总法制体系而独立存在,而是应包括在法律体系之中。在构建应急物流体系上,首先必须缕析现有法律法规脉络,对不同层次、不同类别的法律文件进行整合,对有冲突和矛盾的规范加以修改,对各个地方的行政法规、条例、暂定予以完善,对规定内容过时、有误的规定及时清理,加强应急物流法律体系的协调性和系统性。

(二)加快应急物流标准化立法

现在我国应急物流的指挥体系仍以政府为主导、以军队为救援主力军。灾害发生以后,

我国通常成立临时指挥小组指导救援工作,当救援物资从全国四面八方送至灾区,由于缺乏统一的指挥调度,往往导致救援工作杂乱无意。因此制定应急物流指挥标准已成为完善应急物流体系的首要任务。我国应建立一个功能性专业化的常设应急物流指挥中心,该中心应该是属于政府性质的行政机构,以应对突发事件下的物流工作。以指挥标准为依据创建的指挥机构应当具备适应力强、信息化程度高、高效运作、保障力强的特点。在平时,指挥中心要做好应急物流准备工作及与各部门的协调工作,包括规划应急物资的管理储备、设计配送路线、预测需求、应急预案的制定、演习及防灾救灾的宣传和教育等。若灾害性事件发生时立即进入紧急状态,根据受灾地区的情况、专家给出的意见与先前经验做出合理决策,同时联合信息报告中心、卫星服务中心、应急物资运输部门,以及财务部门和安全部门,指挥各部门和受灾地区进行救援工作。

(三)保障公民和市场主体权益——完善补偿机制

《中华人民共和国宪法修案》中已明确规定:"国家为了公共利益的需要,可以依照法律规定对公民财产实行征收或征用并给予补偿。"这可视为政府在紧急状态中给予行政补偿的宪法依据。虽然在宪法中涉及补偿机制的规定,但并没有专门的补偿法律,一些具体的规定都分散于各个法律之中,因此应该加强应急补偿机制的系统化、法制化。

第三节 应急物流体系的构建

我国应急物流体系的构建,必须考虑整体和全局的观念,从上层的管理体系到中层的组织体系及基层的作业体系都进行考虑和构建。体系构建还要求具备长远性以及发展的眼光,体现在法律法规上为应加强立法工作,对应急物流的发展提供法律保障。构建时还应具备系统的观点,即把应急物流的预警、指挥、执行等体系的组成部分看作相互联系的系统。

一、应急物流体系的构成及设计原则

构建应急物流体系,必须采用系统的观点,在体系构建初期就考虑如何科学地进行物流各要素的安排和设定,保证应急管理体系在应急事件发生时更好地发挥其效用。应急物流管理体系划分为四个层次,包括决策层、信息层、运作层和环境层。

(一)决策层

应急物流的决策层不同于一般的企业决策,突发事件的时间紧迫性决定了应急物流系统的决策者所能控制的时间是有限的。所以说应急物流决策层的成功与否就在于是否能够在有限短的时间内做出正确有效的反应。因此,决策层在整个应急物流体系中处于核心地位,在突发事件发生时,决策层必须在最短的时间内做出快速有效的判断,制定出正确的救灾措施。

决策层的主要任务就是负责应急物流的统一指挥,给其他辅助系统和应急部门下达命令,评估突发事件并制定所需应急物资的品种和数量,确定应急物流方案等应急指挥工作。

(二)信息层

应急物流体系的信息层应该由一个反应快捷的应急物流信息系统和一个完善的信息网络中心组成。应急物流信息系统主要是对数据(包括应急物流预案数据库、应急物流空间数据库、应急物流业务数据库和应急共享数据库)的存储、分析监控以及发布,为决策层提供必要的数据和技术支持。

(三)运作层

应急物流体系的运作层,就是将救灾所需的人员和物资等进行空间转移,确保应急物资能够在最短时间内送达物资需求者的手中,并负责应急物资在应急物流全过程中的信息反馈。

应急物流运作系统的主要职责就是应急物资的采购、应急物资 RFID 仓储、应急物资配装和 GPS 配送调度管理等。由于应急物流对于时间和成本效益的要求都较高,因此,其运作流程要比常态下的物流运作流程的集成性更高,对每个部门的执行和协作的能力要求便更高。

(四)环境层

应急物流系统的环境层是作为一个辅助的结构出现的,它包括行政制度、公共政策和法律法规。目的是突发事件发生时,能够以法律保障和行政支持为后盾,为构建快捷高效的应急物流做基础,支撑整个系统有条不紊地运作。

构建物流应急体系时要遵循以下原则:

①统筹规划、协同运作。应急物流体系涵盖到应急物资保障的很多方面,这就要求以整体和系统的角度来考虑,根据我国行政区域划分的特点,建立起从全国、区域、省市、乡镇等级别的组织体系,在政府统一领导的应急保障部门的指挥下,充分调动社会团体及民间大众的参与积极性,实现物流、信息流、资金流的有效运转。

②快速决断、实时管理。由于应急事件发生具有突然性和较大破坏性,当应急事件发生时必须在第一时间做出有效的响应,在最短的时间内搜集灾区的信息和需求情况,实施救灾人员、物资、资金向灾区的输送,保障灾区的基本需求。并根据已搜集的如受灾区的物资需求信息、交通破坏信息、群众伤亡信息、事态发展状况等向上级部门进行反馈。

③灵活适度、科学有序。由于应急事件发生后波及的范围比较大,而且在灾害发生的初期是救援的黄金时期,这就要求应急物流管理部门分清主次和轻重,集中力量对受灾区进行有效的救助。由于应急物流运作过程中风险因素很多,在构建应急物流体系进行风险决策时,必须更多的征求专家的意见,并遵循灵活适度、科学有序的原则,根据专家组的评估报告和有限顺序,确定应急物流工作的流程,采用先进的物流理论决定车辆路径的选择、配送中

心的设置、最佳调配方案的确定等。

④重视预案,依法管理。一个经济合理的预案是应急物流高效运作的重要保障,因此在应急物流体系的设计时,要将一些组织性的问题拿到预案中来,并保证其合理、科学和高效。而一些应急物流法律的颁布使得在灾害发生后各部门责权明确,实际工作中有法可依,同时在应急物流体系的设计时还要出台一些相应的符合各区域的应急物流法规和条例等。

应急物流体系构建的目的是促进应急物流体系能有效协调,高效运转。因此我国应该结合我国行政机构的划分和应急物流的实施流程,整合地方政府、军队、国家建立一个常设的专门机构来处理应急性事件的发生。根据我国的行政特点可划分为国家、区域、省市、县乡四个级别。这个体系可以根据灾害的程度可大可小,当灾害波及的范围较小时可以由该区域的应急物流指挥中心自己制订方案指挥救灾。当出现全国性的应急卫生事件时,应成立全国性的指挥中心,把各个小区域的指挥部门统一到全国指挥中心网络中。

二、应急物流管理体系的体制与机制

我国体系化的应急物流制度已逐步将应急物流纳入法制轨道。建立健全应急物流系统机制能使得应急物流工作顺利进行,我国应急物流系统机制主要包括下面七类。

(一)政府协调机制

我国民政部国家减灾委员会办公室和全国抗灾救灾综合协调办公室是应急救助的总指挥部。政府在灾害性事件发生时及时对国内外及各地区的物质资源、人力资源进行整合、协调和合理调用,按照具体问题具体分析的原则为应急事件提出具体的解决方案,在财政上筹集、调拨应急救灾基金,根据灾区需要紧急指示相关生产单位生产应急物资,如帐篷、棉被等。政府还应积极与社会团体、慈善组织等机构进行沟通、协调,防止重复发放、浪费资源等情况发生,尽量消除一切不利于救灾行动的障碍,保证救灾行动的顺利进行。

(二)全民动员机制

当灾害性事件发生时,政府通过电视、广播、网络等通信手段将具体灾情告知广大群众,具体包括受灾地点和时间、救援工作的进展和遇到的困难、民众参与救援的方式和途径等,以人多力量大为原则动员广大民众参与到救援活动中来,鼓励企业、社会团体和慈善组织等机构为救灾行动贡献爱心。这样为灾区最大限度地提供了人力和物力资源,充分调动了民众的救灾热情。

(三)社会公共保障机制

社会公共保障机制是指保证应急物流系统高效运转的行政制度和公共政策,主要包括应急物资的采购或征用机制、应急资金的筹集和使用机制、应急人员的组织和调度机制、基础性设施建设等。应急物资主要是用来解决发生重大灾害和突发事件时的抢险、救援和安置工作,所必需的保障性物资,如帐篷、应急灯、棉被等。常用的筹措方式有平时储备、紧急采购、强行征用、突击研制和生产、社会募捐、国际援助等。应急物流的基础性支撑主要包括公路、铁路、水运、航空等基础设施，应急物流信息平台以及应急物流装备和技术支持平台等。我国近年来不断加强骨干运输通道能力，强化铁路网络结构，合理增加民航支线机场数量，提高公路基础网络通达和衔接程度，还提升了内河航道等级，促进东、中、西三大地带交通设施平衡发展，改善部分区域运输网络稀疏的状况。同时，也进一步完善了应急物流信息网络建设。虽然目前我国仍未形成完善健全的社会公共保障机制，但经过多年的实践，这些机制已初具规模，只有完善这些准备机制才能在灾害发生时及时、有效地应对各种突发情况，做到有备无患。

（四）应急预案与绿色通道机制

面对突发事件的发生必须有一套适合实战的应急预案，加强预案的制定才会在应对突发事件时有合理正确的处理办法和机制。我国目前已经制定了多项紧急预案，主要有《国家总体应急预案》《国家地震应急预案》《国家突发地质灾害应急预案》《国家突发公共事件医疗卫生救援应急预案》《国家突发公共卫生事件应急预案》等。这些预案要求有关部门在平时就做好应急培训、储备应急物资等工作，在灾害发生时按照预案机制进行应对工作。

绿色通道机制是指在灾害发生时国家开通一条或多条应急保障通道或程序，如在灾害发生时灾区有电话专线、救灾应急物资有专门的运输通道等，不仅保障灾区与外界信息交换通畅，也使得应急物资能及时运到。

（五）应急报告与信息公布机制

灾害发生时，由政府逐级上报至中央机关，由国务院做出总体决策，连同各有关部门和地方政府进行紧急救援。在救灾过程中不仅对灾区情况进行报告和公布，也对应急物流的工作信息公开发布。救援信息的发布可以使社会各界对救援抗灾工作的情况有所了解，在最大程度上动员社会力量。

（六）应急基金储备机制

我国的应急资金是国家和地方政府从财政预算中预留部分资金和一些捐助资金。其中主要由财政部门负责中央应急资金以及应急拨款的准备，当灾害发生时根据各地请求发放灾害救助金，包括对应急物资、医疗器械的购置和运输等，其中部分用于受灾地重建，而社会捐赠资金具有专门的指定用途，其来源于社会各界人士自愿捐赠的资金。

（七）法律保障机制

法律是应急物流的基础保障，当灾害性事件发生时，法律法规起着重要的作用。近50年来，我国已经制定了多部有关应急物流的法律法规，主要有《突发事件应对法》以及各项应急预案，此外，《公益事业捐赠法》等多部法律也对应急物资的筹备和使用进行了具体规定。这些法律为应急物流的运作提供了基础性的支持，为国家开展应急物流工作提供了法律上的依据，但这些法律法规毕竟只是针对特定领域紧急状态的立法，彼此缺乏系统性和协调性,尤其在很多方面还存在立法空白。因此应该加强应急物流体系中的法律保障机制建设,明确危机发生时的指挥机构、权利义务、行动准则等,做到应急物流有法可依,促进救援工作的有效实行。

三、应急物流体系的流程优化

应急物流体系的流程优化,首先要解决的就是对应急物资进行分类分级,这样才能在快速响应阶段得到有效的物资供给保障。然而,现阶段我国在应急物资需求分类方面的研究还很少,没有统一的分类标准,而且分类复杂,所以对应急物资的分类进行研究十分重要,以保障救灾救援活动的顺利开展。

应急物资的分类分级优化是为决策库存控制策略做基础,要想快速便捷的为受灾群众提供救灾物资,就必须制定一套科学合理的物资分类评价指标体系。所以进行应急物资分类的主要目的是为了更好地满足应急需求,那么就需要在分类时考虑到应急物资的需求特性。

在进行应急物资分类过程中,不仅要考虑应急物资的需求特性,还要对应急物资的储备特点进行分析。通过对应急物资储备特性和需求特性的研究,确定应急物资常态下的储备模式,实现对应急物资的有效管理。

（一）物资成本

物资成本的高低不但反映了应急物资的重要程度,而且直接影响着应急物资储备的数量和质量。构成物资成本的因素主要有采购成本、运输成本和库存成本。其中采购成本是物资成本中所占比例最大的因素,所以,物资成本的降低很大程度上取决于对采购成本的合理控制。物资成本的高低同时也受运输成本和库存成本的影响,所以对采购成本进行比价议价和科学采购、对运输路径和运输车辆进行评优选择、对物资的库存进行合理的管理都在控制物资成本中起到一定的效果。

（二）物资稀缺程度

物资稀缺程度主要是反应应急物资的紧缺度,主要是考虑当突发事件发生时,该物资能否得到快速地补充,满足应急的需要。物资稀缺程度的影响因素包括应急供货能力、缺货成本、应急调动困难度、采购难易程度等。其中应急供货能力和应急调动困难度是影响该指标的主要因素,应急供货能力越强,应急调动就越方便,则应急物资的稀缺程度就越低。采购难易程度和缺货成本也在一定程度上影响着物资的稀缺程度。

（三）物资储存寿命

对于应急物资来说,物资的需求种类繁多,而且各物资的储存寿命也都各不相同,特别是对于保质期来说,比如食品和饮用水等。因为突发事件的发生是不可预测的,所以在储备物资时,对于保存期限短的物资应该尽量减少储存量,以避免过期而导致成本的增加。对于库存管理来说,影响物资储存寿命的因素除了保质期限以外,还受到产品的生产质量、包装质量以及储存环境的影响(尤其是在仓库内,仓库的级别、温湿度和防灾防水能力等)。所以在选择储备应急物资时,应尽量储备性价比高的物资,这样既可以满足成本要求又实现了质量的控制。

(四)物资仓储要求

应急物资的仓储条件直接影响着应急物资的储存寿命和质量。影响物资仓储条件的因素包括仓库等级、仓库容量、仓库温湿度和装卸作业能力等。

仓库等级越高,容量越大,满足重大应急灾害救援需求的能力就越强。而仓库的温湿度和装卸作业能力也在一定程度上影响着应急救援的速度和效率。

从以上分析的应急物资分类指标体系中能够看出,对于储存寿命和成本来说,属于定量的指标,而物资的仓储等级水平和稀缺程度则属于定性的因素。针对应急物资分类评价体系,将定性指标数据进行定量化处理,得出对应的评价值,从而将应急物资进行分类储备,运用不同的储备策略进行有效管理。

第三章 基础设施、装备技术及信息平台设计

第一节 应急物流的基础设施建设

一、应急物流基础设施的构成要素

物流基础设施体系是应急物流活动的基础,主要由以运输场站、配送中心、物流中心、物流园区等为物流节点设施的主体要素和以公路、铁路、航空、水路和管道为物流通道设施的支撑要素构成,这两部分共同形成一定的空间层次结构和突发事件应对型的应急物流基础设施体系。

全部物流活动都是在通道和节点进行的:物流通道上进行的活动主要是运输,包括集货运输、干线运输、配送运输等;物流功能要素中的其他功能要素如包装、装卸、保管、分货、配货、流通加工等,都是在节点上完成的。物流节点在整个系统中的衔接功能、信息功能和管理功能,决定了其在现代物流体系中至关重要的地位。

随着整个物流基础设施体系的目标不同及各节点的所处地位不同,各节点所发挥的作用也有所不同,因此对于物流基础设施的分类亦日趋细化和多样化:根据物流节点的主要功能,可分为转运型节点、存储型节点、流通型节点、综合型节点等;根据各个节点的规模的大小、辐射能力的强弱以及其功能的复合程度,可将不同的节点划分为综合物流中心、物流园区、专业商品物流中心、配送中心、综合物流配送节点等。

二、应急物流的节点基础设施体系

(一)应急物流节点的分类和层次

应急物流节点是物流网络中连接物流通道的结节之处,在现代物流网络中起着重要作用。它不仅执行一般的物流职能,而且是整个物流网络的灵魂所在。应急物流节点作为物流网络系统的重要组成部分,是整个物流网络的物流功能集成中心、信息交换中心和组织协调中心。特别执行中枢功能的应急物流节点又被称为物流中枢或物流枢纽。应急物流节点根据不同的标准可以划分为不同的类型,目前有实践意义的划分方式主要有三种。

1. 根据应急物流节点的救援地域范围划分

国际应急物流节点:以跨两个及两个以上海关管辖地域为救援范围的应急物流节点,涉

及报关清关、进出口商品检验检疫、海关监管、保税等多个环节,作业技术性强。在全球化过程中,此类应急物流节点发挥着越来越重要的作用。

区域应急物流节点:以城市群或经济区为救援范围的应急物流节点,有比较强的辐射能力和库存储备,向省际乃至全国范围的需求点提供物流救援。这种应急物流节点规模较大,所能达到的救援点较多,物流作业量较大。

城市应急物流节点:以城市作为救援区域范围的应急物流节点。这种应急物流节点一般采用汽车运送,可以直接将货物运送到最终点。该类应急物流节点运距短、反应能力强,从事多救援点、多品种、少批量的物流较有优势。

2. 按应急物流节点的经营性质或救援对象划分

公共应急物流节点:这是随着第三方物流救援的发展而发展起来的向受灾地区提供救援的专业化、社会化应急物流节点。公共应急物流节点经营管理较复杂,它不仅可以提高物流救援的专业化水平,而且有利于提高行业的资源利用效率。

专业应急物流节点:与综合应急物流节点相比,专业性较强,具有在这个领域内的综合性和一定的综合功能。

企业应急物流节点:工商企业为保证自身生产或供货的顺利进行而设置的应急物流节点;其各种物流设施和设备归企业所有。

3. 按应急物流节点的主要业务功能划分

存储型应急物流节点:以存放货物、从事商品保管功能为主要职能,有很强的存储能力,货物在此类应急物流节点中停留的时间较长。在物流系统中,储备仓库、营业仓库、中转仓库和货栈等都是属于此种类型的节点。

流通加工型应急物流节点:以流通加工为主要内容,流通加工作为现代物流一项极为重要的增值救援,其发展迅速,加工内容也已从简单的运输包装、贴标签等拓展到带有简单制造功能的流通加工等深层次。

配送型应急物流节点:专门从事配送业务的应急物流节点,根据众多需求点要求完成配货、送货等主要业务及进行有关货物的分类、包装、保管、在库管理等辅助作业的物流场所或组织。

综合应急物流节点:在物流空间系统中,集中于一个节点实现两种及其以上的主要功能,而且将若干功能有机结合于一体,有完善设施、有效衔接和协调工艺的集约型应急物流节点。这种节点是适应物流规模化、复杂化、精密化及系统简约化、高效化的要求而出现的,是现代应急物流节点的主要发展方向。

一般认为,物流园区、物流中心和配送中心是完整物流系统的三个层次的应急物流节点,物流园区是综合性、大规模的节点,在物流园区内,可以进行快速、直达、大量干线运输,尤其是多式联运的干线运输;物流中心则是某一专业范畴的综合性大型应急物流节点,可以与干线运输相衔接,也可以从物流园区转运;配送中心则是面向最终需求点末端运输的专业清晰、规模适应于需求的专业性应急物流节点。

(二)应急物流节点的关系和规模

从实施规划的角度来看,应急物流节点之间的关系主要表现在两个方面:应急物流节点之间的功能关系和应急物流节点之间的空间关系。

1. 应急物流节点之间的功能关系

从应急物流节点承担的功能来看,物流园区处于应急物流节点的最高层次,一般具有广泛、复杂的综合功能,是综合集约性、专业性、独立性与公益性的完整统一。它不仅包括基本的物流功能,还包括物流的延伸功能,比如展示功能、交易功能、信息功能以及救援功能等。物流园区作为最高层次的应急物流节点,在应急物流的活动中扮演重要角色。物流中心处于应急物流节点的中间层次,其功能主要是承接与处理来自区域和物流园区的物流业务,并将部分物流业务转移给下端的配送中心,因此具有较高的专业独立性和中间连接性。配送中心在应急物流节点中心处于最低层次,主要承接来自物流园区或物流中心的物流业务,直接面向需求点提供配送救援,是物流最集中、最直接的体现。"物流园区—物流中心—配送中心"是解决应急物流最基本也是较为合理的模式。

2. 应急物流节点之间的空间关系

从应急物流节点空间的关联来看,物流园区作为物流资源的空间聚集,是土地利用按功能划分思想的产物。从这种意义上讲,物流园区应该是企业属性的物流中心和配送中心的空间聚集。物流中心和配送中心依托物流园区作为社会公共物流平台资源集聚的优势,促进物流运作的集约化、规模化,降低物流成本、提高运作效率。社会属性的物流中心一般是企业属性的物流中心和配送中心的空间集聚,而配送中心则是根据市场需要,独立、广泛布设于靠近救援终端地区。简单地说,物流园区是企业属性的物流中心和配送中心的空间载体,社会属性的物流中心也可以是企业属性的物流中心和配送中心的空间载体。

3. 应急物流节点建设规模的确定

根据应急物流节点布局理论模型,可以确定节点的候选地址,但最终选择在哪些候选地址来建设应急物流节点,还需要与节点的建设规模结合考虑。应急物流节点的建设规模通常受其功能定位、货运发生量、地理地质条件、交通依托条件、设施设备技术水平等诸多因素的影响,这些影响因素有些可以量化而有些只能定性地分析,一般很难采用精确的计算方法对其建设规模进行具体确定。在实际的应急物流节点布局规划中,大多采用半经验方法进行确定。

在确定应急物流节点总体建设规模的基础上,结合应急物流节点布局理论模式,并根据整合现有物流资源原则、环境合理性原则、整体规划与分布实施原则、适度超前原则、统一规划原则等进一步确定应急物流节点的建设数量,保证应急物流节点的数量与城市的产业布局、交通网络格局、城市发展规划、土地利用规划等相协调,能够尽可能地满足社会应对突发事件的需求。

在不同物流通道方向上的应急物流节点建设规模确定的基础上,结合该通道方向上拟建的应急物流节点数量,并根据应急物流节点的层次及其功能,就可以大致确定该通道方向上拟建的每个应急物流节点的建设规模。

三、应急物流的通道基础设施体系

(一)应急物流通道的含义和特点

应急物流通道是应急物流系统的重要组成部分,是一个涉及面很广,由诸多要素构成的、复杂的、庞大的运输组织与管理系统,其含义可以从四个方面来理解:一是从硬件设施角度考虑,应急物流通道必须包括一定的交通运输网络,比如公路、铁路、航空、水运等通道;二是从运输组织角度考虑,应急物流通道必须考虑采用一定的运输组织方法,比如铁路列车开行方案、飞机的航班安排计划、海运班轮的航行方案等;三是从运营和管理角度考虑,应急物流通道必须有运输救援企业参与整个运输过程;四是从运输规制角度考虑,必须有相应的主管部门对应急物流通道进行宏观调控和对整个运输过程进行监管。

从应急物流通道构成角度来理解应急物流通道内容,其构成一般需要满足两个基本条件:一是发达的硬件设施,包括铁路、公路、航空、水运等交通运输网络;二是完善的软件,包括合理的运输组织、管理形式。因此,应急物流通道规划问题是交通运输网络与运输组织管理方式的优化问题,具体而言就是充分利用已经形成或改造扩展的交通运输网络,在一定的运输组织方式下,分析现有路网、运输组织方式能否满足物流系统需求,并根据分析结果对现有路网和运输组织方式提出改进意见,形成满足应急物流发展需求的通道方案。

区域的各种应急物流通道不仅要在发展规模、结构、速度以及空间地域分布上相适应,同时,更要在系统综合运输能力上协调,形成适应现代物流业发展和区域经济发展所需要的综合运输能力。

1. 干支线综合运输能力的形成

在交通运输系统中,各种运输方式都有其具体的技术经济特征,担负着不同的运输任务,其中包括:干线运输、支线运输、长途运输、短途运输。要使交通运输网通畅,担负起各层次的物流系统网络的运输任务,就必须形成全系统的综合运输能力。否则,如果只有交通运输网的骨架——干线,而无联系中小城市及村镇、厂矿的支线,则必然影响货物的集疏,造成节点堵塞,无法实现物流接口无缝化,也就无法实现应急物流的目的。

2. 各种运输方式综合运输能力的形成

组成通路网络的各种运输方式都应该形成各自的综合运输能力,并在此基础上进一步形成网络系统的综合运输能力。必须将节点系统的能力和通道系统的能力进行综合平衡,使两者保持一定的比例关系,互相适应,同步发展。提高每一条通道的系统综合运输能力还要进行路网系统分析,通过全面研究安排好每条通道与其相连接和相关通道能力间的协调,从而形成综合运输能力。物流枢纽尤其是水运、铁路的枢纽,都有较强的通过能力。要形成物流枢纽的综合运输能力,就必须加强枢纽的集、疏、运能力的建设。枢纽集、疏、运能力的规模应稍大于枢纽的通过能力,其原因主要是由于枢纽集、疏、运系统涉及的部门多,集、疏、运能力受不确定因素的影响也较多,因而要考虑适当的余地。

(二)应急物流通道的类型和功能

1. 按通道的功能类型划分

①干线通道。它是利用主干铁路和高等级的干线公路、大型船舶的固定航线进行的长距离、大批量运输任务的应急物流通道。干线通道运输一般较同种工具的其他通道的速度要快、成本也较低,所以干线通道是一个区域发展现代物流业的主要基础设施,是应急物流通道网络的主骨架。

②支线通道。它是与干线通道相接的分支线路通道。支线通道是干线与收货、发货地点的集散渠道,建设水平低于干线,因此,运输速度和运量也低于干线通道。

③市内通道。它是一种以运送居民为主、兼有物资运输功能的城市内部通道,主要维系站、场与应急仓库的联系,运量较小。

④企业通道。这是为工业企业的交通线,也是企业生产物流的主要通道,如厂矿内部的各种道路、专用线、吊车线、管道网等均属此类。

2. 按通道的网络层次划分

一个区域综合运输网络不仅是由区域的不同运输方式的网络组成,也是由各个子区域的通道网络组成的,这就出现了通道网络的层次分级问题,即在区域通道网络下面,还有各级子区域通道网络。

大区级的通道网络的骨干,主要是铁路、水运干线、高级公路和航空线。省级的通道网络除了高等级公路、铁路外,一般公路和地方航道也会占一定的地位,而省内的地区性通道网络(地方性网络),则以一般公路、水运支线起相当重要的作用。

同级通道网络的差别主要表现在技术装备特点上,这是由地区自然、经济条件和历史传统所决定的。比如,长江流域和珠江流域,内河航运占地区总运量的比重都较大,而在北方地区,水运的比重微不足道;再如,东北和华北地区,历史上就是重工业及煤炭矿的基地,因而形成了稠密的、通过能力较大的以铁路为主的通道网络;南方各省区工业较分散,通道网络骨干则由不太稠密的铁路和水运干线、高级公路等组成;西北和西南地区,公路在通道网络中还占重要地位。

3. 按通道的运输方式划分

由于通道形式不同,运输工具也不同,在不同的地理环境和经济条件下有其各自的优势

· 31 ·

范围。

①铁路运输。其受自然条件影响较小、运输能力大、运输成本低、能耗较小、速度较快、通用性好,是中、长途客货运输的主力。

②公路运输。其投资省、建设周期短、通达性好、机动灵活,可以对城乡广大地区实现门到门直达运输,是短途客货运输的中坚力量。

③水路运输。其沿海、内河水运的建设投资省、运输能力大、占地少、干线运输成本和能耗低,应成为大宗和散装货物的重要运输方式之一。

④航空运输。其成本和能耗高,但建设周期短、运输速度最快、受地形限制较小,在时效性强的产品及鲜活易腐货物运输中具有优势。

⑤管道运输。其子系统建设投资省、周期短、运输能力大、占地少、受自然条件影响小,一般适合天然气和流向较集中的原油和成品油运输。

上述五种现代化的运输方式,各自有其本身不同的技术经济特性和合理使用范围。随着科学技术的进步,社会运输需求的变化,各种运输方式的技术装备不断更新,其技术性能和使用范围也将不断变化。如在20世纪初,汽车运输只为铁路和水路干线运输集散货物,目前已承担大量中距离运输。充分发挥各种运输方式的优势,扬长避短,就可以最大限度地满足货物运输多样化需求。各种运输方式并存与综合发展,已经成为交通运输发展到现阶段的必然结果。

(三)应急物流通道规划的步骤和路线

应急物流通道规划的步骤是指进行规划工作的先后顺序,规划决策过程是一个连续性、回馈性过程,每个步骤都是整个规划工作中必不可少的,并且有可能在进行到某一步骤时需要对前面某一个或几个步骤进行调整或重新规划。

1. 规划的准备工作

规划前的准备工作充分与否,在一定程度上决定了规划工作能否顺利进行。具体包括:一是筹建规划小组,规划小组主要成员有负责规划方案编制的规划人员和负责各个专项规划的专业人员;二是制订规划工作计划,初步拟定规划工作阶段或进度要求,各阶段的工作任务、内容和成果要求应十分明确;三是培训规划工作人员,对参加规划工作的人员进行培训,明确规划任务和工作方法。

2. 规划的工作步骤

应急物流通道规划是根据区域内的物流现状和存在的主要问题,提出规划的要求,它是形成未来应急物流通道系统的基础。但是,突发事件具有不确定性,要受到来自内外要素和环境的影响,这就要求规划工作在研究影响应急物流通道系统发展变化的诸因素和条件的基础上,探讨未来应急物流通道系统变化的多种可能性和多种方案,并对这些方案进行比较,选择适当方案,从而形成规划并实施。

第一步,与应急物流通道发展相关要素的现状调查与资料收集。这是进行应急物流通道规划工作的开始,其目的在于认识应急物流通道发展的经济环境、社会背景,明确应急物流通道发展的优势和制约因素,找出发展中的关键问题和潜力,为确定应急物流通道发展目标及进行规划方案的设计提供依据。

第二步,确定应急物流通道发展目标。应急物流通道发展目标的确定可采用"突发事件应对形势的需要原则"与"地方条件和资源的可能性原则"相结合的方法,确定不同时期、不同层次的发展目标。为确定发展目标,需要对社会经济、土地利用、交通等方面的发展趋势进行预测。

第三步,应急物流通道规划方案设计。根据应急物流通道的发展目标对区域经济背景、交通基础设施环境及区内物资、原材料的生产、流通情况进行综合分析后,提出的若干可供比较、选择的方案,这些方案必须尽可能有效协调规划涉及的各个部门、区域的各个部分间的关系。

第四步,应急物流通道规划方案评估。在初步评估的基础上选定较为适当的方案,并请当地政府负责人、各业务主管部门和各方面专家组成评审小组进行评审、论证。规划小组需要根据评审小组的论证、评审意见认真研究,对规划方案进行必要的修改,最后形成规划文件(包括图件和报告)。

第五步,应急物流通道规划方案报批定案。规划成果应按有关规定程序报上级主管机构或政府权力部门审批,方具有实施的权威。

第六步,应急物流通道规划实施阶段。要经常检查规划的可行性和实际效益,根据新发现的情况和问题,对原规划方案做出必要的调整、补充或修改。

3. 规划的动态循环

应急物流通道规划是一个动态过程,以上步骤只是对应急物流通道规划程序进行理论划分,在实际规划工作中可视区域实际情况对规划各阶段的具体任务和内容进行调整。

第一,重视规划过程的循环。规划过程中各步骤、各环节是相互关联的,在整个过程中要不断地结合实际反馈情况进行调整和修正。如发现预定的发展规划目标在实际规划中难以实现(如目标过高或与当地实际情况难以协调),就需要及时对发展规划目标进行调整和修正。

第二,保持规划方案的弹性。应急物流通道发展的内部因素和外在环境中存在大量不可控因素(如地理环境变化、产业结构调整等),这些因素的变化都会影响应急物流通道的发展,这就要求物流规划方案尽可能保持较大的弹性,能够根据变化的情况进行必要的调整。

第三,检查规划的实施情况。一方面确保规划的实施进度,另一方面可根据新出现的问题,及时分析,必要时对规划方案按正规程序进行修改和补充,保证规划适应环境变化和发展的要求。

第二节　应急物流的装备技术管理

一、应急物流的装备技术分类

（一）应急物流装备的分类

应急物流装备是指用于储存、装卸搬运、运输、包装、流通加工、配送、信息采集与处理等应急物流活动的设备或工具的总称。应急物流装备按功能可分为储存装备、装卸搬运装备、运输装备、包装装备、流通加工装备、信息采集与处理装备、集装单元化装备七大类。

1. 储藏装备

储藏装备是指用于物资依存、保管的装备。常用的储藏装备有货架、托盘、计量装备、通风装备、温湿度控制装备、养护装备和消防装备等。

2. 装卸搬运装备

装卸搬运装备是用来搬移、升降、装卸和短距离输送物料或货物的机械装备。装卸是在指定地点以人力或机械将物品装入运输装备或从运输装备内卸下的作业活动，搬运则是指在同一场所内，对物品进行的以水平方向移动为主的物流作业。装卸搬运是对运输、保管、包装、流通加工等应急物流活动进行衔接的中间环节，包括装车（船）、卸车（船）、堆垛、入库、出库以及联结以上各项作业的短程搬运，装卸搬运装备是实现装卸搬运作业机械化的基础，直接影响到应急物流的效率和效益。

3. 运输装备

运输是应急物流的主要功能之一。通过运输活动，使商品发生场所、空间移动的应急物流活动，解决物资在生产地点和需要地点之间的空间距离问题，创造商品的空间效用，满足社会需要。运输装备是指用于较长距离运输货物的装备，根据运输方式不同，主要分为铁路运输装备、公路运输装备、水上运输装备、航空运输装备和管道运输装备等类型。

4. 包装装备

包装装备（包装机械）是指完成全部或部分包装过程的机器装备。包装过程包括充填、裹包、封口等主要工序以及与其相关的前后工序，如清洗、堆码和拆卸等，包装还包括计量或在包装件上盖印等工序。对包装可进行不同的分类，如按照包装装备功能标准可分为灌装机械、充填机械、裹包机械、封口机械、贴标机械、清洗机械、干燥机械、杀菌机械、捆扎机械、集装机械、多功能包装机械以及完成其他包装作业的辅助包装机械和包装生产线。

5. 流通加工装备

流通加工装备是指用于物品包装、分割、计量、分拣、组装、价格贴附、标签贴附、商品检验等作业的专用机械装备。流通加工装备种类繁多，可分成不同的种类。例如，按照流通加工形式,可分为剪切加工装备、开木下料装备、配煤加工装备、冷冻加工装备、分选加工装备、精制加工装备、分装加工装备、组装加工装备;根据加工对象的不同,流通加工装备可分为金属加工装备、水泥加工装备、玻璃生产延续的流通加工装备及通用加工装备等。

6. 信息采集与处理装备

信息采集与处理装备是指用于应急物流信息的采集、传输、处理等的应急物流装备。信息采集与处理装备主要包括计算机及网络、信息识别装置、传票传递装置、通信装备等。

7. 集装单元化装备

集装单元化装备是指用集装单元化的形式进行储存、运输作业的应急物流装备,主要包括集装箱、托盘、滑板、集装袋、集装网络、货捆、集装装卸装备、集装运输装备、集装识别系统等。

(二)应急物流技术的分类

应急物流技术是指在应急物流活动中所采用的自然科学与社会科学方面的理论、方法,以及设施、设备、装置与工艺的总称。从科技思想来源或理论来看,包括物流机械技术、物流信息技术、物流电子技术、物流自控技术、物流数学方法和计算机技术等;从流转活动来看,包括运输技术、仓储技术、装卸技术、包装技术、流通加工技术以及相应的物流信息技术等;从实现形态来看,包括物流活动所需要的设施、设备、工具等硬技术和信息网络、物流规划、物流系统等软技术。

1. 信息化技术的应用

应急物流技术最主要的发展趋势是向信息化发展。物流信息经过了口头信息、文字单据信息、条码信息等历程,现在发展到物料、商品的多元信息。物料、商品在生产、流通过程中不断改变形态、不断增值、不断产生新的信息。这些信息包括物料、商品在流动、加工重组的动态过程中产生的品种、规格、数量、重量、成分、批次、日期、等级、质量、厂商代码、商品代码等内容。

2. 自动化技术的应用

自动化应急物流系统是集光、机、电、信息技术为一体的系统工程,由于信息技术的发展,自动化应急物流系统也具有更广阔的外延,与企业信息化、过程自动化相互交融,主要包括:自动化立体仓储系统、自动输送系统、自动导向车系统、机器人作业系统、自动控制系统、消防自动报警喷水灭火系统、多媒体实时监控系统、计算机模拟仿真系统及计算机集成管理系统等。

3. 标准化技术的应用

标准化、模块化成为应急物流设备发展的必然趋势。标准化既包括硬件设备的标准化,也包括软件接口的标准化。例如,在公路集装箱运输中,大型拖车可以运载海运、空运、铁运的所有尺寸的集装箱,提高了转运效率。模块化可以满足救援点的多样化需求,增强了系统的适应性。同时模块化结构能够更好地利用现有空间,可以根据货物存取量的增加和供货范围的变化进行调整。

4. 实用化技术的应用

实用化是指应急物流系统的配置在满足使用条件之下,应选择简单、经济、可靠的物流设备。也就是说,在构筑应急物流系统时,要善于运用现有的各种物流设备,组成非常实用的简单的系统。应用运行成本低、优越耐久性、极低故障性以及较高的安全性、可靠性和环保性的物流技术与设备,是发展的趋势。为满足不同环境下的要求,设备形式越来越多,技术专业化程度日益提高。

二、应急物流的救援装备技术配置

(一)应急救援装备与技术的类型

应急救援装备与技术是指用于应急管理与应急救援的工具、器材、服装、技术力量等,如消防车、监测仪、防化服、隔热服、应急救援专用数据库、GIS 技术、GPS 技术等各种各样的物资装备与技术装备。应急救援装备与技术就是应急救援人员提高应急救援能力,保障应急救援工作的高效开展,迅速化解险情和控制事故的"武器"。

应急救援装备与技术是应急救援的根本保障,应急救援装备与技术的配备情况是应急物流能力的一项重要标志。应急救援装备与技术种类繁多,功能不一,适用性差异大,可按其具体功能、使用状态、适用性等进行分类。根据应急救援装备与技术的具体功能,可为预测预警装备与技术、个体保护装备与技术、通信与信息装备与技术、灭火抢险装备与技术、医疗救护装备与技术、交通运输装备与技术、工程救援装备与技术、应急技术装备与技术八类及若干小类。

①预测预警装备,具体可分为:监测装备、报警装备、联动控制装备、安全标志。

②个体防护装备,具体可分为:头部防护装备、眼面部防护装备、耳部防护装备、呼吸器官防护装备、躯体防护装备、手部防护装备、脚部防护装备、坠落防护装备。

③通信与信息装备,具体可分为:防爆通信装备、卫星通信装备、信息传输处理装备。

④灭火抢险装备,具体可分为:灭火器、消防车、消防炮、消防栓、破拆工具、登高工具、消防照明、救生工具、常压、带压堵漏器材、其他。

⑤医疗救护装备,具体可分为:多功能急救箱、伤员转运装备、现场急救装备、其他。

⑥交通运输装备,具体可分为:运输车辆、装卸设备、其他。

⑦工程救援装备,具体包括:地下金属管线探测设备、起重设备、推土机、挖掘机、探照灯等。

⑧应急技术装备,具体包括:GIS 技术、GPS 技术、无火花堵漏技术等。

(二)应急物流交通运输车辆装备

货运车辆作为公路运输的主要装备,不仅在突发事件后,受灾点所急需的水、食物、药品、帐篷等生活必需品的运输中功不可没,而且还将在受灾点重建的过程中发挥巨大作用。针对重建各类物资运输的需要各类货运车辆,尤其是专用运输车辆将大显身手,如自卸车、散粮车、厢式车、敞车、平板车、罐式挂车、冷藏车、高栏板车、特种车等。

在这些车辆中,对平板车、冷链运输车、水泥罐车、大容量油罐车等专用车辆可能使用的频度和数量更大。其中,平板车主要运载各种建工机械设备、重型履带式工程机械、筑路机械、大型硅构件、钢材等;冷链运输车运送人们生活所需的肉类、蔬菜等基本生活物资和保障医疗防疫需要的血液制品、疫苗制剂、抗生素等医疗防疫物资器械;水泥罐车和大容量油罐车将承担所需的大量水泥和各种油料的运输。

以地震为例,由于受灾的大部分地处山区,缺少铁路,公路往往是运输物资的唯一通道。尽管在救灾前几天在灾区通往外界公路被地震以及泥石流、滑坡等地震次生灾害破坏完全中断的情况下,救援部队利用直升机和运输机多次组织物资的空投、空运,甚至采用徒步方式,携带药品、食品和饮用水进入山区实施救援一定程度上缓解了无医、无药、无水、无食品供应的情况,对争取救援黄金时间、稳定当地灾民情绪起到了不可替代的作用。但这些措施只能是权宜之计,大批救援物资的进入还必须依靠公路运输。

公路运输不仅是向灾区运送人员、物资的主要渠道,而且是对灾区实施直达配送的中坚力量,对确保应急物流畅通、支持抗震救灾工作顺利进行具有不可替代的作用。

1. 应急通信车和车载程控交换车

应急通信车一般载有卫星通信设备,可不受地震影响,随时支持文字、图像、声音、视频等信息传输工作,有的还带有其他装备并具有相应的功能,一辆应急通信车在平地的有效网覆盖半径 GSM 为 3~4 千米,CDMA 为 5~6 千米;在有效覆盖范围内,不仅可供约 200 台手机同时通话,还能提供可无线上网的 CDMA1X 网络。这些宝贵的资源对于保障当地抗震救灾指挥部的通信畅通,以及前方记者及时传送和发布抗震救灾图片、信息发挥了极其重要的作用。

2. 汽车起重机、挖掘机和随车起重机等重型设备

汽车起重机在清除路障、装卸重物、清理混凝土废墟和超高、长距离救援行动中有着不可替代的作用,挖掘机也有类似的和其他的作用。2008 年在汶川地震中,面对灾区多日与外界失联的情况,上级领导迅速做出部署,随后在 5 月 14 日,军队从各地国防施工现场抽调 800 名官兵组成大型工程机械部队,携带挖掘机、装载机等设备赶到北川灾区,其任务主要有四个方面:一是搜救被压在废墟下的人员;二是抢修道桥;三是抢修恢复水电设施;四是协助医护人员展开救护。

3. 大型食品供应车和野战炊事车

受灾群众,基本没有自我生活保障能力,大多数只能靠矿泉水、饼干、干粮等充饥。赶赴灾区的大型食品供应车、野战炊事车等为他们提供了难得的热食品。

4. 其他特种救援车辆

前往支援的许多专用汽车大都派上了用场,除了上述代表性车型外,还有一些如救护车、消防车、运水车、清障车、警用通信指挥车、献血车等,都发挥了积极的作用。

(三)应急救援装备与技术的选择

应急救援保障系统包括通信与信息保障、人力资源保障、法制体系保障、技术支持保障、物资装备与技术保障、培训演练保障、应急经费保障等诸多系统,应急装备与技术保障是物资装备与技术保障的重要内容。应急救援装备与技术保障总体要求,主要包括种类选择、数量确定、功能要求、使用培训、检修维护等方面。应急救援装备与技术的种类很多,同类产品在功能、使用、重量、价格等方面也存在很大差异,选择应按以下原则展开。

①根据法规要求进行选择对法律法规明文要求必备的,必须配备到位。随着应急物流法制建设的推进,相关的专业应急救援规程、规定、标准必将出现。对于这些规程、标准、规定要求配备的装备与技术必须依法配备到位。

②根据预案要求进行选择应急预案是应急准备与行动的重要指南,应急救援装备与技术必须依照应急预案的要求进行选择配备。应急预案中需要配备的装备与技术,有些可能明确列出,有些可能只是列出通用性要求。对于明确列出的装备与技术直接照方抓药即可,而对于没有列出具体名称,只列出通用性要求的技术装备,则要根据要求,根据所需要的功能与用途进行认真选定,不能有疏漏。

③选购和禁用应急救援的装备与技术种类很多,价格差距往往也很大。在选购时要明确需求,从功能上正确选购,从实用性上进行选购,从耐用性、安全性上选购,从经济性上选购。应急救援装备与技术都有生命周期,在这个过程中也可能出现因当初设计不合理,甚至存在严重缺陷而被淘汰的产品,对这些淘汰产品必须严禁采用。否则极有可能降低应急救援行动的效率,甚至引发次生事故。

三、应急物流的日常技术装备管理

(一)技术装备管理的概念和特点

技术装备管理就是对技术装备运行全过程进行计划、组织和控制。应急物流技术装备管理是以保障应急救援任务的需要为依据,运用各种技术、经济和组织措施,对物流技术装备从规划、设计、制造、购置、安装、使用、维修、改造、更新直到报废的整个生命周期进行全过程的管理,其目的是充分发挥技术装备效能,并寻求生命周期费用最经济,从而获得最佳投资效果。

技术装备有实物形态和价值形态等两种形态。实物形态是价值形态的物质载体,价值形态是实物形态的货币表现。对应于技术装备的两种形态,技术装备管理也有两种方式,即技术装备的实物形态管值和价值形态管理。现代技术装备强调综合管理,其实质就是技术装备实物形态管理和价值形态管理相结合，追求在输出效能最佳的条件下使技术装备的最高综合效率。只有把两种形态管理统一起来，并注意不同的侧重点，才能实现这个目标。

技术装备的生命周期是指技术装备从规划、设计、制造、购置、安装、调试、使用、维护，直到更新报废所经历的整个过程。生命周期费用是指技术装备一生的总费用，它由原始费用和维持费用两大部分组成，包括技术装备从规划、设计、制造、选型、购置、安装、调试、运转、维修、改造，直到报废所产生的费用总和。对于外购技术装备，原始费用包括购置费、运费、安装费、调试费等。对于自行研制的技术装备，原始费用则包括调研、设计、制造、安装、调试等费用。维持费包括运行费和维修费两部分。此外，在技术装备生命终结时，拆除技术装备也需要一些费用，报废的技术装备还有一些残值，因此：

$$技术装备生命周期费用＝原始费用＋维持费用＋拆除费－残值$$

技术装备的综合效益是技术装备生命周期的输出与技术装备生命周期费用的比值，即：

$$技术装备的综合效益＝生命周期的输出/技术装备生命周期费用$$

技术装备的周期输出是指技术装备在生命周期内满足安全、卫生、环保、货物安全、交货期等条件下的作业量，一般用价值表示。

评价技术装备经济性，不仅要考查生命周期费用，还要看技术装备的综合效益如何，同样的费用，要选择综合效益高的技术装备。

（二）物流技术装备管理的要求和使用

1. 基本要求

物流技术装备使用管理是从验收、投入使用到生命终止、报废的全过程的管理，它包括组织管理、技术管理等具体内容，是技术装备管理工作的核心。

技术装备使用管理的基本要求是保持技术装备的良好状态，正确使用和优化组合，充分发挥技术装备的功能和效用，安全、优质、高效、低耗地完成所担负的物流作业任务并且取得最佳经济效益。物流技术装备在使用过程中，由于受到各种载荷作用和环境条件等影响，使物流技术装备应有的功能和技术状态不断发生变化而有所降低。要控制这种变化过程，除创造适合物流技术装备工作的环境条件外，正确使用物流技术装备是控制物流技术装备技术状态变化和延缓工作能力下降的先决条件。

2. 初期管理

初期管理是指物流技术装备在安装后投入使用初始阶段的管理。新技术装备在使用初期，因尚未磨合，有形磨损严重，各个紧固件也会因振动十分容易松动而产生噪声。为了使技术装备进入正常运行状态，必须加强初期管理，使投入使用的物流技术装备满足物流作业工艺、质量、效率的综合要求。

3. 正确使用

物流技术装备使用期限的长短、生产效率的高低，主要取决于技术装备本身的结构性能,但在很大程度上也取决于使用和维护情况。正确使用技术装备可以保持良好的技术状态,防止发生非正常磨损和避免突发性故障,延长其使用生命,提高使用效率。必须明确生产部门与使用人员对技术装备使用维护的责任与工作内容,建立必要的规章制度,以确保各项措施的贯彻执行。

物流技术装备的正确使用包括技术合理和经济合理等两个方面:技术合理是按有关技术文件规定的技术装备性能、使用说明书、操作规程、安全规则、维护保养规程以及不同的工作状况;在一定工作环境、自然条件下的使用要求,正确操作技术装备。经济合理是在技术装备性能允许的范围内,通过合理的组织管理,充分发挥设备的效能,以高效、低耗获得较高的经济效益。

4. 磨损和补偿

物流技术装备在使用过程中,由于各零部件的磨损、老化、腐蚀等原因,在使用到一定的生命期限时,其技术性能和使用性能必然会下降,使维持费用增加,必须根据不同的情况,采取修理、更换、改造的补偿措施。

广义的磨损概念除通常所说的摩擦磨损外,还包括技术装备零部件的老化、贬值、陈旧等。技术装备的磨损一般可以分为有形磨损和无形磨损:有形磨损是指技术装备实体上的磨损,又称物质磨损;无形磨损是指技术装备实体看不见的磨损,又称精神磨损。一般来说,技术进步越快,无形磨损也越快。

为保持物流技术装备的正常运行,并使其处于良好的技术状态,必须对物流技术装备的磨损及时予以补偿。技术装备的磨损形式不同,所采取的补偿磨损的方式不同,一般补偿可分为局部补偿和完全补偿。技术装备有形磨损的局部补偿是修理;技术装备无形磨损的局部补偿是现代技术改造;有形磨损和无形磨损的完全补偿则是更新。

5. 更新和改造

技术装备更新是指以技术性能更完善、经济效益更显著的新技术装备代替原有技术上不能继续使用或经济上不宜继续使用的旧技术装备。技术装备更新可分为简单更新和技术更新两种方式;简单更新又称为原型更新,是指用相同型号的新技术装备替换原来使用的陈旧技术装备的方式;技术更新又称为新型更新,是指用结构更完善、性能更先进、作业效率更高、能源和原材料消耗更少的新型技术装备替换原用的陈旧技术装备。

物流技术装备技术改造是指根据物流作业的需要,应用现代科学技术成就和先进经验,改变现有技术装备的局部结构,以补偿技术装备的无形磨损和有形磨损,提高技术装备的使用性能和技术水平的方法。

物流技术装备的技术改造是在原有基本功能不变的情况下,改变原机结构,以提高其技术性能和使用性能,其主要内容有:一是改造或更新物流技术装备的动力装置,提高技术装备的技术性能和作业效率;二是加装节能装置或改善耗能装置,以降低能源消耗,降低使用费用;三是增加安全装置或改造原机结构,提高物流技术装备的安全性和环保性,保证技术装备的运行安全,并防止或减少污染;四是改造或增加必要装置,扩充物流技术装备的功能,做到一机多用;五是对物流技术装备的薄弱环节进行改造,以提高技术装备的可靠性和耐用性;六是改进原机结构,更换某些装置或总成,统一机型,以利维修和配件的供应。

第三节　应急物流的信息平台设计

一、应急物流信息平台的设计原则

在应对突发事件的应急物流活动中,如果缺乏现代化的工作环境,没有先进的应急物流信息平台作为强有力的后盾支撑,想达到快速、准确、高效的应急物流响应只能是纸上谈兵,无法实现"有效预防、统一指挥、科学决策、协同作战、资源共享、及时响应"的应急物流管理要求。

应急物流信息平台是以信息技术为支撑、以安全科技为核心、软硬件相结合的保障技术系统,是实施应急物流预案的工具,具备日常管理、风险分析、监测监控、预测预警、动态决策、综合协调、联动与总结评估等功能。应急物流信息平台可以比作日常所说的工作条件和环境,它融合了通信、网络、数据、仿真、智能等多种技术,目的是实现快速的信息分析和传递。

应急物流信息平台的建设应充分考虑适应发展的需要,遵循"长远规划、充分论证、可靠实用"的原则,确保系统具有高效智能、反应灵敏、操作简单、安全稳定、维护方便、升级扩容灵活的特点。在系统设计上应注意以下五个原则。

①集权管理。属地为主建立应急物流管理中心,全面负责应急物流救援指挥工作,负责范围内的突发事件的应急物流管理工作和救援指挥的具体工作。有关机构和企业与政府部门密切配合,按照属地为主的原则,进行应急物流救援体系建设。发挥专业优势,依托行业、地方和企业骨干救援力量在一些危险性大的特殊行业、领域建立专业应急物流救援体系。

②统筹规划。合理布局根据地质情况、危险源分布、事故灾难类型和有关交通地理条件,对应急物流指挥机构、救援队伍以及应急物流救援的培训演练、物资储备等保障系统的布局、规模和功能等进行统筹规划。大型企业按规定标准建立企业救援队伍,形成覆盖事故多发地区、事故多发领域分层次的应急物流救援队伍体系,适应社会发展对应急救援的基本要求。

③资源共享。分步实施以各级政府、社会和企业现有的应急物流资源为基础,对各专业应急物流救援队伍、培训演练、装备和物资储备等系统进行补充完善,建立有效机制,实现资源共享,避免资源浪费和重复建设。统筹规划,按步实施,避免重复投资、重复建设,减少人

力、物力、资金的浪费,对分散的资源要进行充分的整合,实现应急资源的最优利用,节省建设开销。

④一专多能。平战结合尽可能在现有应急队伍的基础上加强装备和训练,各种应急队伍的建设要实现一专多能,发挥经过专门培训的兼职应急物流救援队伍的作用,鼓励各种力量参与到应急物流救援活动中来。应急物流救援队伍平时要做好应对事故灾难的思想准备、物资准备、经费准备和工作准备,不断加强培训和演练,紧急情况下能够及时有效地施救,真正做到平战结合。

⑤功能实用。技术先进应急物流救援体系建设以能够实现及时、快速、高效地开展应急物流救援为出发点和落脚点,根据现有技术和发展状况,规定应急物流信息平台建设的技术要求,制定相应的技术规范,采用统一制式的设备和系统,保证系统和设备的互联互通;采用国内领先的、国际先进的应急物流救援技术和特种装备,保证技术体系的先进性和适用性。

二、应急物流信息平台的总体架构

整合现有应急物流救援资源,依托现有通信资源及信息系统,建设应急物流信息平台的基础信息平台、业务支撑信息平台和综合应用系统,实现突发事件的应急物流值守、应急物流预案管理、应急物流培训演练、应急物流决策支持、应急物流资源管理和重大危险源监管等主要功能,满足应急物流救援指挥中心对突发事件的救援、协调、指挥、管理的需要。

应急物流信息平台的总体架构有三部分:基础平台、业务支撑平台、综合应用系统。其中,基础平台为信息化系统提供应急物流指挥场所建设、应急物流指挥场所设备、指挥通信网络设备基础设施支撑环境;业务支撑平台为实现各种业务功能提供必要的支持;综合应用系统是应急物流救援指挥调度的实施操作信息平台,在基础设施与业务支撑平台上,提供应急物流信息平台的各项业务功能。安全保障、系统管理和技术标准及规范体系的内容体现在业务支撑平台中。

应急物流信息平台是通过十多个专业系统集成的,因此其网络架构较为复杂,从功能来分,是由指挥中心室的显示和控制系统、视频监控系统、监测系统、通信系统、网络系统、服务器、存储阵列、各个分中心的线路接口等共同组成的。

应急物流信息平台采取层次化和模块化的设计思想,将整个系统从总体架构上划分为四个层次,然后每个层次又具体划分为若干子系统,具体表现为以应急物流救援指挥系统为核心,底层通过数据库系统做支撑,且外围配置相应的硬件设备和公共组件,对上、下、平级机构提供相应的数据层和应用层接口。

三、应急物流信息平台的基本功能

应急物流信息平台在日常状态下需要对突发事件进行实时监控,对常规应急物流信息进行规范化管理。在危机事件发生时,信息平台需要立刻获得事故的相关应急物流信息,迅速开展应急物流行动。应急物流信息平台应具有以下基本功能。

(一)对重大危险源头的监督管理

重大危险源是重要防范对象,应急物流信息平台应设计对重大危险源进行实时监控和完善管理的功能。比如,根据我国危险化学品管理的法律法规要求,由区域内涉及危险化学品生产和经营的企业主动向主管单位进行申报,主管单位利用信息平台的相关功能对数据完成初步采集工作,同时根据我国《重大危险源辨识》对重大危险源进行辨识、评价、分级以及基于地理信息系统的综合管理,并对有需要进行实时监控的重大危险源建立相应的监控体系。

(二)对危机事件的救援指挥调度

在地区产生突发事件的情况下,应急物流指挥中心通过信息平台进行统一的指挥调度,应急物流信息中心需要设置指挥决策办公室和接警救援席位。当事故发生时,由接警席位人员对事故进行过滤和判断,在有需要的情况下立即启动相应的应急物流预案,在主管领导的统一指挥下,直接通过信息平台的各种指挥调度手段指挥调度相应的单位和人员,联合对突发事件进行处理。信息平台可以为消防、医疗、公安、交通等各个单位提供统一的指挥调度平台,通过统一的指挥机制,实现各个不同状态和处理过程。

(三)综合的日常应急物流信息管理

1. 应急物流信息的记录分析

应急物流信息平台可以通过应急指挥调度平台,以统一标准的方式记录下所有报警事件以及事件的相关信息、语音记录、处理过程等,为应急物流的事件处理提供全面详尽的记录,为救援工作提供各种资源信息、电子地理信息、人员装备的状态和信息、事故状态和情况等,并提供标准行动程序、应急物流预案、辅助决策等智能辅助功能。有专门的数据分析管理系统,可以为救援工作提供全面详尽的数据查询、历史事故分析、数据统计和汇总报表等功能。有专门的信息查询服务系统,可以安全地连接到包括监督管理局网站在内的各个专业信息网络,实现对各种专用信息的查询、检索和发布。

2. 应急物流信息的咨询处理

平台应具备专门的应急物流信息咨询功能,可以通过交互式语音应答系统,对各种业务和信息咨询或投诉电话进行自动化语音服务,并可以根据需要转接到响应处理单位的人工咨询或投诉台,由专业咨询人员进行解答。对于在咨询过程中可能需要转变为报警事件的特殊电话,则可以立即转接到对应的救援席位。

3. 信息和数据的管理、查询、统计和报表

应急物流信息平台应提供统一的分级、分类共享的应急物流信息资源,提供标准的数据接口。通过信息平台可以方便地查询应急物流信息网和各指挥单位的专业网上的各种专业

信息,获取各种重要资料和信息供指挥系统各部门使用,提供对整个信息平台各项业务数据全面的分析、统计、汇总、报表处理。

4. 信息平台本身的管理

应急物流指挥中心利用各子系统管理计算机终端,对整个信息平台进行管理,这些管理终端可直接或通过局域网与相应的子系统设备相连接。

四、应急物流信息数据的挖掘技术

应急物流信息数据的管理涉及很多决策问题,包括评价突发事件的发生和发展、定义应急物流管理的目标、选择达到此目标的策略等。传统的应急物流信息数据的管理大多依赖决策者或领域专家的技术和经验,随着计算机技术的飞速发展,与突发事件相关的大量信息使得应急物流的决策更加复杂和困难。

突发事件的相关信息主要包括:一是突发事件的实时数据,如通过通信手段或传感器实时采集的突发事件本身及各方面的信息;二是该领域专家的偏好数据,并根据自身经验做出的反映其偏好的判断;三是数据库数据,存储在数据库中与突发事件相关的历史数据,包括时间和空间数据等。

这些数据从不同维度刻画了突发事件的特征,对应急物流的决策有着重要的参考意义。然而,如何从原始的海量数据中得到有价值的知识,从而帮助决策者制定合理的应急物流策略是现代应急物流管理需要研究的课题。由于应急物流决策问题的复杂性越来越高,数据的规模也越来越大,因此迫切需要采用先进的数据处理方法提高应急物流信息数据管理的效率,而数据挖掘就是这样一种技术。

数据挖掘是从大量的数据中挖掘出隐含的、未知的和对决策有潜在价值的知识和规则。从挖掘的目的来看,数据挖掘大体可分为预测和描述。在应急物流管理中,数据挖掘常用于评估事件发生前的风险以及预测事件发生后的演化,从而为应急物流决策的制定提供依据。

决策支持系统是根据需要提供各种决策信息,提供解决方案,减轻了管理者从事低层次信息处理和分析的负担,使其专注于最需要决策智慧和经验的工作。由于数据挖掘对海量数据的智能处理和分析能力,被广泛地用于决策支持,成为解决各种决策问题不可或缺的工具。

智能决策支持系统融合了数据挖掘技术和传统的决策技术,以定量分析辅助决策,进一步提高了辅助决策的能力。智能决策支持系统利用蕴含在数据中的知识,能处理不确定的信息,可用于更复杂的决策问题。

数据挖掘在应急物流中的应用可以归纳为:一是从相关因素及相互关系中发现潜在的事件风险;二是预测突发事件的演化,并自动生成应急物流方案;三是评价应急物流方案的可行性、可靠性及作用;四是通过对信息的加工和处理,从原始数据中获得高质量、对决策有价值的信息。

数据挖掘本身是一个交叉学科,融合了统计学、人工智能、机器学习及可视化等多个领域。目前,已经有若干数据挖掘技术应用到应急物流信息数据的管理领域中,以提高应急物流管理系统的智能化。在这些系统中,数据挖掘被用于分析各类数据,发现潜在的风险,监测突发事件的发生、发展及演化趋势,提供消减危机的有效策略等。

（一）关联规则

关联规则由阿瓜瓦尔(R·Agrawal)等人于20世纪90年代首次提出,起初用来分析超市终端机采集到的顾客数据,发现商品项的购买模式。在交易数据库中,每条交易记录了顾客标识、交易标识及购买商品。关联规则挖掘试图发现商品之间的购买模式,即如果一种商品在交易中出现,那么另一种商品很可能也同时出现。

在应急物流管理中,关联规则挖掘常用于预测某个特定事件发生的可能性。例如,由NSF资助的GDSS系统用于干旱风险管理的决策支持,利用数据挖掘技术分析气象站数据、农作物产量、海洋表面温度等数据,发现目标事件（如干旱）与其他气候事件之间的关联关系,从而对目标事件的发生进行预测,为农民提供合理的建议,如调整农作物播种和收割时间。

（二）分类分级

分类是一类典型的监督学习方法,用来发现条件变量与目标变量之间的关系,从而对未来的数据进行预测。分类技术的应用非常广泛,覆盖商业、银行、保险、医疗卫生和科学研究等领域。例如,在金融风险分析中预测企业的破产风险等。分级也是将样本划分到已知的类别,所不同的是类别之间存在顺序,如事故的"严重""比较严重""一般""不严重"等。在应急物流管理中,分类分级主要用于突发事件的风险评估,预测事件发生的可能性以及可能造成的危害程度,所构造的分类模型还可以对突发事件的特征给出一个直观的、可理解的表示。

决策树是用来解决分类问题最常用的一种方法,在形式上是一棵树的结构,由中间节点、叶节点和分支构成。其中,每个中间节点包含一个对属性的测试,根据测试的结果将样本集划分为子集,每个子集对应一个分支,用相应的测试属性值来标识。叶节点对应一个类标志,表示对应样本集的类别。

人工神经网络是通过模拟生物大脑的结构和功能而构成的一种可计算模型,可以从大量复杂的数据中发现非线性模式。神经网络由一组神经元（节点）按某种方式相互连接而成,通过多次迭代修改节点之间的权值,使得训练样本的分类准确度达到最优。神经网络具有自学习、自组织、自适应、联想、模糊推理、大规模并行计算、非线性处理、鲁棒性、分布式存储等方面的能力。

在应急物流信息数据管理中,神经网络被广泛地用于风险评估中,包括商业交易风险评估、金融市场风险预测、债务评估及安全评估等。例如,华盛顿州政府利用神经网络模型对儿童保障服务的风险进行预测;我国台湾地区利用神经网络实现了对某海港暴风雪袭击的预测和预警,并取得了较好的效果。

(三)聚类分析

与数据分类不同,聚类分析的输入是一组未分类的数据,通过分析数据之间的相似关系将它们分组,使其具有最大的组内相似性和最小的组间相似性。不同聚类中的数据尽可能地不同,而同一聚类中的数据尽可能地相似。聚类分析的方法很多,常用的有层次聚类法、划分聚类法、密度聚类法及网格方法等。

在应急物流信息数据管理中,聚类分析常用于对原始数据进行筛选和汇总,得到高质量的对决策有价值的数据。预警是应急物流管理中必不可少的一个环节,快速准确的预警机制是有效应对突发事件的基础。由于实际数据往往包含了大量的冗余或错误信息,为了更好地理解突发事件的状态,需要对这些信息进行筛选和汇总。基于密度的聚类方法可以从大量的初级报警信息中识别出噪声,即错误报警,并从聚类结果中得到汇总的有效报警信息。

通过引入竞争机制,神经网络可以用于无监督的学习。自组织映射网络就是这样一种模型,它通过非线性变换把高维输入空间的数据映射到低维输出空间,并保持数据之间的相邻关系。自组织映射网络由输入节点层和输出节点层构成,自组织映射网络的学习是一个最优匹配节点的选择和网络中权系数的自组织过程,每输入一个数据,对应的最佳匹配节点(即权向量与输入向量距离最小的节点)及其邻近节点就会对输入执行一次自组织适应过程,强化现行模式的映射形态,弱化以往模式的映射形态。

突发事件发生后往往收集到大量的信息,为了便于分析,需要对这些信息进行筛选,通过自组织网络的聚类,相似的信息映射到网络的同一节点或邻近节点,可以从中抽取具有代表性的模式。在动力系统的安全评估中,以各条线路的负载作为自组织网络的输入,可以从输出模式中区分安全状态和不安全状态。这种方法有效地减少了传统方法用于重复计算的时间。

(四)案例推理

基于案例的推理方法是根据以往的类似案例来解决当前的新问题。例如,医生经常根据以往具有类似症状的病例对新的病人做出诊断。案例推理方法避免了知识获取的"瓶颈",便于知识库的维护,不需要本领域专家干预,求解过程简单,解决的问题范围广,结果易于解释和接受。但这种方法仍有一些不足:需要建立庞大的案例库,导致算法运行效率低;通过检索只能得到很少的案例,而其他不符合检索要求但含有适用知识的案例没有被利用;案例调整严重依赖领域知识,有时甚至比生成一个新的方案更加困难。

在应急物流信息数据管理中,基于案例的推理成为制定方案的一种有效方法。这是由于以往存储在数据库中的成功案例为以后的决策问题提供了很好的借鉴,从而简化了决策的复杂程度。例如,在对森林火灾的救援中,采用基于案例的推理做出假设,然后从案例库中获取相似案例的方案,对方案进行调整以满足当前的约束条件,最后实施方案。

第四章　应急物流系统的整体构建与中心选址规划

第一节　应急物流系统与中心选址概述

一、应急物流系统概述

(一)应急物流系统的概念

1.应急物流系统的定义

应急物流系统涉及外部环境的概念,在这里所说的外部环境是指能够向系统中提供劳动力、社会资源、外部信息等的系统中具有"输入"功能的部分。在系统中将这种"输入"再经过相应的处理,转换为最终的成品,这个过程我们称之为系统的"输出"。系统运行过程中,外部环境的资源受限、系统需求的不确定性、外部影响因素发生变化等情况都会导致系统最终的输出结果不同,对于之前预计的目标有偏差。我们可以通过反馈机制将其进行修改,在输出的结果不满意时,通过反馈对系统进行调整和修正。物流系统能对物料、包装、运输、仓储、人员配置、通信活动等进行动态的控制,以实现各自的功能,保证整个系统的正常运行应急物流系统包含在普通的物流系统当中,是物流系统中比较特殊的用于应对突发事件的系统,是指为了满足突发性的物流需求,由各个物流元素、物流环节、物流实体组成的相互联系、相互协调、相互作用的有机整体。

2.应急物流系统的七要素

普通物流系统和应急物流系统在构成要素方面最主要的区别是"时间"要素上。流体、载体、流向、流速、流量和流程这几个要素构成普通的物流系统,而应急物流系统在普通物流系统的基础上增加了"时间"要素。应急物流系统的成立是为了应对突发事件,在突发事件发生时,时间就成了非常关键的要素。合理充分地利用时间可以争取到更多的有利因素,避免或者降低自然灾害造成的损失。

3.应急物流系统的特点

(1)应急物流系统的快速反应能力

应急物流系统是为了应对突发性和不确定性的灾害所准备的应急预案。在应急过程中应急物流系统应具有快速反应的能力,这种能力直接影响着物资送达、活动开展等一系列的后续问题,这决定了应急物流系统区别于一般的企业。

(2)应急物流系统的开放性和可扩展性

在进行应急物流系统的设计时,一定要根据应急物流需求的随机性和不确定性进行合理的规划。应急物流需求和供给在突发事件发生前是不确定的,而必须在突发事件发生之后将其纳入应急物流系统中。

(二)应急物流系统的结构和约束条件

1. 结构

应急物流系统分为许多模块,每一个模块部有着不同的作用,主要包括应急指挥模块、应急物流节点模块、应急物流信息模块等。应急指挥模块是由制定指挥方案、实施保障计划、综合进行调度、分析物资需求等子模块组成的。应急物流节点模块是对中间物流节点进行的管理,如采购管理、运输过程、配送管理、仓储准备等各个环节上的把控。应急物流信息模块就是对物流的各个环节的信息进行及时的更新和整理,也是进行实时动态监管、处理应急事件的基础模块。

2. 约束条件

应急物流系统比一般的物流系统要求要高,一般我们将对应急物流系统中的约束分为五个方面进行,分别是信息约束、时间约束、资源约束、运载能力约束和运输基础设施约束。下面就针对这五个方面展开叙述。

(1)信息约束

在突发事件发生后的短时间内,系统不能全面掌握有关突发事件的信息,造成预测和决策的误差。在地震发生时,通信设备被毁,灾区和外界联系中断,这极大地影响了救灾活动的进行,这就是信息约束所带来的严重影响。

(2)时间约束

应急物流系统的目标是指在约束时间内应该实现的系统目标,我国对消防救援时间进行了详细的规定,这种时间上的约束和规定就是为了能够尽快采取应急措施。

(3)资源约束

系统资源约束是指应急物资和应急资金的约束。

(4)运载能力约束

运载能力约束是指根据系统目标,对不同种类的应急物资和人员分别给予不同的紧急等级,在满足不同紧急等级下可以获得的运载工具包括飞机、汽车、火车、轮船等运载能力的约束。

(5)运输基础设施约束

由于突发事件可能对运输基础设施,包括公路、铁路、港口、电力和运输环境等造成影响,限制了应急物流活动的正常进行。

二、应急物流中心选址概述

应急物流中心选址是应急物流系统建设的首要环节。大规模突发事件发生之前,应急物流中心的科学选址能为灾害发生时的应急救援提供充足的救援保障,确保应急救援工作高效、及时地展开,降低灾害造成的人员和财产损失,保障灾后家园重建工作的实施。国家建立的应急物流中心是为了保障物资供应,保障基本人民生活而建立的在自然灾害、突发事故、突发卫生事件或重大军事冲突时进行应急处理的部门,是政府进行统一调度、管理分配的总指挥机构。针对突发的公共事件进行的应急物流中心的指挥能够帮助政府协调工作,减少信息的重复传递和资源分配的不均,这也是对救灾抢险活动的专业保障,因此有巨大的作用。

(一)应急物流中心的组织结构

应急物流中心由中心本部和加盟的物流企业两部分组成,接下来我们对各部分职能进行详细介绍。

1. 应急物流指挥中心

应急物流指挥中心负责抢险救灾过程的组织和领导工作,也负责应急物流中心的其他工作事项。对上级部门负有汇报和执行命令的责任,对下属单位和部门进行集中组织管理,保证应急物流中心平日的正常运作和提升必要时候的突发事件应对能力。

2. 协调委员会

协调委员会是应急物流中心平时、灾时工作的协调机构,也可起智囊团的作用,协助应急物流指挥中心保持应急系统的高效运转。协调委员会成员由两部分组成。一是政府相关部门领导成员。其职责是给应急物流中心提供各种有用信息,对应急物流中心的工作进行协调,在必要时利用行政职权支持应急物流中心的工作,保证应急物流中心平时和灾时的各项工作能顺利进行。二是各加盟物流中心、物流企业的领导人员。这些人对物流行业非常了解,是业中的权威和专家人士。其职责是协助应急物流指挥中心进行决策,对各种应急方案进行审议,协助应急物流中心设计合理的运作流程,在救灾时期协助物资应急保障的协调工作。为了保证各加盟物流中心对中心工作的绝对支持和救灾时期物资应急保障的可靠性,各加盟物流中心、物流企业的领导必须是协调委员会的主要成员。

3. 信息管理中心

信息管理中心包含两个部门。一个是情报部门。情报部门主要负责灾前、灾中、灾后的情报收集处理工作。长期与地震、气象、卫生防疫、环保等灾害监测部门保持密切、广泛的联系,及时掌握各种自然灾害、公共卫生、生产事故、环境污染等方面的情报,并做出准确的分析判断,将信息提供给应急物流中心的其他主管部门,以便提前做好物资保障准备。另一个是信息网络管理中心。该部门负责信息管理、网络系统的构建维护工作。应急物流中心通过该套网络系统与中心的各个部门、各个加盟的物流中心和企业网络、信息系统进行连接，以便应急物流中心各专项物资管理部门了解各个物流公司的设备情况、人员情况、运营情况、运输能力、库房容量、主要业务等。在平时与公司建立密切的联系，掌握公司动向，指导其完善应急设施等。在应急情况下根据各物流企业的特点，有的放矢，合理安排好救灾物资的筹集、采购、运输、配送等各项工作。

4. 应急物资筹集中心

应急物资筹集中心主要负责单项物资的预算、预测和筹集工作，可分为医药类、食品类、被装类等主管部门。在收到情报部门或者其他可靠的灾情信息之后，指导相应的医药、食品、被装等物流中心预先做好物资的筹集、采购工作，以保证在灾情爆发或进入扩大阶段之前，便已有了充分的物资准备，可以在最短的时间内将应急物资送到灾区、灾民手中。

5. 应急物资储备中心

应急物资储备中心的主要职能包括两个方面：一是负责本地区（或上级代储）救灾应急物资储存、调拨、使用、回收、维修、报废等环节管理工作；二是保障本地区紧急救助物资按质按地供应。根据这些职能，物资的储备具体包括三个层次：一是救灾物资的仓储管理；二是协同应急物流中心做好救灾物资的调拨；三是救灾物资的使用和回收。

6. 财务人事等职能部门

财务人事等职能部门的主要职责是保持应急物流中心的正常运作，通过计划、组织、协调、控制等管理手段保障应急物流中心内部人力资源、资金、基础设施等方面的流畅运行，是提高应急物流中心保障能力的基础。

7. 各加盟物流中心、物流企业

加盟的物流中心、物流企业是应急物流中心得以成功运作的基础，是应急物流中心物资保障的具体执行机构。平时各自自主经营进行正常的商业活动，在应急物流中心的指导下，完善应急设施，制定应急方案，并根据情况做好救灾物资的库存管理。灾害发生后，根据应急物流中心分配的任务，利用自身的业务优势和技术优势筹集、储备、配送救灾物资，以最快的速度保质保量地将救灾物资送到灾区、灾民手中。

(二) 应急物流中心的运作流程

1. 突发事件发生前

在平时，应急物流中心的工作主要是做好与加盟物流中心、生产企业的合作，进行网络维护，建立供应商档案，充分了解可能用到的应急物资的生产、分布情况，以及做好应对突发事件的宣传、教育及应急预案的制定、演习等工作。同时做好日常信息的监测，运用信息技术等科学手段评价可能发生的突发事件种类、概率、规模，并设置应急处置预案。

2. 突发事件发生后

根据突发事件的具体情况有针对性地制定有效的救援方案，并且启动应急预案，积极准备、筹集物资,做出合理的安排,核对各种物资的数量、规格、品种、分布情况,紧急联系加盟物流中心和生产企业开始应急物资的筹备和运送工作,及时将物资运往灾区。

3. 突发事件处理完毕后

突发事件处理完后要进行工作总结,回顾工作中存在的问题和需要改进的地方,制定相应的政策,做好应对突发事件的各项准备工作。针对应急物流系统存在的漏洞和缺陷进行弥补,以使物流响应更加准确,对突发事件应对速度、物资准备、仓储调拨、运输效率、部门配合、信息传递、人员配置等进行合理的评价,查找不足,制定整改措施,为下一次的预警做好充分的准备。

第二节 应急物流系统设计与供应链构建

一、应急物流系统设计

(一)应急物流系统的设计原则

应急物流系统的设计原则有以下三个。

1. 应急物流系统的事前防范与事后应急相结合

应急物流需求的事后选择性决定了一个高效率的应急物资信息系统和应急运输工具信息系统应该成为应急物流系统的组成部分。在突发事件爆发前,建立全国范围的以应急物资和应急运输工具为主题的大型的信息系统或数据仓库,对于突发事件爆发后,应急物流系统的高效运转具有重要意义。

2. 时间效率重于经济效益

应急物流的突发性和紧迫性决定了应急物流系统的设计中时间效率重于经济效益,制定合理的规划,为物资运送、人员的前往提供道路上的畅通保障,通过先进的技术手段和高科技运输工具,使物资、人员能够在第一时间赶到事发现场并且马上开展救援。

3. 市场机制与行政机制、法律机制并存

应急物流多是针对突发性的自然或社会危害而进行的物流活动,所以要依靠行政机制、市场机制和法律机制进行统一的安排。

(二)应急物流系统的子系统

应急物流系统包含着以下四个子系统,下面就针对不同的子系统进行详细论述。

1. 应急物流指挥子系统

应急物流指挥子系统是将政府、企业、人才、设备等各种元素组合,进行分工管理,协调工作的指挥系统。在自然灾害、更大公共卫生事件、社会环境问题、社会安全问题出现的时候,进行各种应急物资的准备和调拨是应急物流指挥子系统存在的使命。在应急物流指挥子系统的建立过程中,各级政府首先要了解当地的实际情况,如人口数量、物资结构、交通状况、天气情况等,使指挥工作有据可依。一般应急物流指挥子系统是由国家机构、军队、信息中心、物资部门、运输保障部门协同配合组建的,组建统一的应急物流指挥子系统具有以下作用。

第一,对于应急物流的各项工作来说,可以最大限度地缩短审批、传达的流程,简化流程步骤就是在为救灾争取时间,提高应急反应速度。

第二,进行各项物资的统一安排,统筹规划,不会造成资源浪费和资源不足情况的发生,也可以避免贪污腐败,便于管理。

第三,统一采购可以降低采购物资的成本,缩短筹集物资的时间,对工厂来说,只要安排人员进行连续生产,就能够保证物资的供应。

第四,应急物资统一管理有利于全国物资的安排和布局,可以充分调动近距离和远距离物资,这是对全国资源的一种充分利用。

第五,建立统一的信息发布平台,提高管理的效率,这也为信息传递和数据共享提供了查询依据,对决策的制定和信息的更新起到了重要的作用。

第六,对国家制度的健全和法律的制定提供了经验支持,为应急物流的标准制度化建设和常态化管理提供了法律保障。

2. 应急物流保障子系统

应急物流保障子系统包括法律保障、人才保障、应急预案保障三个方面,下面是针对这三个方面展开的详细论述。

(1)法律保障

完善的应急物流保障法规体系是应急物流保障力量现代化和正规化建设的基本保证,应急物流保障法规主要包括三部分:一是地方应急物流保障力量的动员法规,包括海陆空运输力量应急动员和所在地区物流资源的应急动员,明确动员的时机确定、权责划分、实施程度、补偿标准等;二是应急物流保障力量建设的相关法规和条令条例;三是应急物流保障的有关条令和规章制度。

(2)人才保障

应急物流保障环境的复杂性及保障技术的精尖性要求适时适量、方法多样地对应急物流保障人员进行物流专业培训,以提高应急物流保障人员的综合素质。一要加强针对性的应急物流保障实战演练,根据未来可能负担的任务,不定期地在突发事件可能出现的地区进行演习,从心理、技术、指挥和保障等方面加强训练应急物流保障人员;二要改进训练手段,开发研制应急物流保障模拟训练系统,探索应急物流保障的虚拟现实模拟训练,为提高应急物流保障人员素质创造条件。

(3)应急预案保障

应急预案是实施应急物流保障的基础,是保证应急工作顺利实施的关键。在应急物流预案中,需要明确组织指挥机构以及各类人员如何筹备、如何分工实施、采取哪些步骤或必要措施以及应急保障的各种程序等。涉及全局范围、危害严重、重大事件的应急预案,应该聘请有关部门的专家参加,应急预案制定后,要经过上级政府部门的批准;一般性应急预案可根据本地区的实际情况,针对可能存在的安全隐患和灾难性事故,综合分析制定相应的应急预案。

3. 应急物流信息子系统

应急物流信息子系统是用于数据存储和调用的平台,为数据整合和信息传递提供必要的技术支持。其主要包括通信平台、信息平台和电子商务技术平台等。通过通信平台可以将应急物流系统的各种信息进行汇总和传递,为制定应对措施提供帮助。信息平台的建设可以为应急物流提供更加准确可靠的数据,为及时采取措施和主动提供应急救援做准备。在应急物流信息系统的建设上应该注重基础信息建设和应急物流模型设计,下面是针对这两个方面进行的详细介绍。

(1) 基础信息建设

基础信息建设主要体现在三个方面,一是建立高效的物流信息网络,依托社会公共信息平台,建立综合指挥网、运输信息网、仓储信息网等;二是推进信息标准化建设,统一物资代码,规范文件传输格式;三是建立完善的基础数据库,将道路、企业、人才等详细数据收录其中,并实时进行更新。

(2) 应急物流模型设计

应急物流体系结构模型的制定,不仅有利于信息系统的设计与实现,还有利于物流配送算法的实现。将 GIS、GPS、Web 技术与现代物流管理技术实现有效集成,其中,GIS 是地理信息系统,提供地理信息、动态信息,有利于物流配送算法的实现;GPS 是卫星导航定位系统,利用卫星进行定位计算,计算出物流货物所在地理位置的经纬度、高度、速度、时间等信息;Web 技术有利于实现物流信息资源共享。

4. 应急物资供应子系统

应急物流供应子系统包括应急物资仓储、运输、配送等部分,负责应急物资的筹措、组织运输与配送,直到送达灾民手中。相关部门应运用供应链的思想对该子系统进行管理,利用先进技术和现代管理手段,实现应急物流的集成、整体运作与管理,强调集成、协调、快速反应,对应急物资的筹措、储备和调运、配送进行科学组织。下面我们从应急物流筹措子系统、应急物流仓储子系统、应急物流运输子系统、应急物流配送子系统四个方面进行详细的介绍。

(1) 应急物流筹措子系统

在自然灾害爆发、战争爆发和其他灾难发生时,需要进行应急物资的采购,以满足人们维持生存的基本需求。一般情况下,我们通过应急采购的方式对应急物资进行筹资和准备,也可以通过库存物资的调动、征用和各方的捐赠获得物资。应急采购有四种方式：第一种是单一来源的采购，一般是独家进行生产或者是由于时间紧迫无法从其他供应商处进行采购。第二种是询价采购，要在一至两天时间内进行的货源充足的采购，这种采购对货物的规格和标准进行了统一的规定，而且货源比较常见，所以可以进行短期的询价比较，最后决定采购流程。第三种是竞争谈判采购，这种采购一般是在三天内完成就可以，对供应物资无法确定具体的规格要求，或是无法计算总价的货物，可以采用谈判的方式最终确定采购方案。第四种是招标采购，这种采购的时限比较长，周期在一个月之上，供应商在招标成功后要签订购货合同，在采购数量、品种、时间上都做了具体的说明，因为采购时间充足，所以可以进行全面的考虑。

(2)应急物流仓储子系统

应急物流仓储子系统包括仓库布局规划模块、物资安排模块、储备容量模块等针对储备物资的合理维护和管理进行有效设计。对于应急物资要进行分类管理，分类是为了能够迅速掌握物资的种类、数量、库存情况、筹备情况等，便于快速地进行资源的合理调度和布局。对于救援物资的仓储情况要进行定期的盘点，为了不影响应急情况下物资的搬运和筹集工作，一定要在第一时间能够准确说出仓储的数量、种类、损耗情况，以便能够及时地补货和调用。

(3)应急物流运输子系统

发生灾情后，根据灾情的发生地点、受灾面积、影响程度和对灾后情况的预估，临时征用汽车、货车、火车、船舶、飞机等各种交通工具，并且集中社会力量，使应急物资能够第一时间到达现场。对于应急物流运输子系统的全程指挥和调动都是在进行实时监控的情况下进行的。交通运输基础设施的建设对应急物资的配送有非常重要的作用，这也是影响应急物资送达目的地的时间的主要因素。

(4)应急物流配送子系统

应急物流配送子系统的物资中转站是建立在各个物资需求点上的，承担着接受、分发各种应急物资的重要责任。应急物流配送子系统的建立为后续工作的开展提供了便利条件，这种空间上的合理划分和配送地点的选择可以缩短救援需要花费的时间。对于救援地需要哪些物资、获得了哪些物资、后续还需要进行哪些补给等都是配送中心进行统计并上报的。通过配送中心和配送路线的合理布置，可以大大提高配送的效率，为救援提供可靠的数据支持。

二、应急供应链系统构建

(一)应急供应链管理的内涵

1.应急供应链的概念

应急供应链就是针对应急物资的筹措、生产、运输、存储、配送、分发等各个环节组建的整体网络。应急供应链包括资金流动、信息传递、业务来往等各种各样的涉及应急物流的一切活动。

2.应急供应链管理的概念

利用现代信息技术对应急供应链进行的管理是一种对整体和各个部分进行的全方位管理。应急供应链管理是一个广泛的概念,应将应急供应链管理看作一个完整的系统,并将其中的各个环节分别赋予不同的功能。通过各种集成方式,包括横向集成、纵向集成和端到端集成,可以进行各种应急资源的优化配置,构建一个完整的应急供应链。

3.应急供应链管理的主要目标

从整体出发,统筹规划,利用科学的管理手段使应急供应链各个组成部分进行紧密配合,以最大限度地减少资源的浪费,从而使应急供应链保障总费用最低、保障质量最高、反应速度最快、补给周期最短、储备规模最宜、保障关系最和谐、五流(商流、物流、资金流、信息流、业务流)合一,以实现应急供应链保障绩效的合理化,我们从以下五个方面进行介绍。

(1)最终保障对象服务最优化

通过建立高效、优质的应急供应链网络结构,在降低成本的前提下提升服务质量。

(2)应急供应链总储备适度化

"零库存"是企业供应链的理想状态,但由于应急事件的突出特点,平时必须拥有一定规模的应急储备,因此就储备而言,应实现应急供应链上总储备的适度规模。为实现应急供应链总储备适度化的目标,不能仅仅控制单个成员单位的储备水平,而必须实现对整个应急供应链储备水平的最优控制。

(3)总周期时间最短化

应急供应链和普通供应链之间进行比较,不同之处在于应急供应链可以提供快捷、高效的供应服务,最大限度缩短物流供给所需要的时间。在进行物资配送的过程中,我们将其消耗的时间称为总周期,相比普通的供应链,应急供应链能够快速响应、立刻执行、调配仓储、安排运送、准时到达。

(4)应急保障质量最优化

应急供应链管理下的应急保障质量的好坏直接关系到应急供应链的存亡。如果在所有业务过程完成以后,发现提供给最终保障对象的应急物资存在质量缺陷,就意味着所有成本的付出将不会得到任何价值补偿,应急供应链的所有业务活动都会变为非增值活动,从而导致无法实现整个应急供应链的价值。因此,达到并保持应急保障质量的高水平,也是应急供应链管理的重要目标。这一目标的实现,必须从应急保障资源的零缺陷开始,直至应急供应链管理全过程、全人员、全方位质量的最优化。

(5)应急供应链总成本最小化

应急供应链存在多种成本,各个成本之间都具有关联性。比如,筹集成本、生产费用、运输加工费用、配送过程中的损失等,这些都属于应急供应链总成本当中的一部分。为了使应急供应链能够更好地发挥作用,也为了使应急供应链得到充分的利用,需要对应急供应链进行成本管控。

(二)影响危急供应链系统建设的因素

影响应急供应链系统建设的因素有两个方面,分别是经济因素和非经济因素。

1. 基于经济因素的应急供应链物流系统

此类应急供应链物流系统的扰动因素是由供应链所面临的市场经济环境波动导致的,如供应波动、需求波动、价格波动、信息误差、人为商业失误等,致使供应链出现物流资源短缺瓶颈,进而造成供应链运作扰动。此类因素的扰动属于"软环境"因素扰动,其供应链物流渠道并不受扰动因素的影响,能够保持常态运行。因此,这类应急处理的关键在于打破物流资源短缺瓶颈,整合更加广泛的拓展企业物流资源,形成待定的供应链应急柔性,以加快对市场的响应速度。严格意义上讲,这类应急供应链物流系统属于商业运作的范畴。

2. 基于非经济因素的应急供应链物流系统

此类应急供应链物流系统的扰动因素是由不可控的外力而导致供应链物流渠道中断,如自然灾害、政府管制、突发社会群体事件、物流过程事故等,属于"硬环境"扰动,其常态供应链物流渠道受阻,需要临时构建一条应急物流渠道以保持供应链物流通畅。因此,这类应急处理的关键在于构建新的物流通道,选择合适的物流节点与线路,重新实现供应链物流渠道"货畅其流"。

(三)应急供应链系统的设计

1. 应急供应系统的设计原则

(1)简洁性原则

组织机构和业务流程进行简化处理有助于提高执行效率。

(2)动态性原则

对供应链信息进行动态监管,保证供应链运作环节的正常进行,以提高供应链信息传递的灵活性和高效性。

(3)开放性原则

扰动因素的出现导致既有供应链运作失效,其中的原因包括资源约束瓶颈、能力约束瓶颈、时间约束瓶颈等,这客观上要求既有供应链更加开放,通过拓宽供应链范围以消除或降低约束瓶颈。

2. 基于经济因素的应急供应链系统逻辑模型设计

基于经济因素的应急供应链系统是一个具备柔性能力的核心企业,应急物流管理中心的协同管理下集成了非常态资源参与其中的柔性供应链系统。

应急供应链系统受到经济因素的影响,最终呈现出具有柔性机制的各个企业之间进行合作、协调、统一的运营,在一线、二线供应商的配合下,供应链核心企业应急物流管理中心采用战略层柔性管理、战术层柔性管理、执行层柔性管理层层递进的方式将物资供应转移到分销商部分,再由分销商应急物流管理中心或二线分销商进行零售商应急物流管理中心的配送,最终到达指定用户手中。

应急供应链系统建设需要注意以下几点问题:

第一,供应链核心企业应急物流管理中心是整个运营系统的重要组成部分,起着关键的作用,它由三个层面的柔性机制主导运行:战略层柔性、战术层柔性、执行层柔性。

战略层柔性主要包含两个方面:第一是战略柔性,是指要对供应链的运行进行战略上的转换,从一般常态下的运转模式转变为应急状态下的运转模式,这种运行模式的转变能为接下来开展的战术层柔性和执行层柔性提供很好的指导。第二是资源柔性,资源柔性讲究将各种物质资源和能量资源进行整合,这种柔性管理的方式可以最大限度地使供应链在更大范围内进行市场优质资源整合,也是为收集物资、整理物资、筹备物资进行的资源上的合理规划。

在建立供应链战略伙伴关系时以直接供应源为常态运作的主要对象,以潜在供应源为非常态运作的主要对象。

战术层柔性包括计划柔性和协调柔性。计划柔性是实现战略柔性的计划功能保障,通过柔性计划为执行层面的具体执行活动提供柔性化资源安排和业务过程安排,协调柔性主要体现为协调机制的可变性,能快速针对不同的矛盾冲突采取个性化的协调措施,使冲突程度降到最低。

执行层柔性主要体现为采购柔性和响应柔性。采购柔性主要体现为采购品价格柔性、数量柔性等,实现与上游供应商之间快速协同,响应柔性主要体现为企业内部各流程之间的快速响应与对下游客户的快速响应。

第二,根据市场竞争力与价值贡献度两项指标可将供应链合作伙伴分为战略合作伙伴、有影响力的合作伙伴、竞争性合作伙伴和普通合作伙伴。

核心企业在构建常态供应链时,可在以上分类的基础上将合作伙伴归结为两大类型,即一线合作伙伴和二线合作伙伴。所谓一线合作伙伴是常态供应链运作体系下的战略合作者,即上述的战略合作伙伴;二线合作伙伴是战略合作者的替补对象,在应急状况下补充战略合作者的不足之处,此类合作伙伴可以是上述的竞争性合作伙伴、有影响力的合作伙伴、普通合作伙伴。二线合作伙伴与供应链核心企业通过签署应急合作协议,形成常态为辅、应急为主的合作机制,如签订合同储备合约、应急采购合约以代替实物储备,一旦合约中某种事先约定的紧急条件发生,该合约自动履行。这样可以节省烦琐的正常采购业务环节,节约宝贵的时间,达到时间和空间效益的最优化。

第三,在各个供应链成员企业内部成立应急物流管理中心。实行非常态时的高度集权式决策,由各成员的应急物流中心全权负责本环节的应急物流决策,并由核心企业的应急物流管理中心负责协同整条网链的应急物流计划、组织、领导和控制等工作,从而最大限度地缩短中间环节,加快物流响应速度。在遵循以上建设要点的基础上,供应链的"流体"即应急供应链物流系统所处理的各种应急物资对象将从二线合作伙伴处得到及时补充,从而使供应链物流"流量"得以持续保证,不致发生断流;同时由于实施了围绕应急物流管理中心的集中决策,精简了业务流程,使应急物资转移的"流速"加快,供给响应时间缩短;在"流程"方面,二线合作伙伴的位置可以选择最近产地或是销地,从而能大大缩短常规物流渠道长度;最终取得在突发性扰动环境中以最短路径、最快速度、最小代价保障供应链运营物资及时补充、供应链运营中断风险最小化的良好绩效。

3. 基于非经济因素的应急供应链系统逻辑模型设计

对于突发性的不可预见性的扰动属于非经济因素的范畴,这种扰动因素的影响要远远大于经济因素的扰动影响;一般这种突发性的灾难性的扰动就是使物流通道受到阻断,致使常态化的供应链物流系统在短时间内难以恢复,所以必须选择新的运输方式、运输路线,从而修补中断的常态物流渠道。

(1)基于突发性自然灾害应急供应链系统

突发性自然灾害主要包括山洪暴发、冰雪灾害、火灾、沙尘暴、龙卷风、地膜、泥石流、火山喷发等各种不能预料到的突发性灾难。在自然灾害面前人类往往是弱小的,这种无力感使人们越来越重视对大自然的保护,在自然灾害来临前人们就做好了应急准备,这种提前预知也是为了能够在第一时间给予抢救,为了实现应急物流通道的顺利布局,需要动用国家、地方、军队、企业、群众等社会上所有的力量,开通抢险救灾绿色通道,共享军用资源,实施各种物资的空运和空投等,通过人们齐心协力、众志成城、万众一心进行积极救援,使灾区的群众可以感受到祖国的强大、集体的温暖。

从企业微观运行角度来看,这些措施对于降低受灾企业的经济损失来说起不到直接的指导作用,因为企业不属于此类灾害的第一时间受助对象,同时企业也无法以自有力量实施以上措施,从而只有被动等待政府力量恢复常态社会物流渠道后再调整企业自有商业物流渠道。在当今时间价值至上的经济社会,等待就意味着丧失市场利润与空间。

面对此类状况,供应链的应急物流系统建设模式有以下两种。

① 采取"搭桥模式"绕开常态渠道的中断点的模式。在医学上有一个术语是"心脏搭桥",在这里我们借用"搭桥"的概念,进行物流系统的建设。在常态物流渠道中,如果因为突发自然灾害使物流渠道受到了阻塞,那么就形成了类似于医学上的血管阻塞问题,血管阻塞使心脏、大脑或其他器官的供血不足进而导致身体各种疾病的产生。医生可以使用心脏搭桥手术恢复心脏的供血功能,使心脏的血管能够重新建立通路,将堵塞的血管恢复畅通。在应急物流系统的建设过程中,需要通过选择新的物流中转节点或采用三维立体运输方式再

构物流回路。

要提前对搭桥的成本和收益进行分析:这种搭桥模式所获得的收益主要是指经济上的收益和社会效应方面的收益,使用这种搭桥模式时应该注意两个方面的内容:第一,在选择新中转点时,应尽量选择使总流程较短、可实现快速转移的节点。通过多边市场治理或三边治理的方式短时间购买市场服务资源,从而实现成本最小化。第二,选择三维立体运输方式时,在遵循经济性和时效性的原则下,应尽量选择单一运输方式,少选择多式联运方式,以减少物流中转环节,节约时间。

②采取"自给模式"形成离散节点自满足运作的模式。自给模式是指将应急用的仓库作为临时供应源,并且在封闭的节点范围内进行物资的一种系统运行模式。由于缺乏和外部相连的物流渠道,物资无法输入和输出,需要预先储备应急库存。

下面从三个方面进行供应链物流运输渠道自给模式的应用介绍。第一,要注意完善供应链物流渠道的信息预警机制。在应急事件发生前会有一些预先的警示,这些警示往往容易被人们所忽略,例如,持续长时间的降温,大范围降水,温度突然升高,动物有些反常行为,老鼠成群结队从鼠洞中跑出,羊、马等动物不进圈,狗、鸡等动物变得狂躁乱窜……这一系列的异常情况都应该引起人们的关注。建立供应链物流渠道的信息预警机制是为了能够及时监测到这些灾难来临前的警告。第二,应该建立库存应急配给制度。应急库存是自给模式中的唯一供应源,也是物流系统渠道中断后能够提供物资的最主要的供应来源,因此,一定要建立库存应急配给制度,保证短时间内的物资供应。第三,要建立潜在的供应源关系储备。寻找附近的供应链节点,也就是其他的供应源,并建立契约关系,一旦应急事件发生,则启用这些供应源。

(2)基于突发性社会危害事件与疫情的应急供应链系统

突发性的社会危害事件包括集体罢工、突发性灾难等危害社会公共安全的事件。突发性的传染病具有非常严重的危害,这也给供应链物流渠道造成了一种障碍。所以,要建立一条供应链物流系统的绿色通道,借鉴搭桥模式和自给模式。此外,还应当注意以下两个方面。第一,事先了解政府突发性公共事件应急预案。企业要积极配合政府做好预案的准备工作,采取各种应急措施,做好应对准备,随时出发。第二,要与当地重点企业建立物流战略联盟关系。战略联盟关系的建立可以使常态时的物流资源得到合理的规划和利用,这也是对绿色物流通道的一种有效利用。通过对企业供应链的运作模式进行分析可知,业务外包是以较低成本较快获得资源的一种捷径,是当前我国企业发展自有物流系统的有效途径。

第三节 应急物流中心选址决策方法

一、应急物流中心选址原则

应急物流中心选址的目的是更好地服务于物流工作安排,因此,选址问题的研究有非常大的社会和经济意义。应急物流中心应本着应对突发事件、覆盖特定救援区域、利用现有资源、优化物流网络和控制建设成本的思想进行选址,具体原则主要表现为以下几个方面。

(一)统一规划原则

应急物流中心不同于普通商业性物流中心,其应由国家和各级政府工作部门根据地区易发的突发公共事件类型、储备资源特点进行统一规划设计。在规划应急物流中心时,应将国家的物流网络作为一个大系统进行考虑,对宏、微观环境综合考量。

(二)高效性原则

为了能够高效高质量地完成应急物流活动,就必须重视应急物流中心的建设。借助各种检测手段,通过实地考察建立一个高效应急物流中心。

(三)安全性原则

安全性是应急物流中心建设过程中首要考虑的问题,应急物流中心选址的安全性直接影响应急保障的效率和效果。

(四)交通便利性原则

应急物流中心应靠近港口、机场、铁路编组站、公路等各种运输方式的运输据点或中转点,并应设在交通主干道附近,既便于交通疏导,又利于交通安全。

二、应急物流中心选址的影响因素

在应急物流中心选址决策中,要综合考量多种因素,具体主要从以下几个方面来考虑。

(一)自然条件因素

1. 气象条件

自然条件中气象条件是首先要考虑在内的,通过对天气的检测,可以使应急物流中心避开风口等地带。

2. 地质条件

充分观察周围的环境,结合当地的地质条件做出最优的选择。

3. 水文条件

应急物流中心选址要考虑洪涝灾害的发生,应急物流中心所处的地下水位不能过高,避免选择洪涝区、干河滩等地。

4. 地形条件

应急物流中心要选择地势平坦之处,面积适宜。首选完全平坦的地形,然后是稍有起伏的地方,陡坡要避开,外形上的选择要以方方正正的为宜,避免选择狭长不规则形状的地区。

(二)环境因素

1. 交通条件

应急物流中心要建立在交通枢纽之上,以确保交通运输的顺畅。

2.公共设施状况

应急物流中心的周边配置要完善,如水、电、热、燃气等基本的生活保障到到位。

(三)社会因素

依据可持续发展理论进行应急物流中心的建设,要充分考虑到应急物流中心对城市生活的干扰问题。

(四)经济因素

精简人力、物力,最大限度地建立一个经济、实惠、环保、可行的应急物流中心。

三、几种常用的应急物流中心选址决策方法

(一)基于重心法的应急物流中心选址决策

应急物流中心的选址非常重要,其可以影响后续的一系列工作,因此一定要注重应急物流中心的位置、规模、面积等情况,对物流的畅通、反应速度、经济适用性等情况也要重点关注。下面是针对突发事件地区建立应急物流中心所进行的详细介绍。

1.问题描述及模型构建

应急物流中心进行地址选择时要考虑应急服务地点的需求、交通便利情况、地域范围的便利情况等。通过对应急物流中心建设的模式探讨,对地址选择也就会有所不同。对于影响地址选择的因素我们都要进行一一考虑,以下是对其经济因素进行的详细分析。

模型的基本框架及其求解步骤:如果有 N 个应急服务点,其各自的坐标分别为(X_i, T_i) $(i=1,2,3,\cdots,n)$,现需要建立一个应急物流中心,其坐标为(X_0, Y_0),应急物流中心到应急服务点 i 的运输费为 h_i,从物流中心到应急服务点 i 的货物运输量为 v_i,从物流中心到应急服务点的运输距离为 d_i,则物流中心到各应急服务点的总运费为:

$$T = \sum_{i=1}^{n} h_i v_i d_i = \sum_{i=1}^{n} h_i v_i [x_0 - x_i^2 + (y_0 - y_i)^2]^{\frac{1}{2}}$$

$$d_i = [(x_0 - x_i)^2 + (y_0 - y_i)^2]^{\frac{1}{2}}$$

选址的目标是使总运费最小,从式 $T = \sum_{i=1}^{n} h_i v_i d_i = \sum_{i=1}^{n} h_i v_i [x_0 - x_i^2 + (y_0 - y_i)^2]^{\frac{1}{2}}$ 中分别求 X_0, Y_0 的偏导数,并令其等于 0:

$$\frac{\partial T}{\partial x_0} = \sum_{i=1}^{n} h_i v_i (x_0 - x_i) / d_i = 0$$

$$\frac{\partial T}{\partial y_0} = \sum_{i=1}^{n} h_i v_i (y_0 - x_i) / d_i = 0$$

由上两式得求得最合适的设施地址,X_0^*, Y_0^* 为:

$$X_0 = \frac{\sum_{i=1}^{n} h_i v_i x_i}{\sum_{i=1}^{n} h_i v_i}$$

$$Y_0^* = \frac{\sum_{i=1}^{n} h_i v_i y_i / d_i}{\sum_{i=1}^{n} h_i v_i / d_i}$$

2. 模型求解

上两式中的右端 d_i 包含 X_0, Y_0 导致等式两端都含有未知数 X_0^*, Y_0^*，通常采用迭代法进行求解，其步骤如下：

(1) 给出物流设施的初始地址 (X_0, Y_0)，一般的做法是将各用户之间的几何中心作为初始地址 (X_0, Y_0)，如下式所示：

$$X_0 = \frac{\sum_{i=1}^{n} h_i v_i x_i}{\sum_{i=1}^{n} h_i v_i}$$

$$Y_0 = \frac{\sum_{i=1}^{n} h_i v_i y_i}{\sum_{i=1}^{n} h_i v_i}$$

(2) 利用式 $T = \sum_{i=1}^{n} h_i v_i d_i = \sum_{i=1}^{n} h_i v_i [x_0 - x_i^2 + (y_0 - y_i)^2]^{\frac{1}{2}}$ 计算出与 (X_0, Y_0) 相对应的总运费 T^0。

(3) 把 (X_0, Y_0) 代入式 $d_i = [(x_0 - x_i)^2 + (y_0 - y_i)^2]^{\frac{1}{2}}$、式 $X_0^* = \frac{\sum_{i=1}^{n} h_i v_i x_i}{\sum_{i=1}^{n} h_i v_i}$、式 $Y_0^* = \frac{\sum_{i=1}^{n} h_i v_i y_i / d_i}{\sum_{i=1}^{n} h_i v_i / d_i}$ 中，计算出物流设施的改善地址 (x_0^1, y_0^1)。

(4) 利用式 $T = \sum_{i=1}^{n} h_i v_i d_i = \sum_{i=1}^{n} h_i v_i [x_0 - x_i^2 + (y_0 - y_i)^2]^{\frac{1}{2}}$，计算出与 (x_0^1, y_0^1) 相对应的总运费 T^1。

(5) 将 T^0 与 T^1 进行比较，若 $T^1 \geqslant T^0$，则说明 (x_0^0, y_0^0) 就是最优解。若 $T^1 < T^0$，则返回步骤(3)，将 (x_0^1, y_0^1) 代入式 $d_i = [(x_0 - x_i)^2 + (y_0 - y_i)^2]^{\frac{1}{2}}$、式 $X_0^* = \frac{\sum_{i=1}^{n} h_i v_i x_i}{\sum_{i=1}^{n} h_i v_i}$、式 $Y_0^* = \frac{\sum_{i=1}^{n} h_i v_i y_i / d_i}{\sum_{i=1}^{n} h_i v_i / d_i}$ 中，计算出物流设施的改善地址 (x_0^2, y_0^2)。如此反复迭代，直到 $T^{k+1} \geqslant T^k$，求出最优解 x_0^k, y_0^k 为止。此时的 x_0^k, y_0^k 即为物流设施的最佳地址 x_0^*, y_0^*，T^k 即为最小总运费 T^*。

(二) 基于改进模型植物生长算法的应急物流中心选址决策

这种算法是一种源于植物向光性机理的智能优化算法，即模拟植物的向光性，通过枝叶间的光线强弱变化影响植物生长的研究推论到优化问题可行域的运算中，将最优解作为光源,可行域作为植物生长环境。在解决设施选址问题上智能算法具有良好的应用和推广前景,模拟植物生长算法就是建立随机性的动力模型,从而得出最优解。

针对应急物流中心选址问题,可以先采用聚类方法将需求点分成若干子类,然后得到选址和需求点分配的初始方案,并以此为初始值,运用模拟植物生长算法得出最终方案,以此种算法可以极大地降低算法的迭代次数,减少算法的复杂度,从而快速得到最优解。

1. 植物向光性生长模型

植物的生长过程可以理解为同化作用和异化作用相互作用的过程,同化作用大于异化作用时植物的根部就开始生长。从数学的角度对植物的生长机制进行分析,可以得出模拟植物向光性的概率生长模型。其主要思想可概括为当一株植物破土而出,从根部 x_0 中长出茎干 M,假定 M 上有 k 个比根部光照条件更好的生长 $S_{M1}, S_{M2}, \cdots, S_{MK}$,其形态素浓度 $P_{M1}, P_{M2}, \cdots P_{MK}$,由下式决定,即:

$$\begin{cases} P_{Mi} = \dfrac{f(x_0) - f(S_{Mi})}{\Delta F_1} & i=1,2,\cdots,k \\ \Delta F_1 = \sum_{i=1}^{n}(f(x_0) - f(S_{Mi})) \end{cases}$$

其中,x_0 为初始可行解(树根,初始基点),$f(x_0)$ 为目标函数值,上式中各生长点形态素浓度是由各点对树根的相对位置以及该位置的环境信息(目标函数值)所确定的,且根据上式可得出 $\sum_{i=1}^{n} P_{Mi} = 1$,并由此构成各生长点的形态素浓度状态空间。

这里主要利用计算机在[0,1]产生随机数,如果随机数落入哪个生长点的形态素浓度状态空间中,那么它将获得优先生长的权利,假设这个随机数落入区间 P_{MS} 中,那么生长点 S_{MS} 将获得优先生长,假设其上长出 P 个比根部光照条件更好的生长点 $S_{m1}, S_{m2} \cdots S_{mq}$,其形态素浓度为 P_{m1}, P_{m2}, P_{mq},此时,植物的生长环境发生了变化,于是需要根据新系统所在环境的改变重新分配生长点的形态素浓度,计算过程如下:

$$\begin{cases} P_{mi} = \dfrac{f(x_0) - f(S_{Mi})}{\Delta F_1 + \Delta F_2}(i=1,2,\cdots,k) \\ P_{mj} = \dfrac{f(x_0) - f(S_{mj})}{\Delta F_1 + \Delta F_2}(j=1,2,\cdots,q) \\ \Delta F_1 = \sum_{i=1}^{k}[f(x_0) - f(S_{Mi})] \\ \Delta F_2 = \sum_{j=1}^{q}[f(x_0) - f(S_{mj})] \end{cases}$$

同理,根据上式可得 $\sum_{i=1,i\neq S}^{q} P_{Mi} + \sum_{j=1}^{q} P_{mj} = 1$,此时,长出新枝干的旧的生长点将被从生长集合中消去,并将新长出来的生长点加入生长集合中,反复进行该过程,直到没有新枝干产生为止,这时一株植物就长成了。

2. 改进模拟植物生长算法步骤

模拟植物生长算法虽然可以搜索到最优解,但是需要花费较长的时间对整个生长空间进行搜索。因此,本研究在原模拟植物生长算法上进行改进。因为在运用模拟植物生长算法的过程中,初始值与最优值越接近,迭代的次数就越小,所以本研究针对应急物流中心选址问题先用聚类方法将需求点分成若干子类,然后进一步得到应急物流中心选址和需求点分配的初始方案,并以此为初始值运用模拟植物生长算法得出最终方案,这样可以极大地降低算法的迭代次数,从而快速得到最优解。

其具体方法如下:

Step1:运用聚类方法确定初始基点 x^0(树根),确定步长 f(树枝长),求出 $f(x^0)$。

Step2:以 x^0 作为初始状态分别向其 $2n$ 个方向按步长生长出新的生长点,并求出各生长点的函数值。

Step3:选取优于初始值的生长点,计算它们的形态素浓度,并保留最好的生长点。

Step4:建立[0,1]的概率空间,并利用计算机产生的随机数选取下一次生长的生长点。

Step5:新的生长点继续分别向其 $2n$ 个方向按步长生长出新的生长点,并利用聚类方法求出分配方案,从而得出各生长点的函数值;若不再产生新的生长点或达到迭代次数,则找到全局最优解,否则返回 Step3。

(三)基于灾害中后期的应急物流中心选址决策

1.问题提出与模型构建

根据目标函数和约束条件的不同将应急物流中心的地址选择和一般物流中心的地址选择进行比较,通过强调时间目标的优选性和考虑成本的影响因素构建模型,从而进行科学的应急物流中心布局。

要对备选地点进行筛选,最终确定合适的位置作为应急物流中心的地址,在兼顾经济、时效和方便的原则下将应急物流中心的物资送至各个应急救助站。

针对自然灾害中后期的管理目标的变化,这里建立的应急物流中心选址模型包含物流总成本的最小化与物资最长配送时间的最小化双重目标函数,并设定了相应的约束条件。

$$\min F = \sum_{i=1}^{m} X_i F_i + \sum_{i=1}^{m} X_i g_i (P_i)^\lambda + \sum_{i=1}^{m}\sum_{j=1}^{m} a_{ij} s_{ij} d_{ij}$$

$$\min T = \max_{i=1,j=1}^{m,n}(T_{ij})$$

$$s.t. \sum_{j=1}^{d} d_{ij} \leqslant X_i P_i (i=1,2,\cdots,m;j=1,2,\cdots,n)$$

$$\sum_{i=1}^{n} d_{ij} \leqslant M_i (i=1,2,\cdots,m;j=1,2,\cdots,n)$$

$$\sum_{j=1}^{d} d_{ij} \leqslant X_i (i=1,2,\cdots,m;j=1,2,\cdots,n)$$

$$X_i = \{0,1\}(i=1,2,\cdots,m;j=1,2,\cdots,n)$$

$$d_{ij} \geqslant 0, M_j \geqslant 0 (i=1,2,\cdots,m;j=1,2,\cdots,n)$$

物流总成本最小化和物资最长配送时间的最小化就是目标函数 $\min F = \sum_{i=1}^{m} X_i F_i + \sum_{i=1}^{m} X_i g_i (P_i)^\lambda + \sum_{i=1}^{m}\sum_{j=1}^{m} a_{ij} s_{ij} d_{ij}$,$\min T = \max_{i=1,j=1}^{m,n}(T_{ij})$ 所要表示的内容,其中式 $\min F = \sum_{i=1}^{m} X_i F_i + \sum_{i=1}^{m} X_i g_i$

$(P_i)^\lambda + \sum_{i=1}^{m}\sum_{j=1}^{m} a_{ij} s_{ij} d_{ij}$ 中第一项为扩建应急物流中心的固定投资成本,第二项为应急物流中心的物资中转管理成本,第三项为物资从应急物流中心到应急救助站的配送成本。

约束条件 s.t $\sum_{j=1}^{d} d_{ij} \leq X_i P_i (i=1,2,\cdots,m;j=1,2,\cdots,n)$ 表示应急救助站的需求量不能超过应急物流中心的物资储备量;约束条件 $\sum_{i=1}^{n} d_{ij} \leq M_i (i=1,2,\cdots,m;j=1,2,\cdots,n)$ 表示各个应急救助站的需求量都能得到满足;约束条件 $\sum_{j=1}^{d} d_{ij} \leq X_i (i=1,2,\cdots,m;j=1,2,\cdots,n)$ 表示只有当备选点被确定为应急物流中心时,应急物资才能由此点配送;约束条件 $X_i=\{0,1\}(i=1,2,\cdots,m;j=1,2,\cdots,n)$、$d_{ij} \geq 0, M_j \geq 0 (i=1,2,\cdots,m;j=1,2,\cdots,n)$ 均为变量的值域约束。

2. 模型求解

通过将多个目标选址模型转化为单一目标选址的模型进行主要目标法的求解运算。选取物流总成本最小化为目标函数,并将物资最长配送时间最小化函数转换成模型的约束条件,如设定一个配送时限可允许值 T^0,则目标函数 $minT = \max_{i=1,j=1}^{m,n}(T_{ij})$ 可转换成约束条件 $\max_{i=1,j=1}^{m,n}(T_{ij}) \leq T_0$,计算过程中可令 $T_{ij} = \frac{s_{ij}}{v_{ij}}$ 再代入运算,v_{ij} 为应急物流中心 i 到应急救助站 j 的配送速度,一般情况下 v_{ij} 的取值是一个常数。同时,为体现物资配送时间的重要性原则,可通过持续改变最长配送时间约束右端的配送时限可允许值,得到不同配送时限下的应急物流中心布局方案。

第四节 应急物流中心选址模型

在进行应急物流中心的地址选择过程中要考虑多个指标和多个方案,这是因为多个方案之间进行比较研究时为判别出方案之间的优劣,可设法从多方案比较过渡到两两之间的比较,从而解决多方案比较的问题。

影响应急物流中心选址的因素非常多,这里介绍基于层次分析法的应急物流中心决策流程,20 世纪 70 年代著名运筹学家马斯·塞蒂(T. L. Saaty)提出的层次分析法(Analytic Hierarchy Process,AHP)是指将决策问题的有关元素分解成目标、准则、方案等层次,使用相互比较的方式进行矩阵判断,然后将判断矩阵相应的特征向量作为系数,最后得出各个方案的优劣排序。该方法目前已在许多行业得到了广泛的应用,以下结合实例讲解应急物流中心选址的决策过程。

一、模型建立

案例背景:为了应对自然灾害,政府决定建立一个大规模的应急物流中心,现共有 A、B、C 三个片区供应急物流中心选择建设地址。影响应急物流中心选址的影响因素分为自然条件因素、环境因素、社会因素、经济因素和其他因素,这些因素有些很难剖析量化。

把影响应急物流中心选址的因素表述成简单递阶层次结构,如果为了得到更精确的结果,准则层可细分为两层,把影响因素的细分因素也加进来,这样可分析得更全面,得出的结果更客观,不过这就需要进行更详细的考察和调研。

二、计算过程

(一)构造两两比较创新矩阵

通过考察和专家的评估,对于目标层 A 来说,准则层 B 的各因素两两对比后对它的重要性表示如下:

$a_{12} = \frac{A_1}{A_2} = \frac{1}{2}, a_{13} = \frac{A_1}{A_3} = \frac{4}{1} = 4, a_{14} = \frac{A_1}{A_4} = \frac{3}{1} = 3, a_{15} = \frac{A_1}{A_5} = \frac{4}{1} = 4, a_{23} = \frac{A_2}{A_3} = \frac{7}{1} = 7,$

$a_{24} = \frac{A_2}{A_4} = \frac{5}{1} = 5, a_{25} = \frac{A_2}{A_5} = \frac{5}{1} = 5, a_{34} = \frac{A_3}{A_4} = \frac{1}{2}, a_{35} = \frac{A_3}{A_5} = \frac{1}{3}, a_{45} = \frac{A_4}{A_5} = \frac{1}{1} = 1$

由此可得出准则层 B 对目标层 A 的判断矩阵为:

$$A = \begin{bmatrix} 1 & \frac{1}{2} & 4 & 3 & 4 \\ 2 & 1 & 7 & 5 & 5 \\ \frac{1}{4} & \frac{1}{7} & 1 & \frac{1}{2} & \frac{1}{3} \\ \frac{1}{3} & \frac{1}{5} & 2 & 1 & 1 \\ \frac{1}{4} & \frac{1}{5} & 3 & 1 & 1 \end{bmatrix} = \begin{bmatrix} 1 & 0.5 & 4 & 3 & 4 \\ 2 & 1 & 7 & 5 & 5 \\ 0.25 & 0.143 & 1 & 0.5 & 0.333 \\ 0.333 & 0.2 & 2 & 1 & 1 \\ 0.25 & 0.2 & 3 & 1 & 1 \end{bmatrix}$$

(二)计算单一准则下元素的相对权重

以"和法"为例来求解,具体步骤如下:

(1)将矩阵 $A = (a_{ij})_{n \times m}$ 的每一列向量归一化得 $W_{ij} = \frac{a_{ij}}{\sum_{i=1}^{n} a_{ij}}$。

$$A(\overline{W}_{ij})_{n \times n} = \begin{bmatrix} 0.261 & 0.254 & 0.235 & 0.286 & 0.351 \\ 0.522 & 0.489 & 0.411 & 0.476 & 0.441 \\ 0.065 & 0.070 & 0.059 & 0.048 & 0.029 \\ 0.087 & 0.098 & 0.176 & 0.095 & 0.088 \\ 0.065 & 0.098 & 0.176 & 0.095 & 0.088 \end{bmatrix}$$

(2)对 W_{ij} 按行求和得 $\bar{W}_{ij} = \sum\limits_{j=1}^{n} \bar{W}_{ij}$。

$$A(\bar{W}_{ij}) = \begin{pmatrix} 1.378 \\ 2.339 \\ 0.271 \\ 0.486 \\ 0.522 \end{pmatrix}$$

(3)将 $\bar{W}_{ij}$ 归一化,即有 $\bar{W}_i = \dfrac{\bar{W}_i}{\sum\limits_{j=1}^{n}\bar{W}_i}$,则有特征向量 $\bar{W}_i = \begin{pmatrix} W_1 \\ \cdots \\ W_n \end{pmatrix}$,

其中,$\sum\limits_{1}^{5} \bar{W}_i = (1.378+2.339+0.271+0.486+0.522) = 4.996$。

(4)计算与特征向量 $\bar{W} = \begin{pmatrix} W_1 \\ \cdots \\ W_n \end{pmatrix}$ 对应的最大特征根 λ_{max} 的近似值:

$$\lambda_{max} = \frac{1}{n} \sum_{i=1}^{n} \frac{(AW)_i}{W_i}$$

$$= \frac{1}{5} \left[\frac{0.276+0.234+0.216+0.291+0.416}{0.276} + \frac{0.552+0.468+0.378+0.485+0.52}{0.468} + \right.$$

$$\frac{0.069+0.0669+0.054+0.0485+0.0364}{0.054} + \frac{0.0616+0.936+0.108+0.097+0.104}{0.097} +$$

$$\left. \frac{0.069+0.0936+0.162+0.097+0.104}{0.104} \right]$$

$$= \frac{1}{5} \left(\frac{1.433}{0.276} + \frac{2.403}{0.468} + \frac{0.2748}{0.054} + \frac{0.4642}{0.97} + \frac{0.5256}{0.104} \right)$$

$$\approx \frac{1}{5}(5.192+5.1346+5.0889+4.7856+5.0538)$$

$$= \frac{1}{5} \times 25.2549$$

$$= 5.05098$$

(5)一致性检验。

计算判断矩阵 $\bar{A}$ 一致性检验指标。

$$CI = \frac{\lambda_{max} - n}{n-1} = \frac{5.05098-5}{4} = \frac{5.05098}{4} = 0.012745$$

$$CR = \frac{0.012745}{1.12} \approx 0.01 < 0.1$$

故判断矩阵 $\bar{A}$ 通过一致性检验,

同理得出 B_1,B_2,B_3,B_4,B_5 对 A,B,C 作用的成对比较矩阵为：

$$B_1=\begin{pmatrix}1&2&5\\\frac{1}{2}&1&2\\\frac{1}{5}&\frac{1}{2}&1\end{pmatrix} B_2=\begin{pmatrix}1&\frac{1}{3}&\frac{1}{8}\\3&1&\frac{1}{3}\\8&3&1\end{pmatrix} B_3=\begin{pmatrix}1&1&3\\1&1&3\\\frac{1}{3}&\frac{1}{3}&1\end{pmatrix} B_4=\begin{pmatrix}1&3&4\\\frac{1}{3}&1&1\\\frac{1}{4}&1&1\end{pmatrix} B_5=\begin{pmatrix}1&1&\frac{1}{4}\\1&1&\frac{1}{4}\\4&4&1\end{pmatrix}$$

通过上面的计算程序可计算出决策层 C 的各方案对准则 B 各因素的权重并通过一致性检验。

(三)结果分析

上层 A 有 M 个元素，$A_1,A_2,\cdots,A_m$，且层次总排序权向量为 $a_1,a_2,\cdots,a_m$，下层 B 有 N 个元素，$B_1,B_2,\cdots,B_m$，则按 B_j 对 A_i 个元素的单排序权向量的列向量为 b_{ij}，根据这样的思路将前期计算结果进行整理。

如果 B 层次某些元素对 A_j 单排序的一致性指标为 CI(j)，相应的平均随机一致性指标为 RI(j)，那么 B 层总排序随机一致性比率为：

$$CR=\frac{\sum_{j=1}^{m}a_j CI(j)}{\sum_{j=1}^{m}a_j RI(j)}$$

当 CR 效应 0.1 时，认为层次总排序里有满意的一致性，否则应重新调整判断矩阵的元素取值。

$$\begin{aligned}CR&=\frac{\sum_{j=1}^{5}a_j\times CI(j)}{\sum_{j=1}^{5}a_j\times RI(j)}\\&=\frac{0.276\times 0.0035+0.468\times 0.001+0.054\times 0+0.097\times 0.005+0.104\times 0}{0.276\times 0.58+0.468\times 0.58+0.054\times 0.58+0.097\times 0.58+0.104\times 0.58}\\&=\frac{0.000966+0.000468+0+0.000485+0}{(0.276+0.468+0.054+0.097+0.104)\times 0.58}\\&=\frac{0.001919}{0.999\times 0.58}=\frac{0.001919}{0.57942}\\&\approx 0.003312<0.1\end{aligned}$$

故层次总排序一致性检验通过。

通过上面的计算得出层次总排序组合权向量为：

$$\bar{W}=\begin{pmatrix}W_A\\W_B\\W_C\end{pmatrix}=\begin{pmatrix}0.304\\0.246\\0.449\end{pmatrix}$$

对于片区 A,B,C，它们建立应急物流中心的优劣权重为 C(0.449)>A>0.304>B(0.246)，因此应选择在片区 C 建立应急物流中心。

第五章　应急物流信息系统

第一节　物流信息系统的概述

一、物流信息系统的定义

对于物流信息系统一个较为通用的定义是：物流信息系统是一个以人为主导，利用计算机软硬件、网络通信等信息技术，进行物流信息的收集、存储、加工、传输、维护和使用等活动，以物流组织的战略竞争优势、提高效益和效率为目的的集成化人机系统，具有分析、计划、预测、控制和决策等功能，支持物流组织的高层决策、中层控制和基层运作，面向管理、系统的观点、数学的方法和计算机应用是物流信息系统的几个基本要素。

在经济全球化趋势下，信息技术日新月异，随着管理理念的不断更新，企业信息系统将得到全面应用，现代物流信息系统具有以下五个主要特点：系统功能的集成化、模块化；信息采集的自动化、在线化；信息传输的网络化、标准化；信息处理的智能化；信息处理界面的日益友好化。

二、物流信息系统的体系结构

(一)物流信息系统结构介绍

物流信息系统的结构是指由物流信息系统的各组成部分构成的系统框架，根据对部分的不同理解，就形成了不同的结构，比较重要的有概念结构、功能结构、软件结构和硬件结构等。

1. 概念结构

物流信息系统由四部分组成：信息源、信息处理器、信息用户和信息管理者。

信息源是物流信息的产生地。物流信息可以分别来自组织内部和外部，例如，对于一个拥有物流各项基本活动的第三方物流企业而言，为客户开出的销售发票信息、库存状态信息、运输工具信息等都属于企业内部信息，而供应商、顾客的信息，市场信息和政策信息等，则都来源于企业外部，外部信息的不确定性和不准确度一般要比内部信息高。

信息处理器负责物流信息的传输、加工和保存等任务。如把各种因物流活动产生的信息传递给财务部门，对各种物流信息的统计工作，以及应用各种存储设备和方案进行物流信息数据的存储与备份等。

信息用户是物流信息的使用者,是根据各种管理目的而确定的。他们可以是组织内各层次的职员,也可以是客户、供应商和其他相关组织机构的人员。

信息管理者负责物流信息系统的设计实现,在实现后,则负责物流信息系统的运行和各种协调工作等。

2.功能结构

从功能上来看,一个物流信息系统是由存在着各种信息联系的功能所组织成的有机整体,并且有着一定的系统目标。

3.软件结构

支持物流信息系统各种功能的软件系统、模块所组成的系统结构是物流信息系统的软件结构。整个系统有为全系统所共享的数据和程序,包括公用数据文件、公用程序、公用模型库、数据库管理系统等;同时,也有专为支持某一系统功能的专用数据和程序。

4.硬件结构

物流信息系统的硬件与硬件之间的连接方式,以及硬件所提供的功能,构成了物流信息系统的硬件结构。

在构建物流信息系统时,对于硬件结构,主要是在采用微机网还是小型机终端结构之间做出选择。

(二)物流信息系统整体结构

"体系结构"是根据英语单词"architecture"翻译过来的,其含义是在汉语"体系"和"结构"的基础上进行了扩展和延伸。体系结构包括三个核心要素:组成单元及其结构、组成单元之间的关系、制约组成单元的原则与指南。

物流信息系统主要是由硬件、软件、相关人员及物流组织的管理制度及规范等组成的一个统一整体。

1.业务视图

业务视图(OV)主要用于描述物流任务、业务流程与物流活动、物流要素以及进行物流活动所要求的信息交换。该视图确定了物流参与者的关系和信息需求,提出了必须达到的需求,由谁完成这些需求和为完成这些需求而要求的信息交换,其视图产品组成和创建方法如下所述。

高级物流概念图(OV1)采用图形、文字等方式描述物流使命、任务和模式,包括有什么任务、谁完成该任务、完成任务的顺序、完成任务的方式、完成任务达到的目的以及与外部环境、外部系统的相互作用。物流节点连接描述(OV2)是高级物流概念图进行物流功能分解后的描述,是其他产品的基础,主要描述物流节点有什么活动、节点之间的连接关系和交互信息的特征。其中,业务节点是体系结构的一个元素,它产生、使用和处理的信息可以是人、组织或机构,如仓库、销售商场、送货员等。物流业务中产生的交互信息如申请、订货,其详细设计在信息交换矩阵(OV3)中皆有描述,主要从信息内容、格式、密级、紧急性等方面进行描述。物流组织关系(OV4)描述的是在体系结构中起关键作用的物流人员、组织之间的业务关系,如指挥关系、指导关系、协作关系等。物流活动模型(OV5)主要是对OV2中定义的物流业务层活动进行详细说明。设计时一般采用分层结构设计的方法,自顶层向下对活动进行逐级分解,直到满足体系结构目标要求为止,如物流业务中的仓储活动可分解为入库、保管、出库三个子活动。物流规则模型(OV6a)、物流状态转换描述(OV6b)、物流事件踪迹描述(OV6c)可描述物流业务活动顺序和时间特性。逻辑数据模型(OV6)描述业务视图中的数据要求,如与物流相关数据类型、属性特征以及它们之间的相互关系。

2. 系统视图

系统视图(SV)描述支持物流业务功能的系统及其连接,主要作用是根据已确定的标准和要求,设计系统的组成结构与能力。

系统接口描述(SV1)是联系业务与系统视图的纽带。它通过对分配给OV1中节点和必须线路的系统及其接口的描述,把业务视图与系统视图结合到一起。系统通信描述(SV2)描写通信系统、通信链路和通信网络的相关信息。该产品主要是针对OV2中所描述的信息必需线路的物理部分,如采用光缆、有线电话、微波、卫星通信等方式进行节点间的数据传输。系统相关矩阵(SV3)描述在SV1中给出的系统接口的详细特征。系统功能描述(SV4)表示在系统功能之间的数据流、系统之间或系统功能之间的关系,以及节点上的活动。物流活动对系统功能追溯性矩阵(SV5)通过描述物流活动对系统功能的多对多的映射关系,进一步帮助在业务与系统体系结构之间建立连接。在矩阵中,一个业务活动可以由多种系统功能支持,一个系统功能可以支持多种业务活动。系统数据交换矩阵(SV6)描述节点内系统之间的信息交换和从这些系统到其他节点的系统的信息交换,重点是数据交换如何被实现。系统性能参数矩阵(SV7)描述各系统的现行硬件和软件的性能特征和适应技术标准预测或必需的性能特征。系统演进描述(SV8)记录系统或系统嵌入的体系结构如何长期演进。系统技术预测(SV9)描述确定现在确实掌握的和可期待掌握的支持技术。系统规则模型(SV10a)、系统状态转换描述(SV10b)、系统事件踪迹描述(SV10c)可描述系统功能顺序和时间特性,物流数据模型(SV11)用来描述逻辑数据模型中的物流信息是如何在系统视图中实现的。

3. 技术标准体系结构

技术标准体系结构(TV)描述了系统的标准和规范,提供了基本的技术支撑能力与新的技术能力,确保一个系统能满足规定的一系列业务要求。其视图产品和创建方法如下所述。

技术标准配置文件(TV1)描述系统的标准规则,如物流信息系统的操作系统、用户接口、数据管理、传输交互等技术标准。技术标准预测(TV2)描述与TV1产品列出的与技术有关的标准和协议的预期变化。

第二节　应急物流信息系统的结构设计

应急物流信息系统是应急物流系统的一个子系统,由于自然灾害、突发性公共卫生事件以及局部性军事战争的不确定性,对于一个应急物流系统来说,信息的有效获得和传递具有核心的意义。应急物流信息系统的目标就是要配合危机管理的全过程,运用应用信息技术实现大面积的、跨专业和部门的信息资源、处理资源和通信资源的实时调度,使应急过程更加科学化和可视化。

一、应急物流信息系统的构建原则

(一)系统性原则

现代物流的最终目标是要达到"四流"(商流、物流、资金流和信息流)的最佳融合,任何一个功能单一的信息系统是无法完成的。因此,物流信息化的过程必须遵循系统化原则,将信息系统建设与指挥、采购、配送、仓储系统等结合考虑,从整体上进行统一设计,达到信息的无缝链接。应急物流是常规物流的特殊形态,其信息系统同样要求满足系统化要求。

(二)科学化原则

应急物流追求"最短时间",为了缩短反应时间,必然通过多种科学技术手段来减少不必要或者可能会造成时间损失的环节,但这并不意味着技术越先进越好,应急物流信息系统应满足科学化原则,要求物流系统科学有效。

(三)信息规范化原则

应急物流的信息来源与常规物流相比更加复杂,许多信息往往不是来源于正规渠道,为了使信息流在各系统之间畅通无阻,必须制定统一的标准和格式,企业应当无条件遵守,从而在应急状态下使信息能够在不同系统之间达到实时交换。此外,应急物流信息系统在非常时期的扩充和使用必须有法可依,依法实行。国家的动员法律必须将企业信息设施的动员和征用加以明确规定。

(四)社会化原则

应急物流通常是由国家或者社会非营利性机构组织的社会活动,整个过程基本上都是在社会大环境中完成的,因此其信息系统建设必须以社会公共信息平台为基础,并且高效的物流必然要走专业化道路,相应的信息保障应当交给社会上的专门机构去处理。

(五)经济原则

为了确保完成应急目标,应急物流往往是高成本甚至不计成本运作的。但这并不是应急物流的本质属性。物流的本质追求是降低成本、提高效率。因此,应急物流信息系统的设计必须自始至终贯穿经济性的理念,必须提高应急物流的效率,用有限的物流资源来更好地达到应急的目的。这既是信息系统运行的目标,也是信息系统自身建设过程中应遵循的原则。

二、应急物流信息系统的构建内容

一个完善的应急物流信息系统应具备以下五个方面的内容。

(一)灵敏的预警反应机制

应急事件发生之前往往会有一些不是非常明显的前兆,这就给信息系统的预警提供了可能。因此,需要加强对各种临界指标的研究,使信息系统具有灵敏的预警反应能力,为顺利开展应急物流提供主动权。

(二)规范的应急转换机制

应急物流与常规物流在信息系统方面的区别在于,应急物流大量的工作和信息发生在从常规状态向应急状态转换的过程中,这一过程若处理不当就会造成信息堵塞和滞留。虽然不同的应急任务对应的信息流的内容、流量有所差别,但是信息系统的展开和运行流程是相似的。因此,必须建立规范的信息保障转换机制,防止混乱和无序的产生,保障信息的顺畅流动。

(三)科学的决策处理机制

信息永远都是决策的依据。提供应急物流各环节的信息只是信息系统的基本功能,信息系统必须有效参与到决策处理过程中来。决策机构应在充分了解物流运作原理的基础上,通过分析大量的数据和信息,结合应急物流的目的,建立优化模块,优化物流流程和日常管理,从而提高应急物流的实施效率。

(四)及时的反馈评估机制

应急物流各环节运行是否有效,有无瓶颈或短板的存在,是否存在不必要的环节,是否存在影响物流效率的环节,这些问题都必须做出及时、正确的回答。有效的反馈评估机制能够适时地反映物流系统的薄弱环节,从而使及时改正错误、改进流程、提高效率成为可能。

(五)高性能的安全保密机制

应急物流往往与国家的稳定紧密关联,尤其是局部战争引发的军事应急物流,政治上的敏感必然使信息安全受到关注。在计算机病毒和网络黑客横行的今天,必须加强对应急物流信息系统的防护。首先要建立安全防护机构和技术支持部门,其次要对重要数据进行加密甚至物理隔离,此外要充分运用法律武器对泄密和破坏系统安全的人员进行处理。

三、应急物流信息系统的结构

应急物流的特点要求制定一个合理可扩展的物流信息系统体系结构,应急物流是一个不同功能物流企业和其他社会单位联动的系统,体系结构模型的制定一方面有利于信息系统的设计与实现,另一方面有利于物流配送算法的实现。一个完整的信息化应急物流系统主要应该包括以下几方面。

（一）基于 Internet 的 Web 软件系统建立的应急物流公共信息网络平台

此平台可与应急物流指挥中心、地震、气象、卫生防疫、环保、交通等部门保持密切的联系,及时掌握各种自然灾害、公共卫生、生产事故、环境污染、交通状况、应急物资需求等方面的信息,并保持数据库不断得到补充和更新。同时,对外准确、及时、完备地发布政府公告和应急法规、灾害、气象、交通等方面的最新动态以及应急物资的价格和需求情况等各方面的信息,使公众得到最新、最快、最可靠的应急物流信息。信息网络中心是应急物流指挥中心的重中之重,它主要负责信息管理、网络系统的构建维护工作,灾前、灾中、灾后的情报收集处理工作以及应急物流中心信息的发布工作等。

（二）公共部门内部基于 Intranet 的物流软件系统

该软件可以是基于 C/S 结构,也可以是基于 B/S 结构的。这部分软件的一个重要功能是为公共部门提供决策支持,并能简化操作流程,包括物资仓储管理、配送管理、筹备管理、运输管理等模块。

（三）物流的物理实现部分

物流的物理实现部分包括具体物资的仓储、配送、运输等一系列的物流过程。以 GIS、GPS、通信技术、Web 技术为代表的空间信息技术与现代物流管理技术的有效集成是现代物流物理管理部分的一个最为显著的特点。

四、应急物流信息系统建设的关键问题

（一）物流信息化基础环境与平台的建设

应急物流信息化必须打牢基础。①建立高效的物流信息网络,依托社会公共信息平台,建立综合指挥网、运输信息网、仓储信息网等。②推进信息标准化建设,统一物资代码、规范文件传输格式。③建立完善的基础数据库,将道路、企业、人才等详细数据收录其中,并实时更新。

应建立基于 Internet 技术的物流信息网络。依托物流公共信息平台,建立综合信息网、运输信息网、仓储信息网等;推进信息标准化建设,统一物资代码、规范文件传输格式;建立完善的基础数据库,将各参与方的相关信息详细收录,并且由专业技术人员维护和实时更新;开发应急物流相关管理软件。信息网络中心依托政府公共信息平台,建立完善的应急物流公共信息网络平台。此平台可与应急物流指挥中心、地震、气象、卫生防疫、环保、交通等部门保持密切的联系,及时掌握各种自然灾害、公共卫生、生产事故、环境污染、交通状况、应急物资的需求等方面的信息,并保持数据库不断得到补充和更新,准确、及时、完备地发布政

府公告和应急法规,包括灾害、气象、交通等方面的最新动态以及应急物资的价格和需求情况等各方面的信息。此公共信息平台既可作为政府向公众发布信息的场所,也可作为公众向政府反馈信息的渠道,信息网络中心是应急物流指挥中心的重点,它主要负责信息管理、网络系统的构建维护工作,灾前、灾中、灾后的情报收集处理工作以及应急物流中心信息的发布工作等。

(二)广泛应用物流信息技术

结合 Web 与数据库,应用条码、射频、GIS、GPS 信息技术;在子系统模块中应用 EDI 系统、EFT 系统、仓储管理系统(WMS)、运输管理系统(TMS)等信息化系统技术,实现应急物流高效运作。以 GIS、GPS、通信技术、Web 技术集成为代表的空间信息技术与现代物流管理技术的有效集成是现代物流管理的一个最为显著的特点,其中 Web 就是 Internet 技术,它有利于实现物流信息资源共享;GIS 作为一个基础地理信息平台,已经在军事、国土、规划、旅游等许多部门得到了比较广泛的应用,以空间地理信息为基础,以先进的计算机技术、信息技术以及信息管理技术为主要技术手段的 GIS,能够很好地实现空间定位,包括点状地物定位、路径定位等,在交通运输方面有着重要的实用价值;通信技术、网络技术等多种信息技术手段的综合运用,先进的信息管理技术具备了良好的实时性、安全性。GPS 在卫星定位、车辆导航方面的应用已比较成熟。从 GPS 本身的技术体系来说,在车辆定位方面有着得天独厚的优势。

在应急物流中,尤其是区域性地质灾害等自然灾害以及军事战争区域引起的应急物流中,交通环境受到很大影响。例如,在大地震中,由于地震的影响导致震区地形地貌改变了很多,许多道路被堵塞,峡谷变成了湖泊,道路消失,按原有的预案路线进行物流活动已不可能,此时可以利用 GIS 和 GPS 即时了解震区的交通状况,这对提高物流效率有着重要的意义,我国自主建立的北斗导航系统也可以起到非常重要的作用。

(三)使用数学模型

在配送中心选址、物资车辆调度、路径优化等问题上,要用到大量数学模型,如蚁群算法、TS 算法、免疫算法、启发式算法等,采用人机交互系统模式,使用计算机及电子化手段进行数字化、模型化科学决策。

第三节 应急物流信息系统的开发

一、应急物流信息系统开发原则

在供应链管理环境下的物流信息系统面临着随时与不同的节点企业的集成、业务流程和组织结构不断重组的动态特性,并且要适合跨地域操作系统的应用,所以对可扩展性、兼容性、易集成性提出了更高的要求。因此,在进行现代物流信息系统设计时,必须遵循以下原则。

(一)系统性原则

建立物流信息系统要从系统的原则出发,使物流信息系统与物流的职能和物流组织结构相互联系。

(二)完整性原则

这包括功能完整性和系统开发完整性两个方面。功能完整性是指根据企业物流管理的实际需要,制定的系统能满足物流管理的信息化要求。系统开发完整性是指制定出相应的管理规范,如开发文档的管理规范、数据格式规范、报表文件规范等,以保证系统开发和操作的完整性和可持续性。

(三)安全性原则

在系统设计和应用时,需要制定统一的安全策略,使用可靠的安全机制、安全技术及管理手段。伴随着电子商务的开展,物流服务的很多业务需要通过互联网来实现,安全性问题对物流信息系统来说越来越重要。

(四)物流信息标准化原则

为实现供应链上企业的信息共享,传递物品流动的信息也要有统一的标准。在信息时代,由于有了信息通信技术的支撑,供应链上的企业通过网络平台和信息通信,将制造商、供应商、代理商以及业主和客户有机地联系起来,对货品的供给和销售情况实行实时跟踪、动态管理和有效控制,可以最大限度地优化采购环节和配送环节,使物资流通速度进一步加快,效率进一步提高,成本进一步降低,甚至可以实现零库存,这就是现代物流的真正意义。此外,除了信息通信技术的相关硬件制造需要统一标准外,各种基本术语、基本信息以及信息接口、信息安全保障也必须用标准来保障。如果没有统一的信息标准,就无法保障相关信息能够准确、及时地采集、传输、整理和运用,真正意义上的物流就难以实现,以现代通信技术为手段的现代物流也就更无法实现。

二、应急物流信息系统开发方法

物流信息系统的开发实际上就是要建立物流业务系统与计算机信息管理模型系统之间的映射关系。物流信息系统可以从不同的角度建立不同的映射关系,从而形成不同的开发方法。目前常用的物流信息系统开发方法主要有结构化开发方法、原型法、面向对象开发方法等。

(一)结构化开发方法

结构化开发方法是目前应用得最普遍的一种开发方法,它将开发过程视为一个生命周期,所以又称生命周期法。

1. 结构化开发方法的基本思想

用系统的思想和系统工程的方法,按照用户至上的原则结构化、模块化,自顶向下对系统进行分析与设计。先将整个信息系统开发过程划分为若干个相对独立的阶段(如系统调查、系统分析、系统设计、系统实施等);在前三个阶段坚持自顶向下地对系统进行结构化划分;在系统调查和理顺管理业务时,应从最顶层的管理业务入手,逐步深入至最基层;在系统分析、提出目标系统方案和系统设计时,应从宏观整体考虑入手,先考虑系统整体的优化,然后再考虑局部的优化问题;在系统实施阶段,则坚持自底向上地逐步实施,即组织人员从最基层的模块做起(编程),然后按照系统设计的结构,将模块一个个拼接到一起进行调试,自底向上、逐步构成整个系统。整个开发过程即一个生命周期可划分为若干个首尾相连的阶段,每个阶段又包含若干个前后关联的工作步骤。例如,可将其划分为系统调查、系统分析、系统设计、系统实施、系统维护五个阶段。每个阶段都有各自的目标、任务和工作内容,在开发阶段中会产生既是该阶段的总结又是下一阶段的工作基础的文档。

2. 结构化开发方法的特点

结构化开发方法是自顶向下、逐步求精的方法,符合用户的思维习惯和使用要求,又能根据用户的动态需求调整设计方案,降低了风险又提高了开发效率。其主要特点有:①自顶向下分析设计和自底向上逐步实施。即在系统分析与设计时要从整体全局考虑,要自顶向下地工作(从全局到局部,从领导到普通管理者)。而在系统实现时,则要根据设计的要求先编制一个个具体的功能模块,然后自底向上逐步实现整个系统。②深入调查研究和用户至上原则。即在设计系统之前,深入实际单位进行调查研究,努力弄清实际业务处理过程的每一个细节,制订出科学合理的系统设计方案。同时在系统开发过程中面向用户,充分了解用户的需求和愿望,设计出符合用户需求且合理的科学系统。③严格区分工作阶段和开发过程工程化。即把整个系统开发过程划分为若干个工作阶段,每个阶段都有其明确的任务和目标。在实际开发过程中要求严格按照划分的工作阶段,一步步地展开工作,同时要求开发过程的每一步都按工程标准规范化,文档资料标准化。④充分预料可能发生的变化。系统开发是一项耗费人力、财力、物力且周期很长的工作,一旦周围环境(组织的内、外部环境,信息处理模式,用户需求等)发生变化,就会直接影响系统的开发工作,所以结构化开发方法强调在系统调查和分析时对将来可能发生的变化给予充分的重视,所设计的系统对环境的变化要有一定的适应能力。

(二)原型法

原型就是模型,而原型系统就是应用系统的模型。它是待构筑的实际系统的缩小比例模型,但是保留了实际系统的大部分性能。该模型可在运行中被检查、测试、修改,直到它的性能达到用户需求为止。原型法是计算机软件技术发展到一定阶段的产物。与结构化系统开发方法不同,原型法不注重对管理系统的全面、系统的详细调查与分析,而是本着系统开发人员对用户需求的理解,先快速实现一个原型系统,然后通过反复修改来实现管理信息系统。

1. 原型法的基本思想

原型法试图改进结构化系统开发方法的缺点,由用户与系统分析设计人员合作,在短期内定义用户的基本需求,开发出一个功能不十分完善的、实验性的、简易的应用软件基本框架(称为原型),先运行这个原型,再不断评价和改进原型,使之逐步完善。其开发是一个分析、设计、编程、运行、评价多次重复,不断演进的过程。在用原型法开发信息系统时,为了迅速建立和修改原型,需要利用多种软件开发工具,现在已有许多具有实用价值的开发工具出现。

2. 原型法的特点

原型法贯彻的是"从下到上"的开发策略,更易被用户接受。原型方法具有如下五个方面的特点:①自始至终强调用户的参与,使得用户在系统生存周期的设计阶段起到积极的作用,扩大用户参与需求分析、初步设计及详细设计等阶段的活动,加深顾客对系统的理解,减少系统开发的风险;②在用户需求分析、系统功能描述以及系统实现方法等方面有较大的灵活性,特别是在大型项目的开发中,由于对项目需求的分析难以一次完成,应用原型法效果更为明显;③引入了迭代的概念。既适用于系统的重新开发,也适用于对系统的修改,还可以用来建立系统的某个部分;④不局限于仅对开发项目中的计算机方面进行设计,第三层原型法是用于制作系统的工作模型的;⑤不排斥传统生命周期法中采用的大量行之有效的方法和工具,它是与传统方法互为补充的方法。

(三)面向对象开发方法

面向对象开发方法是一种把面向对象的思想应用于软件开发过程中,指导开发活动的系统方法,是建立在对象概念基础上的方法学。对象是由数据和容许的操作组成的封装体,与客观实体有直接对应关系,一个对象类定义了具有相似性质的一组对象,而继承性是对具有层次关系的类的属性和操作进行共享的一种方式。所谓面向对象就是基于对象概念,以对象为中心,以类和继承为构造机制来认识、理解、刻画客观世界和设计、构建相应的软件系统。

1. 面向对象开发方法的基本思想

面向对象开发方法的基本思想是通过对问题领域进行自然分割,用更接近人类通常思维的方式建立问题领域的模型,并进行结构模拟和行为模拟,从而使设计出的软件能尽可能地直接表现出问题的求解过程。因此,面向对象开发方法就是以接近人类通常思维方式的思想,将客观世界的一切实体模型转化为对象。

面向对象开发方法认为,客观世界是由各种各样的对象组成的,每种对象都有各自的内部状态和运动规律,不同的对象之间的相互作用和联系就构成了各种不同的系统。当设计和实现一个客观系统时,如能在满足需求的条件下,把系统设计成由一些不可变的(相对固定)部分组成的最小集合,这个设计就是最好的,而这些不可变的部分就是所谓的对象。

2. 面向对象开发方法的特点

面向对象开发方法用于开发软件系统时,基于对象—数据自底向上设计系统结构,从内部结构上模拟客观世界,其主要特点如下:①从问题领域的客观事物出发来构造软件系统,用对象作为对这些事物抽象的表示。事物的静态特征(即数据的表达特征)用对象的属性表示,事物的动态特征(即事物的行为)用对象服务表示(即方法)。对象的属性与服务结合成一体,成为一个独立的实体,对外屏蔽其内部细节(称为封装)。把具有相同属性和相同服务的对象归成一类,类是这些对象的抽象描述,每个对象是它的类的一个实例。②利用面向对象语言开发软件实际上就是不断设计和创建类及对象的过程。与以往面向过程的方法不同的是,面向对象开发方法将数据和操作平等对待,以数据为中心设计程序,考虑数据的同时也考虑对数据的操作。此时,数据是主动的,操作是被动的。③某一对象发出消息后,由接收对象负责处理,与以往"调用—返回"机制不同的是,接收对象可以不给发送对象返回处理结果,即使需要返回结果,也不一定是返回给原发送对象,这一特性使收发双方之间可以并行执行,提高了程序执行效率。④任一对象的内部状态和功能实现细节对外均是不可见的,调用其功能或查询其状态,只能通过消息传递这唯一手段实现,使得每个对象的实现都独立于其他对象的内部实现细节,提高了程序的可靠性。⑤继承性保证了程序结构紧凑,类间关系清晰。每一次创建的类,都是系统中已知类的子类,整个系统中的类组成树形结构,处于上层的类反映其下层各子类的共性,处于下层的类自动继承和共享其父类的性质,并拥有自身的特性。

(四)三种开发方法的比较

用结构化开发方法来开发系统,其思路应该是先对问题进行调查,然后从功能和流程的角度来分析、了解和优化问题,最后规划和实现系统。

用原型法来开发系统,其思路应该是先请用户介绍问题,然后利用软件工具迅速地模拟出一个问题原型,然后与用户一起运行和评价这个原型,若不满意则立即修改,直至用户满意为止,最后优化和整理系统。

用面向对象的开发方法来开发系统,其思路是先对问题进行调查,然后从抽象对象和信息模拟的角度来分析问题,将问题按其性质和属性划分成各种不同对象和类,弄清它们之间的信息联系,最后用面向对象的软件工具实现系统。

因此,原型法在计算机开发工具上要求较高,所以比较适合中小型的物流信息系统的开发,而面向对象开发方法对计算机工具要求也很高,所以目前主要还是结合其他方法使用。结构化开发方法虽然有种种缺点,但仍然能较全面地支持整个系统开发过程,也是目前最为流行的开发方法。

第四节　应急物流的关键技术

物流信息技术是现代信息技术在物流各个作业环节中的综合应用,是物流现代化、信息化、集成化的重要标志。从物流数据自动识别与采集的条码系统,到物流运输设备的自动跟踪;从企业资源的计划优化到各企业、单位间的电子数据交换;从办公自动化系统中的微型计算机、互联网、各种终端设备等硬件到各种物流信息系统软件都在日新月异地发展,可以说,物流信息技术是现代物流区别传统物流的根本标志,也是物流技术中发展最快的领域之一。

根据物流的功能及特点,现代物流信息技术由通信、软件和面向行业的业务管理系统三大部分组成,其中包括集成技术、自动跟踪与定位类技术、自动识别类技术、企业资源信息技术(如物料需求计划、制造资源计划、企业资源计划、分销资源计划、物流资源计划等)、数据管理技术(如数据库技术、数据仓库技术等)和计算机网络技术等现代高端信息科技。在这些高端计算机技术的支撑下,形成了以移动通信、资源管理、监控调度管理、自动化仓储管理、业务管理、客户服务管理、财务处理等多种信息技术集成的一体化现代物流管理体系。

一、集成技术

电子商务物流下的集成就是将物流系统通过结构化的综合布线系统、计算机网络技术、各个分离的设备(如个人电脑)和信息等集成到相互关联的、统一和协调的系统之中,使资源能够充分共享,实现集中、高效、便利的管理。一般采用功能集成、网络集成和软件界面集成等多种集成技术。

当前,中国物流企业中广泛应用的物流系统集成模式主要是多点对多点。因为物流企业都是跨行业、跨地区的,它需要多领域、多地区之间信息的相互交流。目前采取的办法都是尽可能多地进行两点连接,运输企业和仓储企业及时连接,仓储企业及时与一个指挥系统连接。现在大多数物流企业希望通过这种模式调整好客户管理系统和内部管理系统。EDI系统则是集成技术的典型。

电子数据交换是通过电子方式,采用标准化的格式,利用计算机网络进行结构化数据的传输与交换。EDI按照同一规定的一套通用标准格式,将标准的经济信息通过通信网络传输,在贸易伙伴的计算机系统之间进行数据交换和自动处理,将EDI和企业的管理信息系统集成起来能显著提高企业的经营管理水平。

EDI利用存储转发方式将贸易过程中的订货单、发票、提货单、海关申报单、进出口许可证、货运单等数据以标准化格式,通过计算机和通信网进行传递、交换、处理,代替了贸易、运输、保险、银行、海关、商检等行业间人工处理信息、邮递互换单证的方式,使交易行为更加迅速;避免重复操作,减少人为差错,提高工作质量;减少库存,降低企业的运营成本;更重要的是可以让一部分人从繁重的手工劳动中解脱出来,从事更有价值的工作。

EDI 报文采用结构化的数据,它是按 EDI 单证标准进行格式化的,而 EDI 用户的应用系统使用的则是各种内部数据库的专用数据格式,因此,EDI 用户在报文提交网络前,须将其译成标准的 EDI 报文格式。在实际应用中,用户系统从数据库中取出符合内部格式的源数据,要先通过一个映射程序转化为平面文件(一种无格式的数据文件),然后由翻译软件将无格式的数据添加到 EDI 报文的相应字段中完成翻译。同样,接收系统对收到的 EDI 报文需经过相反的转换才能将 EDI 报文中的数据插入或更新到相应的数据库表中。

标准化工作是 EDI 技术的重要前提和基础。EDI 的标准包括 EDI 网络通信标准、EDI 处理标准、EDI 联系标准和 EDI 语义语法标准等。目前世界上通用的 EDI 标准是 EDIFACT,EDIFACT 已被作为事实上的 EDI 国际标准。EDI 用户提供商品和服务信息的数据结构,然后由 EDI 标准专业人员在 EDIFACT 标准中选取相关的报文、段和数据元,以此确定 EDI 报文的格式。EDI 网络服务中心,简称 EDI 中心,集中处理各 EDI 用户的业务数据及 EDI 信息,并将其翻译、分发至目的地。EDI 中心作为 EDI 业务的第三中介方,向 EDI 用户提供 EDI 增值网服务、信息服务以及其他 EDI 业务服务等,是 EDI 用户之间连接的主要方式。EDI 服务中心不仅是一个大型的信息交换中心,必须提供完整的 EDI 服务,必须保障信息交换的可靠性,而且还要具有权威性和合法性,能够起到信息公证机构的作用。企业可以通过数字数据网 DDN、综合业务数字网 ISDN 等多种形式连接 EDI 中心,用 FTP 或电子邮件的方式与 EDI 中心交换 EDI 报文。可以看出,EDI 网络服务中心在 EDI 技术应用发展中发挥着重要作用。

根据 EDI 标准的功能可将其划分为以下 5 大类。

(一)EDI 基础数据标准

它由 EDIFACT 代码表、EDIFACT 数据元目录、EDIFACT 复合数据元目录、EDIFACT 段目录等标准组成。

(二)EDI 描述语言标准

它由下列标准组成:①EDIFACT 应用级语法规则第 1 部分:公用的语法规则;②EDIFACT 应用级语法规则第 2 部分:批式电子数据交换专用的语法规则;③EDIFACT 应用级语法规则第 3 部分:交互式电子数据交换专用的语法规则;④EDIFACT 应用级语法规则第 4 部分:批式电子数据交换语法和服务报告报文(报文类型为 CONTRL);⑤EDIFACT 应用级语法规则第 5 部分:批式电子数据交换安全规则(真实性、完整性和源的抗抵赖性);⑥EDIFACT 应用级语法规则第 6 部分:安全鉴别和确认报文(报文类型为 AU-TACK);⑦EDIFACT 应用级语法规则第 7 部分:批式电子数据交换安全规则(保密性);⑧EDIFACT 应用级语法规则第 8 部分:电子数据交换中的相关数据;⑨EDIFACT 应用级语法规则第 9 部分:

密钥和证书管理报文(报文类型为 KEY-MAN);⑩EDIFACT 应用级语法规则第 10 部分:语法服务目录;⑪EDIAFCT 语法实施指南。

(三)EDI 电子单证格式标准

包括 EDIFACT 报文设计指南与规则、EDI-FACT 报文目录。

(四)EDI 注册与维护标准

它由 EDIFACT 技术评审指南、数据维护请求评审程序等标准组成。

(五)EDI 管理标准

它由远程传输贸易数据交换用统一导则、电子数据交换的国际商用交换协议样本组成。

二、自动跟踪与定位类技术

(一)地理信息系统

地理信息系统是 20 世纪 60 年代中期开始发展起来的一项新技术。GIS 是一个以地理坐标为基础的信息系统,具有强大的空间数据处理能力。它以地理空间数据为基础,采用地理模型分析方法,适时地提供多种空间的和动态的地理信息,是一种为地理研究和地理决策服务的计算机技术系统。其基本功能是将表格型数据(无论它来自数据库、电子表格文件或直接在程序中输入)转换为地理图形显示,然后对显示结果进行浏览、操作和分析。

GIS 技术可以应用在物流分析上,即利用 GIS 强大的地理数据分析功能来完善物流分析技术。

GIS 物流信息系统实现了以下功能。

1. 辅助决策分析

在物流管理中,GIS 技术能够提供全方位的信息,包括历史的、现在的、空间的、属性的,并在空间数据上集成各种信息进行销售分析、市场分析、选址分析以及潜在客户分析等空间分析,获得客户资料以及与企业相关的综合数据,帮助企业制订正确的生产和销售计划,提高决策分析的能力以及决策的准确性和工作效率。

2. 优化货物运输路径

在物流网络中,货物总是在流动,从供应商到各分销中心,从分销中心到商场或消费者等。货物运输路线选取的好坏直接影响物流成本的高低。物流网络中从起点出发到终点可能有多条路,选择最优路径就是确定从起点到终点的最短等效长度。借助 GIS 技术来选择网络中的最优路径,首先要采用层次分析法确定影响最优路径选择的因素,如经验时间、几何距离、道路质量、拥挤程度等。在此基础上,再根据现有车辆运行情况确定车辆调配计划。

3. 实时监控车辆与货物

GIS 能接收 GPS(全球定位系统)传来的数据,并将它们显示在电子地图上,帮助企业动态地进行物流管理。首先,可以实时监控运输车辆,实现对车辆的定位、跟踪与优化调度,以达到成本最低,并在规定时间内将货物送到目的地,很大程度上避免了迟送或者错送的现象;其次,根据电子商务网站的订单信息、供货点信息和调度,货主可以随时对货物进行全过程的跟踪和调度,可以增强供应链的透明度和控制能力,提高客户满意度。

4．选择机构设施地理位置

在物流领域,供应商、第三物流企业、配送中心、销售商等不仅存在着空间分布上的差异,而且它们的服务范围和销售市场范围也具有不同的空间分布形式,因此这些机构设施地理位置的选择和确定要科学合理,它直接影响到企业的经济效益和自身发展,是现代物流管理所必须解决的问题。机构设施地理位置的选择包括位置的评价和优化,评价是对现有设施的空间位置分布模式的评价,而优化是对最佳位置的搜寻。例如,假定一个企业要在某市设立多个供货点,要求能够完全覆盖这个城市且每个货点的顾客大致相等。为了解决这个问题,首先需要在城市交通图上标出居民地的空间分布位置,分析已有的供应点和潜在的供应点,按照给定的条件列出需要点和供应点的二元矩阵;根据矩阵约简方法,排除多余供应点,求得满足条件最少的供货点。

GIS的物流配送系统应集成以下主要模型:设施定位模型、车辆路线模型、网络物流模型、配送区域划分模型、空间查询模型。

(1)设施定位模型

用于确定一个或多个设施的位置,在物流系统中,仓库和运输路线共同组成了物流网络,仓库处于网络的节点上,节点决定着线路,如何根据供求的实际需要并结合经济效益等原则,在既定区域内设立多少个仓库、每个仓库的位置、每个仓库的规模以及仓库之间的物流关系等,利用此模型均能很容易地得到解决。

(2)车辆路线模型

用于解决一个起始点多个终点的货物运输中,如何降低物流作业费用,并保证服务质量的问题。

(3)网络物流模型

用于解决最有效的分配货物路径问题,也就是物流网点布局问题。如将货物从个仓库运往个商店,每个商店都有固定的需求量,因此需要确定由哪个仓库提货送给哪个商店所耗的运输代价最小,还包括决定使用多少辆车及每辆车的路线等。

(4)配送区域划分模型

根据各个要素的相似点把同一个层上的所有部分要素分为几个组,用以确定服务范围和销售市场范围等问题。如某一个公司要设立八个分销点,这些分销点要覆盖某一地区,而且要使每个分销点的顾客数目大致相等。

(5)空间查询模型

查询以某一商业网点为圆心,某半径内配送点的数目,以此判断哪一个配送中心距离最近,为安排配送做准备。

(二)全球定位系统

全球定位系统是于20世纪90年代全面建成的具有海陆空全方位实时三维导航与定位能力的新一代卫星导航与定位系统。近十年我国测绘等部门对全球定位系统的使用表明,其以全天候、高精度、自动化、高效益等特点,可提供全球范围从地面至9000千米高空之间任一载体的高精度的三维位置、三维速度和时间信息。安装在车辆上的车载单元只要能接收来自其中三颗卫星的定位信号,就可确定该辆车的经度、纬度位置和时间信息。

GPS在物流领域可以应用于汽车自定位、跟踪调度以及铁路运输等方面的管理以及军事物流,可以为用户提供目标定位、监控、调度、报警、信息沟通、车辆管理等服务的车辆跟踪定位系统,更被一些专家认为GPS是未来发展的三大热点之一。GPS跟踪技术利用GPS物流监控管理系统,主要跟踪货运车辆与货物的运输情况,使货主及车主随时了解车辆与货物的位置与状态,保障整个物流过程的有效监控与快速运转。

三、自动识别类技术

(一)条码技术

1.条码概述

条码是由一组规则排列的条、空及其对应字符组成的标记,用以表示一定的信息。

人们常按照携带信息的方式,把条码分为一维条码和二维条码两大类。一维条码是由一组黑白相间、粗细不同的条状符号组成的。在一个方向上通过条与空的排列组合来存储信息,所以称为一维条码。这种数据编码可以供机器识读,而且很容易译成二进制数和十进制数。任何一个完整的一维条码通常都是由两侧的空白区、起始符、数据字符、校验符(可选)、终止符和供人识别字符组成的。

二维条码是用某种特定的几何图形按一定规律在平面(二维方向上)分布的黑白相间的图形以记录数据符号信息的,在代码编制上巧妙地利用构成计算机内部逻辑基础的00、10比特流的概念,使用若干个与二进制相对应的几何形体来表示文字数值信息,通过图像输入设备或光电扫描设备自动识读以实现信息自动处理。它具有条码技术的一些共性,如每种码制有其特定的字符集,每个字符占有一定的宽度,具有一定的校验功能等,对于目前高可靠、易保障和研发周期短的电子设备可靠性工作具有重要参考意义。

这里将对二维条码作更详尽的介绍。

二维条码按结构不同可分为层排式和矩阵式两种。

①层排式由多个水平的常规一维条码层叠而成,每行用各自层标志符加以区别,典型的层排式二维条码是PDF417条码。

②矩阵式二维条码使用固定宽度的明暗块编码信息,对比层排式二维条码,矩阵式二维

条码更小,且能够存储更多的数据。

2.二维条码特性

二维条码的特性表现在:①二维条码的高密度性。二维条码通过利用垂直方向的尺寸来提高条码的信息密度。二维条码可以表示数以千计字节的数据,因此可以把产品信息全部存储在一个二维条码中,要查看产品信息,只要用识读设备扫描二维条码即可,而不需要事先建立数据库,真正实现了用条码对"物品"的描述。②二维条码的纠错功能。二维条码引入了错误纠正机制,这种纠错机制使得二维条码因穿孔、污损等引起局部损坏时,照样可以被正确识读。二维条码的纠错算法与人造卫星和VCD等所用的纠错算法相同,这种纠错机制使得二维条码成为一种安全可靠的信息存储和识别的方法。③二维条码可以表示多种语言文字。多数二维条码都具有字节表示模式,即提供了一种表示字节的机制。不论何种语言文字,它们在计算机中存储时都以机内码的形式表现,而机内码都是字节码,这样就可以设法将各种语言文字信息转换成字节,然后再将字节用二维条码表示,从而为多种语言文字的条码表示提供了一条前所未有的途径。④二维条码可表示图像数据。既然二维条码可以表示字节数据,而图像多以字节形式存储,因此使图像(如照片、指纹等)的条码表示成为可能。⑤二维条码可引入加密机制。加密机制的引入是二维条码的又一优点。例如,用二维条码表示照片时,可以先用一定的加密算法将图像信息加密,然后再用二维条码表示。在识别二维条码时,只要再加以一定的解密算法,就可以恢复所表示的照片,这样便可以防止各种证件、卡片等的伪造。

3.二维条码应用

二维条码具有储存量大、保密性高、追踪性高、抗损性强、备援性大、成本低等特性,这些特性特别适用于表单、安全保密、追踪、证照、存货盘点、资料备援、手机二维条码等方面。

①表单应用。公文表单、商业表单、进出口报单、舱单等资料之传送交换,减少人工重复输入表单资料,避免人为错误,降低人力成本。

②安全保密应用。商业情报、经济情报、政治情报、军事情报、私人情报等机密资料之加密及传递。

③追踪应用。公文自动追踪、生产线零件自动追踪、客户服务自动追踪、邮购运送自动追踪、维修记录自动追踪、危险物品自动追踪、后勤补给自动追踪、医疗体检自动追踪、生态自动追踪等。

④证照应用。护照、身份证、挂号证、驾照、会员证、识别证、连锁店会员证等证照之资料登记及自动输入,发挥随到随读、立即取用的资讯管理效果。

⑤存货盘点应用。物流中心、仓储中心的货品及固定资产之自动盘点,发挥立即盘点、立即决策的效果。

⑥资料备援应用。文件表单的资料若不愿或不能以磁碟、光碟等电子媒体储存备援时,

可利用二维条码来储存备援,因其携带方便、不怕折叠、保存时间长,又可影印传真,因此方便做更多备份。

⑦手机二维条码应用。手机扫描二维条码技术简单地说是通过手机拍照功能对二维条码进行扫描,快速获取到二维条码中存储的信息,进行上网、发送短信、拨号、资料交换、自动文字输入等,手机二维条码不但可以印刷在报纸、杂志、广告、图书、包装以及个人名片上,用户还可以通过手机扫描二维条码,或输入二维条码下面的号码来实现快速手机上网功能,并随时随地下载图文、了解企业产品信息等。

4. 二维条码标准化组织及工作介绍

(1) ISO/IEC SC31

国际上制定二维条码标准的主要组织是 ISO/IEC JTCIO ISO/IEC 联合工作组成立了 SC31 分委员会,专门负责所有基础性、通用性的二维条码标准,中国是其他成员单位。ISO 认为自动识别技术是数据自动采集和传输的一种很好手段,所制定的标准是自动身份识别和数据采集应用的所有方面,不仅考虑物流供应链领域的单品标识,还考虑证件、防伪、动物管理、食品与医药管理、固定资产管理等应用领域。SC31 负责制定自动识别和数据采集过程中涉及的数据格式、数据语法、数据结构、数据编码等基础标准,同时还负责在行业内部应用中涉及的设备标准。ISO 把不同行业的应用标准交给其与应用相关的分委员会。ISO 其他有关技术委员会也制定了部分与自动识别技术应用有关的标准,例如,ISO TC104/SC4/WG2 的主要工作是容器和容器相关应用的自动电子识别;ISO TC23/SC19/WG3 的主要工作是动物识别;ISO TC204 的主要工作是运输和控制系统的射频识别;ISO/IEC JTC1/SC17 的主要工作是卡和身份识别;ISO TC68/SC6 的主要工作是金融交易卡、相关媒介和操作;ISO TC 122/WG4 的主要工作是条码标签封装。

(2) EPC global

EPC global 是一个专门从事自动数据识别的标准化组织,目的是解决供应链的透明性和追踪性。透明性和追踪性是指供应链各环节中所有合作伙伴都能够了解物品的相关信息,如位置、生产日期等信息。除了信息采集以外,EPC global 非常强调供应链各方之间的信息共享,制定了信息共享的"物联网"系列标准,"物联网"的信息量和信息访问规模大大超过了普通的因特网。

(3) 其他相关组织

世界上许多标准化组织或协会都在根据需要制定二维条码标准,如国际电信联盟(ITU)、世界邮联(UPU)、美国国家标准协会(ANSI)、美国自动辨识协会(AIM-USA)、电子工业协会、汽车工业协会(AIAG);国际航空协会(IATA)、公用事业工业协会(UIG)、欧洲的标准技术协会 225 委员会(CENTC225)、欧洲的电子资料交换协会(EDIFICE)、日本泛在技术核心组织(UID)、日本电子工业协会(EIA)等,这些区域性的标准化机构在制定自己的自动识别技术或应用标准的同时,还通过不同的渠道参与并影响国际标准的制定。

（二）扫描技术

自动识别技术的另一个关键组件是扫描处理,扫描仪收集条码数据,并把它们转化成可用的信息。扫描技术在物流方面主要有两大应用。第一种应用是在零售商店的销售点。除了在现金收入机上给顾客打印收据外,零售销售点的应用是在商店层次提供精确的存货控制。销售点可以精确跟踪每一个库存单位出售数,有助于补充订货,因为实际的单位销售数能够迅速地传输到供应商处。实际销售跟踪可以减少不确定性,并可去除缓冲存货。除了提供精确的再供给和营销调查数据外,销售点还能向所有的渠道成员提供更及时的具有战略意义的数据。第二种应用是针对物料搬运和跟踪的。通过扫描枪的使用,物料搬运人员能够跟踪产品的搬运、储存地点、装船和入库,虽然这种信息能够用手工跟踪,却要耗费大量的时间,且容易出错。

由条码与扫描设备构成的自动识别技术在物流管理中有很多好处。对托运人来说,它能改进订货准备和处理、排除航运差错、减少劳动时间,改进记录保存,减少实际存货时间。对承运人来说,它能保持运费账单信息完整,顾客能存取实时信息,改进顾客装运活动的记录保存,可跟踪装运活动,简化集装箱处理,监督车辆内的不相容产品,缩短信息传输时间。对仓储管理来说,它能改进订货准备、处理和装置,提供精确的存货控制,顾客能存取实时信息,安全存取信息,减少劳动成本,使入库数精确。对批发商和零售商来说,它能保证单位存货精确,销售点价格精确,减少实际时间,增加系统灵活性。

（三）射频识别技术

射频识别技术是一种非接触式的自动识别技术,它通过射频信号自动识别目标对象来获取相关数据。RFID 技术早在 20 世纪三、四十年代就已经出现。近年来,RFID 技术的发展使通过网络实现物品(商品)的自动识别和信息的互联与共享成为可能。由于 RFID 是一种非接触式的自动识别技术,射频标签使用的是辐射电磁场识别器传输和读取数据,这对供应链管理极为有利。例如,RFID 能够扫描带有各种标签的托盘,无须写下托盘后再扫描每一个货箱,且可工作于各种恶劣环境。短距离射频产品不怕油渍、灰尘污染等恶劣的环境,可以替代条码,如用它在工厂的流水线上跟踪物体。长距射频产品多用于交通上,识别距离可达几十米,如自动收费或识别车辆身份等。此外,RFID 标签能够在通过供应链时,添加或删除各种信息,因此射频识别任务是 EDI 的补充——关键信息在标签中编码、大量数据通过电子方式互换。

一般来说,射频识别系统由射频标签、读写器和数据管理系统三部分组成。其中射频标签由天线和芯片组成,每个芯片都含有唯一的识别码,一般保持有约定的电子数据,在实际的应用中,射频标签粘贴在待识别物体的表面。读写器是根据需要并使用相应协议进行读取和写入标签的信息的设备,它通过网络系统进行通信,从而完成对射频标签信息的获取、解码、识别和数据管理，有手持和固定两种。数据管理系统主要完成对数据信息的存储和管理，并可以对标签进行读写的控制。射频标签与读写器之间通过耦合元件实现射频信号的空间（非接触）耦合，在耦合通道内，根据时序关系，实现能量的传递和数据的交换。

1. RFID 系统的特点与优势

RFID 技术的应用包罗万象，是近几年来信息技术领域最热门的话题之一，RFID 技术较多应用于物流行业。传统的物流信息采集工作方式是通过人工将票物进行核对并将数据输入到计算机中。这一过程费时费力，并且可能由于人为过失造成数据输入错误，影响所采集信息的可靠性。而自动识别输入技术利用计算机进行自动识别，增加了输入的灵活性与准确性，使人们摆脱繁杂的识别工作，大大提高了物流信息采集的工作效率。RFID 技术的应用是其他识别技术，如条码、IC 卡、光卡等无法企及的，其优点包括读取方便快捷、识别速度快、数据容量大、使用寿命长、应用范围广、标签数据可动态更改、安全性强、动态实时通信等。

2. RFID 技术标准化动态介绍

信息技术发展到今天，已经没有多少人还对标准的重要性持有任何怀疑态度。RFID 标准之争非常激烈，各行业都在发展自己的 RFID 标准，这也是 RFID 技术目前在国际上没有统一标准的一个原因。尤为关键的是，RFID 不仅与商业利益有关，甚至还关系到国家或行业利益与信息安全。

(1) 国外标准化组织及其 RFID 技术标准化动态

目前全球有 5 大 RFID 技术标准化势力，即 ISO/IEC、EPC global、Ubiquitous ID Center、AIM global 和 IP-X。其中前 3 个标准化组织势力较强大，AMI global 和 IP-X 的势力则相对弱小。这 5 大 RFID 技术标准化组织纷纷制定 RFID 技术相关标准，并在全球积极推广这些标准。①ISO/IEC：ISO 认为，RFID 是数据快速识别与采集的非常有效的工具。基于这点，ISO/IEC JTC1 成立了 ISO/IEC JTC1/SC31 自动识别和数据采集分技术委员会，该分技术委员会负责制定 RFID 技术基础性和通用性的标准。RFID 技术的应用标准由与 ISO 相关的其他分委员会针对不同使用对象的使用条件、数据内容和格式、使用频段等方面的特定应用要求制定相应标准，如 ISO/IEC JTC1/SC17 是识别卡与身份识别分技术委员会，制定了识别卡方面的标准；ISO TC 104/SC4 是识别和通信分技术委员会，制定了集装箱电子封装方面的标准；ISO TC 23/SC19 分技术委员会制定了动物追踪方面的标准；ISO TC 122/104 联合工作组制定了物流、供应链领域中的标准。②EPC global：EPC global（全球产品电子代码管理中心）是目前全球实力最强的 RFID 标准组织。目前 EPC global 已经发布了一系列技术规范，包括电子产品代码、电子标签规范和互操作性、识读器—电子标签通信协议、中间件软件系统接口、PML 数据库服务器接口、对象名称服务、PML 产品元数据规范等。与 ISO 基础性、通用性标准化相比，EPC global 标准体系面向物流供应链领域，涉及数据处理、数据共享应用方面的标准。EPC global 的目标是解决供应链的透明性和追踪性问题,强调供应链各方之间的数据共享。EPC global 建立了物联网,从信息的发布、信息资源的统一管理、信息服务等方面作出规定。物联网系列标准是基于因特网且与因特网有良好兼容性的标准体系。③Ubiquitous ID Center:日本的 Ubiquitous ID Center 目标是构建一个完整的标准体系,即从数据格式体系、空中接口协议到泛在网络体系结构。UID 制定了具有自主知识产权的 RFID 标准,在数据格式方面制定了 ucode 编码体系,既能够兼容日本已有的编码体系,也能兼容国际其他编码体系。在信息共享方面主要依赖于日本的泛在网络,它可以独立于因特网实现信息共享。④AIM global:AIM global 即全球自动识别组织。AIDC 组织原先制定通行全球的条形码标准,另外成立了 AIM 组织,目的是推出 RFID 标准。AIM 全球有 13 个国家与地区性的分支,且目前其全球会员数已快速累积至 1000 多个。⑤IP-X:IP-X 即南非、澳大利亚、瑞士等国的 RFID 标准组织。

(2)国内标准化组织及其 RFID 技术标准化动态

我国的 RFID 技术与先进国家相比存在很大的差距。我国现在 RFID 技术还处在研发阶段,研究和发展射频识别技术并将其推广应用刻不容缓,任务紧迫。我国射频识别技术拥有广阔的发展前景和巨大的市场潜力,射频识别技术的发展和应用的推广将是我国自动识别行业的一场技术革命。中国 RFID 技术有关的标准化活动,由 TC28 全国信息技术标准化技术委员会的自动识别与数据采集分委会对口国际 ISO/IEC JTC1/SC31,负责条码与射频部分国家标准的统一归口管理。由于种种原因,中国的 RFID 标准体系的研究工作几起几落。经过国家 15 个部委的共同努力,终于以《中国射频识别(RFID)技术政策白皮书》的形式确定了 RFID 技术的地位。《中国射频识别(RFID)技术政策白皮书》强调,中国将以应用为引导,带动具有自主知识产权的技术和产品的开发,促进中国自主 RFID 产业链的形成,实现 RFID 技术的全面发展和提升;建立以企业为主体的自主创新体系,突破 RFID 关键技术;参与国际标准化工作,提出并建立中国的 RFID 技术标准体系,重点是我国的编码体系、数据管理与交换体系以及频率配置等方面;推动成立技术及产业联盟,实现在国际合作和国际竞争大环境下技术和产业的快速健康发展。在中国 RFID 技术的发展中,政府的推动起到了重要作用,第二代身份证采用的就是 RFID 技术,中国在 RFID 技术与应用的标准化研究工作上已有一定基础。

(3)ISO/IEC 相关 RFID 技术标准介绍

ISO/IEC 标准坚持标准化的基本理念,侧重于标准的基础性、通用性和中立性。主要研究的是 RFID 技术标准,其中涉及的主要问题有:①各个频段的标准化,包括读写器与电子标签通信的无线电频率使用规范;②空中接口标准,主要规定电子标签与读写器之间的空中信息交换所需的基本约定;③其他标准;④数据格式定义;⑤接口与应用等。

ISO/IEC 的 RFID 技术标准体系主要包括空中接口标准、物理特性、读写协议、编码体系、应用规范、测试规范、数据安全和应用管理等,下面是 ISO/IEC 的 RFID 标准体系中主要标准介绍。

①空中接口标准。空中接口标准体系定义了 RFID 不同频段的空中接口协议及相关参数。所涉及的问题包括时序系统、数据帧、数据编码、数据完整性、多标签读写防冲突、干扰与抗干扰、识读率与误码率、数据的加密与安全性、读写器与应用系统之间的接口等问题,以及读写器与标签之间进行命令和数据双向交换的机制、标签与读写器之间互操作性问题。

②数据格式管理标准。数据格式管理是对编码、数据载体、数据处理与交换的管理,数据格式管理标准系统主要规范物品编码、编码解析和数据描述之间的关系。

③信息安全标准。标签与读写器之间、读写器与中间件之间、中间件与中间件之间,以及 RFID 相关信息网络方面均需要相应的信息安全标准支持。

④测试标准。对于标签、读写器、中间件,根据其通用产品规范制定测试标准;针对接口标准制定相应的一致性测试标准。包括编码一致性测试标准、标签测试标准、读写器测试标准、空中接口一致性测试标准、产品性能测试标准、中间件测试标准。⑤应用标准。RFID 技术标准包括基础性和通用性标准以及针对事务对象的应用标准,如动物识别、集装箱识别、身份识别、交通运输、军事物流、供应链管理等,根据实际需求,制定相应标准。

(4)字符识别技术

在物流领域应用比较广泛的光学字符识别技术已有 30 多年的历史,近年来又出现了图像字符识别和智能字符识别,实际上这三种字符式的自动识别技术基本原理大致相同,都是通过扫描等光学输入方式将各种票据、报刊、书籍、文稿及其他印刷品的文字转化为图像信息,再利用文字识别技术将图像信息转化为可以使用的文字的计算机输入技术。主要应用于办公室自动化中的文本输入、邮件自动处理及与自动获取文本过程相关的其他要求,适合于银行、税务等行业大量票据表格的自动扫描识别及长期存储。

第六章　全面认识应急物流管理

第一节　应急物流管理组织机制

一、应急物流管理组织发展现状

(一)应急物流管理组织机制综述

从本质上看,应急物流+管理组织机制是应急系统内部各个组织成分之间互相配合、协调,以实现功能的最大化表达,以最快的速度为受灾地区提供应急物资保障的工作机制。

目前,我国由中央政府统一组织和领导应急物流的管理工作,在此过程中,中央政府始终坚持以人为本的救援原则,综合协调各级政府和社会的救援工作,各级政府根据自身职能和责任,划分省级、地级、县级、乡级,分级负责和管理责任行政区域内的减灾救援工作,社会组织和机构配合政府对受灾地区的救助工作施以援手,或向物流资源保障灾区提供救援服务。另外,受灾地区人民可在条件允许的情况下,互相自救,充分发挥基层群众的自治力量。例如,某地区发生重大自然灾害时,对应的监管部门先向国家减灾委员会通报灾害信息,并做出评估,然后由国家减灾委员会办公室联络相关部门和地方,组织会商灾情评估和救助等一系列工作,协调各级部门落实抗灾救灾工作,再结合受灾地区的自然环境和人口分布情况,调动军队、消防、医疗、警务力量执行抢险救灾任务,同时通知交通部门及相关中央救灾物资储备库全力支持和配合救援行动。最后,国家减灾委员会办公室通过官方渠道实时向社会发布灾情信息和救援进度信息,并通知相关部门召集并协调社会救援力量,为受灾地区提供更强大的人力、物力资源保障。应急物资分为政府援助和社会捐赠两部分,其中政府援助部分主要由中央救灾物资储备库提供,对其中储备不足的物资通过及时调拨或向社会采购、征用等方式优先保障受灾地区的基本需求,在应急物流运送方面,结合水、陆、空三方面,开通绿色运输通道,全力高效地为受灾地区输送救灾物资。

国内外较多的学者认可并运用了工作分解结构技术,这在组织建模和任务建模中提供了明确界定工作内容的框架,并以此作为基础,为消除工作中的灰色地带提供了保障,其原理是通过制定责任书将工作的职责都明确在书面上,使工作间的灰色地带完全消除。

WBS被运用于许多领域,如将WBS运用到开发抗震防灾规划信息管理系统中,从城市建筑区抗震防灾规划、城市用地抗震防灾规划等五个方面分级,分割主要的辅助活动得到可操作的具体活动,形成最后的 WBS 分级。

很多专家、学者深入研究了 WBS 技术,以项目生命周期理论为根据,借鉴了 PBS 方法,尝试对其做出改进,并将其运用于管理工程项目的过程中。经过对 WBS-RBS 矩阵和软件项目风险管理的研究,改进了基于 WBS-RBS 的风险识别方法。由此可看出,WBS 在项目管理中是一项比较成熟的技术,能够很好地应用于不同的领域并获得了不少的研究成果。应急物流管理工作具有跨领域、跨部门、跨时空等特点,WBS 能将复杂的系统工作化繁为简,能将任务和组织单元明确,是一件有价值的工具。本章将应急物流管理看成一个具有一定生命周期的项目,对应急任务和组织采用 WBS 技术进行分解,其目的是明确结构。

(二)我国应急物流管理组织机制

在我国现行的应急物流管理机制中,以国家政府为主导,受灾地区所属行政部门组织指导救灾工作,各个部门按职能分工,互相协调,积极配合地方政府,调拨各种救灾资源支持救灾工作。

在突发事件的救灾行动中,各部门根据自身的职能和责任承担相应的任务,协调配合,共同解决灾害引发的各种社会问题。所涉及的部门主要有国家减灾委员会、民政、灾害监测、地理测绘、财政、交通、卫生、消防等部门以及中国人民解放军等单位。

我国应急物流管理组织机制的特点包括以下四点内容:

①我国从中央政府到各个县乡约有 31 个省、96% 的市级政府与 81% 的县级政府均已设置了应急管理相关部门,各级应急管理部门全部由中央政府统一组织和领导,各单位部门相互协作,并组织全社会发动资源与力量参与应急救灾行动,已发展成为较全面的应急物流管理组织体系。

②我国各个地区均以常见的自然灾害及突发性公共事件制定了对应的应急预案,现行的应急预案体系比较全面,且仍在不断提升,为应急管理工作的顺利进行奠定了稳定的基础。

③目前,从中央到地方,我国已在很多城市设立了应急物资储备库,有着丰富的应急物资储备,并完善了相关制度,能够迅速为受灾地区提供基础生活保障。

④近年来,我国各地发生过多次自然灾害和公共卫生突发事件,全国人民对紧急事件的应对意识和救援知识水平有了明显的提高,并在多次发生的公共事件中团结一心,做到全民参与,共同抗灾。

二、应急物流管理组织机制特点

组织机制由组织结构和运行机理两部分组成,从这两个组成方面分别剖析了普通物流管理和应急物流管理的异同点,从而得出应急物流管理组织机制的一般特点。

应急物流管理组织机制的一般特点有如下三点。

（一）统一性：政府职能部门把握风向标

应急物流的组织指挥工作的成果与政府职能的行使程度息息相关。政府各部门秉承着高效、务实、果决的应急物流管理作风，在一定程度上为应急物流的成功运作提供了保障。政府职能发挥全民参与的风向标作用，政府的强大动员能力、快速反应能力、统一的组织能力和有序的协调能力等优势使整个运作机制更加紧凑，极大地确保了整个应急物流过程的顺畅。

（二）灵活性：现场决策能力

在应急物流管理中，常规决策模式不适用于突发事件的应急处理。在应对突发事件过程中，领导人员在现场做出决策的频率很高，需要在资源有限的现场环境中够快速有效地控制事件带来的危急局面，这种灵活性取决于组织内部上层的果断决策和下层的积极配合，换言之，取决于两者的有机协调。

（三）协作性：专业化分工合作

应急物流管理组织实施自上而下的指挥管理，使权力明确、责任落实。在这样的组织内，其运作的共同目标是管理的重点，要求各部门、各个成员互相配合，团结协作，强调专业化分工，实现全民参与，协作完成任务。

三、应急物流管理组织运作流程

应急物流管理流程主要包括指挥协调、应急预警、应急准备、应急响应、应急恢复等环节，这些环节的流畅、高效程度和物资送达的时效性、准确性息息相关，直接影响着应急物流的保障效果，对物流运作消耗的成本高低有重要影响。

指挥协调工作：在紧急突发事件发生时，我国政府统一领导和指挥各级政府迅速采取相关措施，组织各方力量并部署协调细分救援任务，迅速有序地开展应急救灾行动，以确保各支救援力量相互协调、配合，避免资源力量分配不均造成浪费，减少推诿逃避现象发生的可能，发挥出最大的救援力量，减少受灾地区的生命财产损失。我国各级政府职能的发挥在很大程度上决定了应急物流的指挥协调工作的完成效果，政府部门能否高效务实地指挥工作是应急物流指挥协调成败的关键。

应急监测预警：这一阶段的工作是为了能在灾害来临前及早发现，通过专业部门对灾害的不断监测，根据监测分析结果，对可能发生和可预警的事件向组织或个人发出警报，提醒组织和个人对危机采取行动。目前，我国以蓝、黄、橙、红四种颜色表示四种严重程度递增的预警级别，这一过程的工作主要由政府相关部门（如水利局、气象局、地震局等）负责具体工作。

我们强调应急物流管理应以突发事件的爆发为开始点，在爆发前属于预警管理的范畴，爆发后则属于应急物流管理的范畴，因此我们要对应急物流管理中的应急响应阶段做更细致的划分。

应急物流采购工作：这一阶段的工作是在严重的突发事件发生时，政府现有的应急物资存储量无法达到需求量；并且由于物资本身的特性不适合大规模仓储，这时就需要进行应急物资的采购工作。要保证采购货物的种类、规格、数量、质量、交付时间等准确无误并符合要求。除了实物储备之外，还有通过与负责应急物资提供的企业签订合约的方式，一旦需求产生，企业迅速提供合约约定物资。在我国，现阶段主要由民政部门、政府采购中心等部门负责应急物资采购的具体工作。

应急物资仓储工作：这一阶段的工作主要是在突发事件发生后，为了能短时间内满足救灾物资的需求，提前对救灾物资有适当规模的存储。各省市为提高自身应对突发紧急事件的能力，提高救助能力，建立了不同规模的救灾物资储备库，并储存了大量的救灾物资。当灾害发生时，受灾地区所在行政地区的应急物资储备库就能够在第一时间为受灾地区提供各类急需的应急物资，提高应急救灾的能力和水平，为受灾人民提供基本的生活保障，保持受灾地区社会秩序的稳定。各类应急储备物资分散在不同的部门管理，战略储备物资（如成品油、钢材、橡胶等）由国家物资储备局管理建设仓库；救灾物资（如帐篷）由民政部建立的救灾物资储备库或社会上的仓库承储；中央储备粮由中国储备粮管理总公司管理；医药物资由国家中医药管理局储备。

应急物流运输工作：这一阶段的工作主要是在突发事件发生后，将物资、人员、资金等需求进行紧急保障的一种特殊运输，一般根据各种运输方式分为公路运输、铁路运输、航空运输、水路运输和管道运输。选择应急物流的运输方式时，应重点考虑物资的存储条件、数量和价值等因素，筛选出最优的运输方案，必要时还可向相关部门申请开通绿色通道，以保证救援物资及时到达受灾地区。在我国，应急物资在运输过程中的安全保卫任务主要由交通管制部门和公安部门承担，以保证应急物资安全、顺利、高效地送达指定地点。

应急物流配送工作：这一阶段的工作主要是在突发事件发生后，迅速分拣、包装及装载运输应急物资，在规定的时间内将物资送达指定接收地点，物资到达灾区后，需要按灾区需求重新分拣拆装组套应急物资，并按需配发物资。应急物资需求点结合物资的实际发放情况，向应急物资指挥调度中心反馈详细的需求信息，调度中心根据需求信息，通过多种渠道筹集物资，由应急物资储备中心接受筹集的物资，核对验收后将其登记入库，按相关储存要求保存物资并经常盘点库存。待灾区需要补充物资时，再按照流程重新进行。

在突发事件发生时，应快速搜集供应点和灾区的相关信息，按其对物资需求的迫切性进行聚类分组，并根据供需状况的评估，确定供需是否平衡，供给能否满足灾区需求。如果供需平衡，则建立科学的配送模式进行配送，否则，对供需失衡时的配送权重进行确定并组织配送。现阶段，我国的应急物资配送有两个途径：①与国内网络覆盖面广、硬软件设施齐备、行业信誉度高的大型物流企业合作，在其技术支持下完成应急物流的运输和配送工作；②践行"军地物流一体化"的模式,整合并优化军地物流,统一管理其兼容部分,促进各部分物流资源融合发展。

第二节　应急物流中的物资管理

一、应急物流中应急物资管理的要求

应急物资管理主要包括平时应急物资储存库对应急物资的储存、补充等工作,还包括灾时应急物资的筹集、运送、供给、使用及灾后回收等内容。应急物资管理部门应实行科学的管理办法,结合物资供应的迫切程度、存储条件、用途及价值科学规划妥善保管,灾时做好其运输与派发的合理安排,尽可能减少物资的浪费,使其在需要的情况下充分发挥出价值。科学的应急物资管理能够为应急救灾提供强大、可靠的物资保障,应急物资的管理水平决定了应急物流对救援减灾任务的保障水平

(一)质量管理

对于应急物资管理来说,质量管理是其中最重要的要求。无论是平时的物资储存,还是灾时的应急物流,都应以物资完好无损为任务执行中的首要条件,只有物资完好,物资才能够发挥其作用,才能够为受灾地区的人们和救援行动带来保障。

(二)安全性

我国对应急物资和应急物流的管理提出的最根本的要求是要保障应急物资的安全性,要求无论在平时还是灾时,在储存、运输、配送等环节中都应保证应急物资的安全。

(三)存放合理

在应急物资储存库存放应急物资时,应考虑物资使用时的搬运、转移问题,以方便、快捷为位置选择的准则;在应急物资发放点存放物资时,应考虑场地大小是否合适、物资组套及发放是否合适以及是否预留领取和领完撤离的通道,从而保证物资发放的秩序。

(四)流程优化

应急物资管理要求在物资流动的全过程中进行流程化处理,要求精简物流环节,优化物流流程,压缩物流时间,追求最高的物流效率。

(五)准确率

准确率这一指标能够体现出应急物资的管理水平。具体表现如下:平时严格按照相关要求保存各类应急物资,做好物资的盘点工作;灾时应急物资需求的数量、种类、规格、型号等应与储备库筹备、装载、运输到受灾地区的应急物资清单准确对应;应急物资从存储仓库开始到灾区发放的中间过程做到零误差;物资到达灾区发放时,应做到无混乱、无错发、无缺乏、无重发。

（六）有效监控

从受灾地区对应急物资产生需求开始,经过中间采购、筹备、调度、运输以及发放等环节,到最后结余物资回收的物资流动全过程中,应急物资管理部门都能够实时追踪每件物资的位置及使用情况,有效监督物资,避免出现物资遗失、浪费、未使用、被私占等现象,及时核对物资的使用情况,如有不足及时补充,进而为指挥决策提供更精准的决策依据。

发生突发事件时,政府应立即启动应急预案,成立应急指挥中心,组织开展应急救援活动,应急指挥中心根据灾情性质、级别以及影响范围等,对其可能产生的物资需求做出初步分析,并根据应急物资储备仓库中各项物资的储备、功能、规格、作用等,制订第一批次应急物资的供应方案,再利用各种渠道筹集需要的物资,制订应急物流方案,将应急物资运送至受灾地区,并配合当地支援人员完成发放工作。应急物流管理部门根据信息系统传回的物资需求清单全面监管负责物资的筹备、装配、运输等各个环节,并将信息反馈到指挥中心,由指挥中心进行下一决策。应急物资完成装配后,由配置了GIS、GPS等技术的运输工具根据运输方案将物资送往受灾地区,全程可视。应急物流管理部门可以实时监控运输车辆的动态信息,实现实时调度、调整运输计划,保证物流目标的精准实现,确保应急物资安全送达。

应急指挥中心分析物资需求并指挥协调应急物资储备管理中心和应急物流管理中心相互配合,共同完成为受灾地区筹备、运送应急物资的任务。在这个过程中,应急物流信息系统对受灾地区的大量信息的收集、处理和分析的速度和准确性与应急物资管理的水平和效率有直接关系,因此改进、提升应急物流信息系统非常重要。

二、应急物流中应急物资的采购

传染性疾病、战争、地震等大型突发事件的爆发常常带有极大的破坏性和突发性,威胁着人民群众的生命安全,往往在短时间内产生大量的医疗资源需求,但这类资源的储备分散,分布在各个城市、地区,尤其是某些专用药物和专业的传染科医生等,难以快速满足受灾地区的需求,这就导致了供求的极度不平衡,因此,应开辟多方渠道,在保证物资质量的前提下,广泛向社会甚至向国外大量采购相应物资。

应急物资主要用于保障灾区居民的基础生活、减轻灾情的影响、延缓疫情的扩散以及为灾后重建提供保障,应急物资的采购常常对采购任务完成的时间有较高的要求,采购特点可分为以下几点。

（一）时间短,采购质量高

应急物资采购消耗的时间越少,受灾人民就越多一份保障。因此,通常要求采购流程尽量精简,采购速度尽可能快。另外,由于应急物资本身具有特殊的性质,因此在其采购活动中对物资的质量有很高的要求,所采购的物资本身的质量、规格等各项指标必须达到采购的要求,尤其对紧急治疗的药物、疫苗药剂、血液制品等有更高要求。

（二）供应商多元化

由于应急物资本身的特殊性质,采购活动带有一定的紧迫性和目的性,且采购量较大,单一企业往往无法在短时间内完成供应任务,因此,通常筛选多个符合条件的供应商同时供应物资,这样虽能够在短时间内达到采购数量的需求,但其生产产品的质量、规格等仍需要进一步筛查检验。

（三）采购方法与采购行为规范的矛盾

由于采购活动受时间限制严重,具有强烈的紧迫性,因此,采购部门会选择合适的采购方式完成采购任务。随着我国对采购活动的进一步规范,采购活动虽然在一定程度上更加公开、透明,但也有僵化的可能,影响了整个采购活动的顺利进行。例如,招标虽然是一项公正、公开、透明的政府采购方式,但其效率决定该方法并不适用于应急物资的采购。

对于采购活动来说,其最关键的问题是采购时间的限制和采购数量的把控,这两大问题对库存消耗的成本有直接的影响。目前,没有可行的办法可以通过分析各项物资的结构比例决定各类物资的需求数量,相关部门只能依靠之前的案例统计的物资消耗数量找出物资需求量与需求时间的关系,估算各项物资的采购数量和最大时限,制订可行的采购计划,采购人员按照计划完成各项物资的采购活动,从而在节省成本的前提下,为受灾地区及时、准确地提供应急物资保障。

三、应急物流中应急物资的储备

适当储存应急物资能够在发生突发事件时迅速为受灾居民提供基础的生活保障,有助于提高救援效率,减少受灾地区的生命财产损失。

粮食的储备在世界各国和地区来看都非常重要,尤其是在发生大型灾害时,如蝗灾、旱涝灾害、地震、饥荒甚至战争等时期。应急物资储备仓库的布局和建设数量、可储存的物资类型及数量等对大型突发事件的救援支持行动至关重要,为了加强各地区对各种突发灾害的抵御能力,我国已形成较为完善的应急物资、物流管理体系,在平时要对储备物资做好科学的维护和管理工作,在灾时及时为受灾地区提供应急物流保障,减少人员伤亡及财产损失,加强受灾地区对灾害的抵抗能力,极大地缩减救援时间,进而促使受灾地区迅速有序地完成灾后重建,同时节约了各项成本。目前,与一些西方国家相比,我国在应急物资的储备方面还有待提升。扩充物资储备种类,加大各类物资储备数量,完善医疗救援系统,提高医疗救护保障是我国应急物资管理方面需要面对的重要问题。

首先,应对应急物资储备做出合理的布局,这种布局不仅需要物资储备库分布区域的布局,还需要对储备物资结构的布局有着合理、清晰的规划。

其次,应结合当地地理环境、居民居住环境、人口密度、经济发展状况以及物流设施的基础条件等因素,科学设计适当的物资储备规模和各项标准。

最后,应优化物资的储备结构。运用 ABC 分类法,根据物资的重要性对其分类管理和储存,可将其划分为一般物资和重点物资,根据市场对物资的供应情况,可将物资划分为长线物资和短线物资。原则上实行少储存或不储存的管理办法;对短线物资应多关注并合理储备。要加强各种物资的管理,实时了解市场供货的实际情况,从而合理配置物资的储备结构。我国民政部为从整体上提高应对突发事件的应急物流能力,下发了相关通知,要求各个省市、地区构建健全的应急物资储备体系,并提高应急物资储备管理部门的反应速度,在各类突发事件发生后,调配救援物资和救援人员同步到位,迅速提高物资保障和应急救灾能力。

我国各级行政区域应结合相关规章制度,根据管辖区域内的自然地理条件、常发性突发事件、经济发展状况、交通条件、人口密度等,因地制宜地在全国范围内科学编制应急物资储备库的布局建设规划,建设或租用场地建设库房,合理利用土地资源,确保因地制宜、布局合理、功能齐全、结构合理、规模适当,还要保障灾时反应速度、配合迅捷、运转高效,从而为救灾行动提供有力的保障。另外,对交通不太发达的村、镇等地,可将避灾场所与救灾物资储备地点结合,以保证在灾害发生后外界救援力量到达前,为居民的基本生活提供保障。

库存管理涉及范围广,应用多种管理思想和管理办法,这是一项庞大的系统性工程,很多方面需要进一步完善,主要包括以下几点。

①由于灾区需求信息量大且具有不确定性,这为灾时的库存管理带来了很大的难度,还需要进一步研究出更好的策略和办法,以便更加妥善地应对突发事件对库存管理带来的各种问题。

②需要加强对库存物资的分类管理,研究出更科学的分类办法,使其能够进一步提高与应急物流的配合度,还能够体现出市场物资的供应情况,以便在日常随时调节物资结构,补充短线物资,充盈应急物资库存,为受灾地区提供有力的物资保障。

③目前,物资库存管理机构在预测灾区需求时,仍未构建出能够精准预算物资需求的数学模型,无法从物资的种类和数量上做到精准的物资供应,科学的预测方式能够辅助库存管理部门进行更为精准的决策。

四、应急物流中应急物资的运输

突发事件往往会造成局部大量、突发性的物资需求,我国的物资供应水平完全可以满足这一需求,但如何在短时间内进行精准的物流配送投放是目前我国应急救灾过程中需要面对的关键性问题。如今,尽量降低物流成本问题已成为次要考虑条件,怎样压缩物流时间及时将物资发放到灾区群众手中已成为亟待解决的重要问题。首先,应结合灾区对物资需求的迫切程度以及物资的作用、价值、数量、运输条件等因素,制订最可靠的运输方案,还可根据实际需要,结合水、陆、空多种运输方式,开辟绿色通道,畅通、安全、及时、准确地将物资运送至受灾地区;其次,由海外供应的应急物资可以适当简化海关检验流程,优先保障应急物资的运送;最后,民用应急物资应享有与军事物资相同的优先运送待遇,在突发事件发生后,社会各界应优先保障应急救援力量。

五、应急物流中应急物资的配送

突发事件一般具有区域性特征,通常发展迅速。为保证在最短的时间内将各类物资送至受灾地区,各部门机构应提前做好准备,做好有效的分工配合工作。物流中心能够快速对物资进行分类分拣、组套、包装、装载等任务,并以很高的速率和准确度将各类物资搬运至对应的运输工具中,从而实现快速的物流配送。由于应急物流中心在使用时需要很大的空间成本,且只有在突发事件发生时才会启用,介于这些特殊性质,各级政府通常将其设置在管辖地区的物流中心,突发事件发生后,就可以迅速调整运行模式,结合平时的经验和技术支持,为应急物资提供集散、中转等场所。

由于突发事件的不确定性较强,因此各个区域应急物资常出现供需不平衡的现象,导致部分受灾点物资有富余,有些受灾点物资仍有较大需求缺口,进而影响灾情控制的进度。造成这种现象的原因有以下几点:①灾情的持续变化、次生灾害的发生导致受灾地区对应急物资的需求也在不断变化,这种变化难以掌控,易造成物资供应不足的现象;②应急物流在灾区物资需求量满足的信息传回指挥中心之前,就已快速地将一些可重复使用的应急物资运往各个接收点,应急物资总量呈单调上升的趋势,可重复利用的物资在受灾地区充分发挥了可重复利用的特性,加之源源不断的物资补充加剧了物资过剩的现象。我们可以通过提高物流转运功能、提高需求判断的准确性、合理控制资源的供应来减少应急物资供应不均的现象。

大量的物资供应主要是为了避免因应急物资不足而影响救灾行动,降低受灾群众面对灾害后续影响和其他次生灾害时的抵抗能力。由此可看出,适当供应应急物资的重要性。目前,只有通过应急物资管理中心对受灾地区需求的精准判断和应急物流中心提高自身快速运转物资的能力,才能够缓解物资不均对救灾行动造成的压力和影响。应急物资管理人员应结合灾害影响和次生灾害发生的可能制订更为合理的应急物资供应方案,协调各个受灾地区应急物资的重要任务主要由应急物流负责。应急物流管理中心应及时根据受灾地区的物资供应情况,找出物资需求后仍较大的受灾地区和距离最近的物资储备库或物资供应有富余的其他地区,制订合理的应急物资运转计划,快速完成物资的转运调度工作。

结合近年来向受灾群众发放救灾物资的多个案例的具体情况,发现物资的发放基本由政府工作人员或军队完成,效率较低,速度较慢。因此,可以通过以下几个方面提高物资的分发速度,建立完善、高效的应急物流配送体系。

①提高应急物流指挥中心的宏观指挥能力,全方位做好调控工作,全局掌控物流的走向

和使用情况,做好应急物流的调动指挥工作。

②地方政府与国家军事力量强强联合,互相协调配合,尤其在大型突发事件中,可充分借用军事力量、装备、资源等,加快实现救援力量和应急物资的分发。

③政府应加大对国内电子商务业务的扶持力度和鼓励政策,促进国内电子商务市场繁荣发展,以便灾时能够为受灾地区提供更加快速的物资支援。从物流行业的发展角度看,电子商务的发展有助于提高物流行业的服务水平和质量,精简和改进物流的整体环节,提高物流的反应速度和运输配送速度。

④政府应加大社会人员的动员力度,鼓励社会志愿者尤其是医护、防疫、消防、公安等专业性强的人才积极参与救灾行动,包括救灾物资的生产和募捐、资金的募捐、物资的运输和发放等,为受灾地区提供更全面有力的保障。

⑤改善应急物资的配送方式,增加配送人员数量,结合受灾情况制订科学的应急物资配送方案,在进行物资配送时,应合理利用一切可用资源,如网络、各种技术、工具、场地、当地居民等。可在受灾地区适当建立多个物资发放点,设置好领取物资和离开的路线,避免造成拥堵、混乱等。各个物资发放点的物资发放团队由政府或委员会、村委会等组织的成员与合适的当地居民组建。其中,政府工作人员主要负责监管、对接物流及盘点物资的工作;当地居民因熟悉当地情况负责物资的发放、登记,避免物资的漏发、重发。另外,还可以灵活采用无人机、直升机等在空中进行定点投放物资,实现精准配送、投放应急物资。

第三节　各类突发公共事件中的应急物流管理

一、洪水灾害下的应急物流管理

(一)洪水灾害基本知识

人类通过对自然资源的合理运用,创建了现在舒适、便捷的生活,但大自然带给人类除了自然资源之外,还有不可避免的自然灾害。据统计,洪水是目前已发生的自然灾害中对人类影响最严重的一类自然灾害。洪涝灾害也是我国主要的自然灾害种类,面对严峻的灾害形势,政府十分重视减灾救灾工作。

1. 洪水的概念

"洪水"一词最早出现于我国先秦的《尚书·尧典》一书,书中讲到"汤汤洪水方割,荡荡怀山襄陵,浩浩滔天,下民其咨"。之后的《史记》《国语》《孟子》等书中都有关于洪水的记载,广为流传的大禹治水的故事更是体现了中国人民自古以来就有长期与洪水做斗争并渴望获得胜利的心愿。

中华人民共和国成立后,水利和防洪专家对"洪水"的定义进行了大体的概括,即洪水通常是指由暴雨、急骤融冰化雪、风暴潮等自然因素引起的江、河、湖、海水量迅速增加或水位迅猛上涨的水流现象。

2. 洪水的类型

洪水按照不同的划分方式，可以分为不同的类型。按发生地域划分，洪水可分为山洪、海洪、湖泊洪水以及河流洪水灾害等。按成因，洪水可划分为以下几类：①因降雨引发的洪水。这类洪水常发生于中低纬度带地区，由于江河流域宽广，水库、湖泊蓄水充盈，大量降水的积累导致支流洪水汇集，形成迅猛、历时长久的洪峰。其中，涨落迅猛的洪峰易形成暴洪，突发性强，破坏力大；涨落稍平缓的为大洪水，对人类社会也有很大的危害。②大量的融雪也会造成洪水灾害的形成，这种洪水常发生于高纬度严寒地区，是由春、夏气温回升，积雪大段融化导致的。③在中高纬度地带，冬季河流在较高纬度时逐渐结冰，到了春季解冻期解冻不完全就会形成冰塞甚至冰坝，引发洪水。④湖泊洪水。其形成原因为湖面发生大风或湖水置换时期，或者在两者的共同作用下形成，这一现象发生时湖泊水位剧涨，涨幅甚至可达5~6米，主要发生地有北美洲的密歇根湖、苏必利尔湖以及休伦湖等。⑤泥石流。其形成与降水及其自然地理因素都有很大关系，降雨致使崖壁、山体等结构崩塌，雨水与大量泥沙、石头混合流泻形成。⑥山洪。其发生于山区溪沟地区，在降水和陡坡的共同作用下，支流以很快的速度汇集，形成了洪峰，这种洪峰通常涨落速度较快。⑦水库发生坍塌等事故后，大量水体倾泻，导致下游河段水位飞速上升，形成溃坝洪水，溃坝洪水不只发生在水库，有时因河道堵塞等造成水位升高后又突然溃决也会形成溃坝洪水。⑧海啸。它是发生于沿海地区的一种洪涝灾害，形成的主要原因是海底地质运动，如火山爆发、地震。⑨天文潮。它在潮汐作用的影响下，海洋水体会产生长周期性的波动现象，在这种情况下，海水涨潮时的最高点被称为高潮，落潮的最低点叫低潮，相邻潮间的高低水位差叫潮差。⑩风潮。即由台风、温带气旋、冷锋的强风作用和气压骤变等强烈的天气系统引起的水面异常升降现象，它和相伴的狂风巨浪可引起水位上涨，又称为风潮增水。

3. 我国暴雨洪水

暴雨洪水是我国最常见的一种河流洪水，于夏、秋两个季节多发，南方春季也有部分地区会发生这类洪水。暴雨洪水的发生地区主要集中在我国中东部地区，西北部地区较常见的是融雪洪水以及雨雪混合形成的洪水。

我国暴雨洪水主要有以下特点。

(1) 季节性强，地域分布不均

我国幅员辽阔，随着季节、气温的变化，副热带会在南北方向上移动，随之雨带会发生南北位置变化，呈现季节性降水特点。季节性降水中常伴有大到暴雨，造成河流、湖泊水位快速上涨，形成洪水。另外，夏季沿海区域多发生台风，并伴随暴雨，也会造成暴雨洪水袭来。我国暴雨多发生在春、夏、秋季，因此暴雨洪水多发于这三个季节时段中。

(2)洪水量大,涨峰高,干支流常见遭遇性洪水

我国地形从西北向东南延伸,海拔逐渐降低,强化了东南湿暖气流与西北冷空气流的交锋,形成大量的降水。另外,在植被覆盖和地面坡度的综合影响下,大量水流快速汇集成洪峰,且洪峰流量大,易叠加形成大规模的暴雨洪水,各路洪峰流动汇聚时,常常对经过的干支流造成很大影响,形成严重的遭遇性洪水。

(3)年际变化大

我国拥有7个大规模流域,导致洪水有很大的年际变化,北方流域的各年洪峰流量的变化巨大,且比南方流域更为显著。

4. 大洪水的阶段性和重复性

根据大量的洪水调查研究,可知我国主要河流大洪水在时空上具有阶段性和重复性的特点。

(二)洪水灾害应急保障物资分类

洪水灾害中,抢险救灾涉及的保障物资主要有以下四类。

①防汛物资。例如,橡皮船、冲锋舟、救生船、救生衣、救生圈、编织袋和麻袋、块石、沙石料、土工布、塑料膜、铁锤、铁铲等。

②生活类物资。例如,衣被、毯子、方便食品、救灾物资、饮水器械、净水器等。

③医疗器械及药品。

④建材类物资。例如,水泥、钢材等。

为了配合防汛应急预案,应成立应急物流组织机构,以实现应急物流的筹措与采购、应急物资的储备以及应急物资的调度、运输与配送。

(三)洪水灾害应急物资的筹措

要确保在洪水灾害情况下筹措到需要的物资,必须建立高效、规范、安全的应急物资筹措渠道。

1. 防汛物资的筹措

防汛物资的主要筹措渠道是动用储备物资。防汛物资筹集和储备实行"分级负责、分级储备、分级管理"以及"按需定额储备、讲究实效、专务专用"的原则,采取国家、省级、地方专储、代储和单位、群众筹集相结合的办法。

防汛指挥机构、重点防洪工程管理单位以及受洪水威胁的其他单位应按规范储备防汛抢险物资,并做好生产流程和生产能力储备的有关工作。

汛前要对社会团体储备和群众储备的防汛物资进行督查落实,按品种、数量、地点、责任人、联系电话等进行登记造册,以备汛期随时调度使用。

有承担防汛物资储备任务的企业单位、社会团体以及乡(镇)、村,要认真按照防洪办公室下达的储备任务落实到位,确保完好、管用,并按落实到位物资的品种、数量、地点、责任

人、联系电话等进行登记造册,报防汛指挥机构备案;防汛物资储备单位要建立主管领导负责制和业务人员岗位责任制,制订物资紧急调度、供应与运输到位的措施和实施方案。

大型抢险设备不足的部分,应与社会上有此设备的单位预先签订协议,以租赁方式租入设备,保证抗洪抢险的需要。

2. 生活类物资的筹措

生活类物资可采用动用储备(供应商库存)、直接征用、市场采购、组织捐赠等物资筹措形式。若应急物资的数量仍不能满足需求,可组织相应的供应商突击生产。可由粮食局负责组织粮、油的供应和生产;由经贸局负责组织肉、禽、蔬菜和日用工业品生产、应急调度。

3. 医疗器械及药品的筹措

这类物资可采用动用储备(供应商库存)、直接征用、市场采购等物资筹措形式。若应急物资的数量仍不能满足需求,可组织相应的供应商突击生产,甚至国外进口采购,医疗器械及药品的筹措由医药公司负责组织实施。

4. 建材类物资的筹措

建材类物资主要用于保障应急抢险和灾后重建。这类物资可采用动用储备(供应商库存)、直接征用、市场采购、组织捐赠等物资筹措形式。若应急物资的数量仍不能满足需求,可组织相应的供应商突击生产,建材类物资的筹措由物资公司负责组织实施。

(四)洪水灾害应急物资的储备管理

救灾物资的储备是实施紧急求助、安置灾民的基础和保障。

在政府建立自身专门性救灾物资储备的基础上,可走市场化的道路,遵循"化整为零、分级代储、保障供给"的原则,整合储备资源。

一些有较为苛刻的保存要求和使用时限的应急物资,如药品、食品等,可以依法与供应商或生产厂家沟通,由它们代为储存,这样不仅可以节省库存成本,还能保障应急物资的质量。各级政府应对防汛物资实行分级管理或就近寻找代储场所。此外,相关部门应掌控市场的供货情况,做好各类物资的管理工作,及时更新和补充缺少的物资。

防汛物资储备历来是防汛准备工作的难点,存在资金投入多、仓储空间大、储存和保管不易等困难。储多了用不掉,储少了不够用,储备时间长了又要变质。浙江省江山市防汛抗旱指挥部本着"宁可备而不用,不可用而不备"的原则,采取"专储、代储和社会化储备"相结合的办法,有效解决了防汛物资储备难的问题,值得学习和借鉴。其具体做法如下:①专储,由市防汛指挥部专门储备。每年汛前,指定市供销社按规定地点、时间、品种、数量、质量要求储备。②代储,委托有关企业储备。根据区域分布,与浙江天蓬畜业有限公司、江山市粮食收储有限责任公司签订防汛物资储备协议,规定储备时间、物资要求、提取方法、相关责任和费用结算方法。所储物资若汛期未用,则付给一定数额的保管费;汛期调用,抢险完毕后按实际使用数付费。市防办将对物资进行不定时抽查,如发现未按要求储备物资的将追究其相应责任。受委托方专设仓库屯放，并设立值班室，落实专人负责物资的保管，汛期必须安排人员24小时值班，确保甲方能随时调用物资。③社会化储备。除要求乡镇、村储备一定数量的防汛物资之外，还要采取就地取材的办法。水库一般都处在较偏僻的山区，库区附近毛竹、树木等资源丰富，由水库所在乡镇政府与当地农民签订协议，指定砍伐点，既解决了山区物资运输不便的问题，争取了抢险时间，又解决了资金困难和资源浪费的问题。

（五）洪水灾害应急物资运输管理

发生洪涝灾害时，在中央政府的领导下，各级部门应全力配合进行防汛抢险工作，公安部门、武装力量以及包括铁路在内的水、陆、空领域各交通运输部门应优先保障防汛人员、防汛物资与其他各类应急物资迅速到位。开闸分洪时，应调配车辆、船舶等交通工具，优先转移下游群众及其财产到安全地区，确保人员全部转移无遗漏。分泄大规模洪水时，应注意保障河道附近群众的生命财产安全，保证渡口、航道航行船只的安全，并提前准备救生圈、救生艇、救灾车辆、药品等抢险救援的各类设备和工具。面对洪涝灾害时，气象部门、水利部门等相关部门应提前做好预警，做好提前疏散工作，建立动态数据库，及时做好灾前防控工作和物资筹备、调度工作，使用各种科技手段实时跟踪处理各项减灾救援信息。

在组织应急物流运输过程中，应急物流组织机构要统筹考虑运输需求情况（人员运输、物资运输、抢险装备运输等）、运输资源（汽车、火车、船、飞机）的供给情况、运输设备情况、道路情况（公路、桥梁是否被水淹没或冲垮）等，协调好人员、抢险设备、应急物资的运输关系，合理配置和调度运输力量，从而提供应急物流的快速保障力量。

应急物流管理部门应提前与可靠的、较大规模的运输公司建立长期合作关系，洽谈应急物流相关事宜，当气象部门、水利部门等相关部门发出洪涝灾害预警时，及时做好防汛物资的运输保障工作。必要时，也可以向中央政府申请调动军事力量，加强防汛抢险工作的力度，为防汛前线提供更大的保障。

在防汛救灾物资的物流运输过程中，物流中心应精简物资的准备、包装、运载流程，尽快将物资装载到相应的运输工具中。交通管制部门可适当开通"绿色应急通道"，为应急物流提供一条或多条专用运输道路，缩短物流时间，提高物流效率。涉及边防、海关、航空等的应简化检疫查验流程，优先保障防汛物资的供应，各部门全力支持、配合，以保障群众的生命安全，将群众的财产损失降到最低。

如果交通工具、运输设备等发生故障，可立即向当地政府部门求助，由政府派遣相关人员抢修。情况紧急时，也可动员或者征用其他部门和组织的交通工具及设施。当铁路、公路被洪水淹没或冲垮时，可以增援空中或海上救援力量。需要强调的是，常规的空中力量增援的派遣程序比较复杂，所用时间长。因此，在遇到突发情况时，精简的救援程序能够保证应急物流精准救援，节省更多救援时间，提升救援效率。情况紧急时，当地相关部门应立即联系管制部门，提出运输申请，再由管制部门向民航方面的管制部门沟通协调工作，将高度让出来,应急航路优先飞行。与此同时,需要向上级汇报协调的救援信息,在安排救援工作的同时,与上级指挥部门时刻保持联络,保证在接收紧急命令时,立即做出紧急调度反应,用迅速、高效的应急物流向灾情现场输送物资,为抢险救灾一线的群众提供物资支援,以保障受灾人民的基本生活需要。

(六)洪水灾害应急物资配送管理

洪水灾害应急物资配送发生在洪涝灾害后,应急物流配送体系能够顺利、快速地为灾区居民供应应急物资,主要取决于能否满足处于救援终端的灾区民众需要的应急物资和能否搭建精干完整的应急物资保障供应链,并为救援"最后一千米"提供有力的保障。为此,应急物流的配送活动主要从以下两点展开。

1. 采取灵活的配送方式,科学确定配送需求指标体系

首先,应收集并分析灾区的受灾情况和受灾居民的需求,利用网络技术找到对应急物流的运输和配送影响较大的因素和指标,再利用系统工程原理科学地分析各项指标,进而构建出灾区需求的指标体系。其次,根据三级预警体系为其划分等级,并根据灾情预警级别选择对应的供应方式,有效配送应急物资。最后,在配送过程中,还需要关注灾区居民的动态,时刻跟进灾区需求信息并及时做出配送调整,以最大限度地发挥救援力量。紧急级别的预警体系要求国家政治、权益应享有最高级别的保障力度,各个企业、单位应遵循国家紧急指令,运用先进的技术手段和运输设备,灵活使用超常规的配送方式,如使用直升机、无人机在空中定点投送等,积极响应国家为抢险救灾做出的战略性决策,持续为受灾地区供应应急物品。应急物流配送系统要能够有针对性地调动整个社会的物流资源,在灾情发生时,要立即向受灾地区供应应急物资,为灾区救援行动和灾区居民基本生活需要提供保障,从而维护社会稳定,保障公共安全,促进国家稳定发展。

2. 充分利用电子商务平台,打好应急物流配送"服务牌"

与传统商业物流相比,应急物流的反应速度更快,时效性更高,针对性更强。因此,应重新规划应急物流的配送流程,尽量省略不必要的环节,优化配送网络,结合智能化、自动化的技术,在获取灾区受灾情况后第一时间用最快的速度计算出最佳的配送方案和流通渠道,以提高应急物流的反应速度和配送速度。我们可以通过构建与物流配送适配程度最高的第三方电子商务系统,统筹多个供应商和用户,形成庞大的流通规模,利用规模效益,为应急物流提供多元配送方式。目前,虽然我国已经实现了通过网络进行商务活动,但仍没有建立完整、有效的社会物流配送系统,仍无法做到实物配送服务适时适量、成本低廉,只有解决这一问题,做好物流配送的服务工作,才能够推动应急物流的配送业务稳定向前发展。应急物流的配送业务将支援灾区、应急保障放在首要位置上,根据受灾地区的灾情和需求,迅速做出反应和合理的分析,在预先设定的各种救援方案中选择出最合适的方案加以调整,联合供应链供应各种物资、技术、服务等,持续进行配送服务,追踪灾区的动态信息,不断调整供应方

案,做好后方支援和保障工作。此外,还需要建立服务考评机制,从全面、客观的评价中分析每一次应急物流配送行动的优点和缺点,不断提高物流服务的速度和质量,最大限度地发挥出支援作用。

同时,可通过地方干部、民兵、赈灾部队、公安、志愿者、防疫人员、医务人员等多方力量,以最快的速度将需分发的应急物资分发到受灾人员手中。

（七）应急款项的筹措与管理

各级人民政府应预先制订应急处置各种突发公共事件的应对方案,做好资金保障工作,结合社会经济的发展状况建立适配应急经费投入机制。

每年的洪水灾害都会严重威胁我国居民的生命财产安全,造成大量的经济财产损失,因此应对和治理洪灾产生的基础设施建设费用、人员安置费用、装备费、日常经费、物资、特殊救助费用等各项经费应全部纳入财政部门的年度预算中,财政部门根据每一年发生洪灾产生的费用,为下一年度预留出相关项目的经费,保障应急资金的支出需要。

二、地震灾害下的应急物流管理

（一）地震及地震灾害概述

1. 地震及地震灾害

地震也叫地振动、地动,在地球板块发生碰撞或相互挤压时,会导致板块边缘或内部出现局部破裂或者错动,在这个过程中,地壳快速释放能量引起地面振动,这种振动具有范围性,是一种常见的自然灾害,震源就是地震开始的地方,也是形成地震波的地方,其正上方的地面就是震中,震中是地面上最早表现出地面振动的位置,震中与震源之间的距离就是震源深度。

地震灾害包括直接地震灾害和间接地震灾害。

直接地震灾害是指由于强烈的地面震动及形成的地面断裂和变形而引起建筑物倒塌和损坏,造成人身伤亡及大量社会物质损失。

间接地震灾害有以下几种:①强烈的地震导致了山体崩塌,形成了泥石流、滑坡等灾害,对人们的生产生活造成了严重的影响;②引发了河堤、水坝决口,临海地区甚至发生了海啸、水灾等事故;③地震导致的建筑损坏引起居民区中燃气管道发生泄漏、电线短路或火源未被熄灭造成的火灾,工业产区或运输管道等泄漏污染气体甚至有害物质等对生态环境造成了污染;④由于地震发生后,卫生环境很难达到标准,导致疾病、瘟疫流行;⑤人们快速逃生时因踩踏、摔倒、拥挤等行为而造成的伤亡;⑥由于对地震等自然灾害缺少科学的认知或其他方面的因素而流传的谣言,对社会治安造成了负面影响。

2. 地震造成灾害的原因和条件

地震作为一种自然灾害现象,本身并不等同于地震灾害,就像下雨不等于水灾,刮风不等于风灾一样。也就是说,地震只在一定条件下才造成灾害。地震是否造成灾害以及影响灾害程度的主要因素有三个方面。

(1)地震本身的状况

较强的地震才有破坏力。通常情况下,达到中强度及以上的地震就能够对人类社会的生命、财产造成损害,破坏程度取决于地震的发生时间、类型和震源深度等因素。

(2)地震发生的地点

在无人居住的山区或者沙漠地区,即使发生的地震破坏力度再大,也不会对人类的生产生活造成影响。通常情况下,发生地震的地区如果人口越稠密,经济越发达,其人员伤亡和经济损失就越大。只占全球面积15%的大陆内部地震所造成的人口死亡竟占全球地震死亡人数的85%,这是因为大陆地区是人类的主要栖息地。

(3)人类对地震灾害的抵抗能力

人类对地震灾害的抵抗能力包括人类是否具备充分的防震知识、相关组织预报、检测地震的能力、地震发生时人类的反应速度、建筑物对地震灾害的抵抗能力、社会及政府对受灾地区的紧急救援能力以及城市生命线(水、电、气等)的抗震能力等。

3.地震的类型

产生地震的原因通常有自然原因和人为原因。另外,也可能有某些特殊原因造成地震,比如,体积较大的陨石撞击地面时会形成冲击型地震。引发地震的常见自然原因和人为原因主要有以下五种。

(1)构造地震

当处于地下很深位置的岩石发生错动或者破裂时,将会快速释放出大量的能量,形成地震波向周围传导出去,造成地表震动,这种地震被称为构造地震,其对周围环境的破坏力最大,发作非常频繁,发生次数超过全球地震总次数的90%。

(2)火山地震

在火山运动的作用下,随之发生的气体爆炸、岩浆活动等也会导致地震的产生,这种地震被称为火山地震。火山地震只可能发生在火山活动的地区,约占全球地震总数的7%。

(3)塌陷地震

矿井或地下岩洞坍塌都可能引起地震,这种地震被称为塌陷地震。其通常规模较小,发作不频繁,一般发生于地下进行过大规模开采的矿区或者石灰岩地区。

(4)诱发地震

油田注水、水库蓄水等活动也会造成地震,这种地震属于诱发地震,仅发生在某些油田地区和水库库区。比如,向深井内部进行高压注水作业、向大水库中蓄水等活动都会增加地壳压力,诱发地震产生。

(5)人工地震

各种原因引起的爆炸都会导致地面震动,这类地震属于人工地震,人类活动为主要诱因,其中较为常见的原因有地下核爆炸、工业爆破等。

4.地震灾害的基本特点

地震在各种自然灾害中居于首要地位,具有不可预测性及突发性特点,发作频繁,影响范围广,持续时间长,对城市生命线工程破坏大并产生严重次生灾害,对社会产生很大影响等特点。具体来说,地震灾害具有如下特点。

(1)突发性强

地震的发作具有突发性,人们往往来不及做出更有利的反应。地震的每次发作通常会保持几秒到几十秒的时间,虽然每次发作的时间比较短,但会给建筑物的结构造成很大的破坏,甚至倒塌,导致人员伤亡。地震的突发性影响是其他自然灾难无法做到的。

(2)破坏性大

有些大地震会发生在经济发展较好的地区,而经济发展程度较高的地区的常住人口一般比较密集,会在短时间内造成大量的人员伤亡,导致巨大的经济财产损失。

(3)次生灾害严重

地震不仅会造成房屋建筑破坏引发灾难,还会产生泥石流、山体滑坡、海啸、有害气体泄露、疾病、洪水、火灾等多种次生灾害。

(4)社会影响深远

大地震一般都具有突发性强、难以预测的特点,造成的人员伤亡和经济损失更大,更会引发连锁的次生灾害,对受灾地区甚至受灾国家造成巨大的影响。因此,地震问题一直以来倍受全世界的关注。虽然地震的破坏具有一定的地域范围限制,但其震感能够传播很远,周围很广泛的地区都会被波及。另外,地震还会影响社会群众的心理、情绪等,引发多种社会影响。

(5)防御难度大

与其他灾害相比,地震灾害的防御难度更大,在各种灾害的预测方面,地震与其他灾害(如气象、洪水等灾害)相比,难度要更大。在地震的预防方面,只能定期组织地震逃生的安全演练,另外,使用抗震性强的建筑材料可以有效减少地震带来的破坏,但这一工程需要投入大量的资金,无法在短期内快速实现。要做到最大限度地减轻地震带来的破坏,需要政府部门和各个社会组织及个人等互相配合、互相协调,迅速、高效、细致且有条不紊地做好救灾工作和灾后维稳工作。

(二)地震灾害应急物流管理

1.地震灾害应急物流内涵

地震灾害应急物流是指围绕地震救灾进行的所有物流活动的统称,包括地震救灾物资的运输、储存、搬运、包装、加工、配送以及地震救灾物流设施与装备的使用、管理和地震救灾中的信息处理等活动。

地震灾害应急物流是一项复杂的自然—社会—经济的系统工程,必须以现代科学技术为依托,统筹全局,动员全社会力量协同进行。

地震灾害给人类带来了巨大的损失。我国幅员辽阔,各种灾害时有发生,历次地震灾害都造成了建筑损毁、人员伤亡、交通中断等巨大损失。

发生地震后,虽然我国相关政府部门等迅速设置救灾指挥中心并安排救援、医疗、通信等各项救灾工作,社会多个组织及个人也都积极配合救援行动,募捐大量救援物资。但目前,我国针对大规模的灾害仍未建立起完备的救援和安置体制。另外,地震带来的通信中断和各种交通问题也导致地震救灾指挥中心无法及时获取完整的受灾情报,大量的救灾物资和设备等无法顺利、迅速地供应到受灾地区,错失了最佳的救援时机。

针对地震可能引发的各种灾害情况,要研究应急物流的管理,建立相对完善的救灾体制和安置体制,及时了解受灾情况,快速了解受灾地区的需求,快速恢复或建立与灾区的通信,保证物资的筹集、运输、配送等环节有序进行,快速解决交通问题等,及时将各种救灾设备运送到救灾现场,争取最佳抢救时间,快速将各种救灾物资和资金配送到救灾群众和受灾群众手中,为救援活动提供有力的后勤保障。

2. 地震灾害应急物流运作的特点

地震一般无法预测,具有突发性,影响范围很大,地震灾害应急物流所使用的物流渠道和模式具有一定的特殊性。

(1)组织者的特殊性

地震灾害应急物流通常由政府部门和社会各层的团体及个人互相配合组织形成,是一种政府和民众相互配合、共同完成的政治活动。在某种特殊条件下,也会涉及其他国家或地区。

(2)环境的特殊性

地震具有突发性特点,这一特点不仅体现在时间和受灾程度上,还体现在地震灾害发生的地点上,有很多无法预测和控制的因素,给地震灾害的应急物流管理带来了很大的困难。

(3)供需的特殊性

通常情况下,在已知商品供求双方的前提下,企业物流系统会根据需要完成商品的储存、加工和运输、配送等活动,追求用更低的成本取得更大的利润。应急物流系统只能在地震发生后,才能够知晓应急物资的供应方和需求方。这时的供应方可能是不同的政府部门,也可能是多个社会组织和机构,因而具有不确定性。由于突发事件具有不可预测性,需求方也无法提前确定,只能按照指挥中心的指挥,接收、处理和运输、配送各种应急物资,时效是应急物流的第一追求目标。

(4)供应链模式的差异性

在地震灾害的应急物流供应链中,需求方是无法预知的,需求方的具体需求信息也无法提前获取,因此供应方处于被动状态,无法带动整个供应链的运作。应急物流供应链运作的本质是实现对受灾地区的高效救援。因此,只有开展地震救灾活动,才能够推动应急物流供应链的运作。

3. 地震灾害应急管理工作的特点

(1)强调地震应急法制建设

加强建设地震应急的相关法制,高效完成地震应急工作。国务院施行《破坏性地震应急条例》,其目的是规范全国人民在地震灾害中的应急行为。该法规首次明确了各级政府的职能和责任,是我国首次颁布的地震应急方面的法规。

(2)重视制订地震灾害的应急预案

对地震中各种可能发生的灾情提前制订详细、可行的应急预案并在地震发生后结合实际受灾情况调整应急预案,开展应急工作,从而有效地应对地震中突发的各种灾难,地震灾害的突发性强,且整个发生过程非常短暂,往往不会给人们留下充分的准备时间和反应时间。国家能够做到的只有明确各级政府部门的职责,制订地震灾害的应急预案并定期组织应急演练,做好应急物资的日常储备盘点工作和准备工作,提高指挥中心的应急指挥能力,尽量高效实施应急救援。另外,要普及各种灾害的相关科学常识及应急逃生、救援的知识,提高群众自救和互救的能力,全面为地震灾害的救援行动奠定基础,以避免盲目、被动地开展救灾活动。近年来,全国很多地区都发生过地震,各地政府部门根据地震灾情信息启动了相应的应急预案,保证了应急救援行动高效、精准、有序地进行,取得了显著的减灾效果。

(3)培养应急意识和提高应急反应能力

地震救援行动有序进行的一个重要前提是培养全国人民的应急意识和提高全国人民的应急反应能力。突发性强是地震的一大特点,我国现有预测水平仍无法准确预测地震将在什么时间、什么地区发生,以及地震的等级。因此,只能在地震发生后争分夺秒地进行抢险救灾工作,以减轻地震产生的损失。我国要培养全国人民的应急意识,随时随地做好地震发生的各项准备,如机制准备、救援支持、物资支持、资金支持、物流支持、技术支持等,定期组织应急演练,以提高全国人民的应急反应能力。

(4)结合震前、震后进行应急救援工作

无论对我国哪个地区来说,地震都属于小概率发生的事件,但地震本身具有极强的破坏性和突发性。为有效进行地震应急管理工作,高效、有序地开展救援活动,不仅需要在震前做好修订预案工作、加强救援队伍的训练、建立应急救灾的数据库、维护指挥系统稳定运行以及做好装备、设施以及救援工具的维护工作等,还要在震后快速响应救援行动、抓紧时间抢救受灾群众的生命财产、及时发放各种救援物资、做好群众心理辅导、维护社会秩序的稳定等,有机结合震前的预防工作和准备工作与震后的救援、医疗、恢复等工作,全面提高地震灾害应急工作能力。

(三)地震灾害应急物资管理

"救灾"是在灾情发生时抢救人员及财物,抗击灾害,在调离、安置受灾群众和其财务的同时,争取在短时间内调集大量救灾的人员和物资、设备迅速开展救援行动。物资主要指地震灾害发生后,由民政部门组织的各类救灾物资,国内外社会各界组织、单位、个人通过民政部门无偿向灾区捐赠的各类救灾物资,政府统一组织的经常性捐赠的各类物资。

1.我国救灾储备中心的情况

当发生了地震一类的突发事件后,当地政府应迅速做出应急救援反应,中央政府也应提供相应的支援和救助。我国为了满足突发自然灾害救灾应急物资的需求,建立了多个救灾储备中心。这些救灾储备中心能够在社会捐赠的物资抵达受灾地区前为受灾地区提供基础的生存保障,如为受灾地区提供衣被、食物、饮水、帐篷等必需的基础生活用品。

目前,我国在储备应急物资方面仍处于起步阶段,仓储规模有限,储备物资的品种较少,数量也不多,应急物资储备库大多分布在我国的东部和西部地区。然而,我国西部地区地表比较活跃,地震活动较为频繁,救灾物资的储备量无法满足地震灾害的应急需要。

2.地震灾害救灾物资的运输

有了地震救灾物资后,还要合理安排运输线路,以保证及时将救灾物资送往灾区。

(1)规划最合理的运输路线

地震救灾指挥中心应安排好救灾物资的初始调运地点、接收地点,合理规划运输线路。例如,巴楚地区在发生地震时,由于对物流运输路线缺少科学、合理的统筹规划,因此并没有启动距离震中更近的中央库,而是从距离相对较远的郑州和武汉调运应急物资,延长了应急物流的运送时间,这样不仅增加了运输成本和配送压力,还延误了救灾时机,增加了受灾人民的痛苦,影响了救灾效率。

(2)注意针对受灾地区不同于以往的交通状况做出相应的运输规划

在未受地震灾害影响的路段,应实行和日常相同的运输规划;在受灾地区运输和分发救灾物资时,应暂时摒弃日常的交通规则,结合受灾后的具体路况信息,重新规划最佳的运输线路。例如,在印度洋海啸发生时,由于没有合理的运输规划,导致救援物资囤积在机场和港口等地,难以运输及分发到受灾群众手中。针对这种情况,可采用图上作业法和线性规划法合理规划救灾物流的运输路线,从而使时间效益最大化和灾害损失最小化。

(3)合理支配运输力量

安排运输力量时,可根据需要征用水、路、空等运输条件,征用相关费用及补偿由国家报销。地方物资部门针对灾情做出救灾物资划拨使用的计划,并将其提交、申报,相关政府部门应专事专办,简化手续,加急处理,确保救灾物资安全、快速送达灾区。受灾地区运输物资时采用紧急配送的办法,由当地运输公司承担并执行。另外,运管部门应主动与当地救灾中心建立实时联系,以及时获取灾情信息,了解救灾物资的贮存和运输动态,建立24小时维护灾区交通的值班制度,根据需要随时调整运输方案,做好各类工具和机架、装卸人员的调配工作,保证有足够的运力支持救援活动,做好救灾活动的后勤保障工作。

(4)合理安排货物运输顺序

货物的运输可分成三个阶段:①急需运输。它又分为运送救灾物资和运送受灾人员。救灾物资包含药品、食品、帐篷等基础生活用品以及救援设备、工具等救援活动急需物资,这些急需的物资可以通过空中定点投放的形式送往灾区,其中最需要解决的问题是物资的发放;运送受灾人员指对受灾人员进行转移,做好安置工作,其中受伤较重、急需进行治疗的群众应及时运送至附近医院,同时需要考虑安置地的选择、转移车辆及救护车辆的调配以及医院的选择。②网络修复。安顿灾民后,应着手修复交通运输网络,尤其是受灾害影响严重的公路、铁路以及航道。快速修复了交通网络后,后续物资及救援力量才能够顺利进入灾区,加速进行救援工作,顺利开展建筑、设施的恢复和重建工作。③分批运输。救援行动基本完成后,需要对地震灾害损毁的建筑及设备进行修复或重建,这项工作需要大量建筑材料,这些材料可由成本较低的运输设备分批次运输,如铁路、水运等,以保障建设工作顺利完成。

3. 地震灾害救灾物资的发放

为受到地震灾害的区域提供的救灾物资以及捐赠物资由民政部门提出方案,报政府同意后,依照"先急后缓,突出重点"的原则合理分配。向灾区群众发放物资时,应做到公平、公正、公开发放,并将分发明细记录下来,做到清晰明了。在发放物资的过程中,各项环节的手续应完备,发放制度应健全。

救灾物资严格按规定用途专项使用,平均发放,坚决杜绝优亲厚友,对所有人一视同仁,任何个人或团体均不可截留、平调救援物资,不可肆意改变物资用途,发放救灾物资时必须严格按照国家有关部门的规定进行。

①食品类。比如,粮、油、糖等应发放到生活困难且缺粮的受灾人民手中,保障其基本生存需要;营养品、饮品等应主要用于受灾病人和儿童补充营养。

②日常生活用品、小型生产工具必须发放到缺少这一类物品的受灾人民手中。

③棉衣、棉被等保暖用品应发放至缺少防寒防冻物品、难以过冬的受灾民众手中。如果毛毯数量较少,应优先向受灾地区的福利院、养老院、光荣院及分散供养的五保户等发放。

④药品、医疗器械等应统一发往灾区医疗抢救单位,由其分配安排,发挥最大的卫生医疗作用。

⑤钢材、水泥、木材等建筑材料主要用于福利院、养老院及光荣院的重建和修复,剩余材料以及油毡、帐篷等主要用于为无房户灾民提供临时住所、修建房屋或者搭建简易住所。

⑥薄膜、农药、化肥等农用物资应全部用于恢复农业生产。

⑦交通工具类物资应由民政部门统一分配使用。对水上交通工具等长效救灾物资,灾后应及时收回,妥善保管,做好建立救灾物资储备仓库的准备。

⑧通信、办公设备类物资如计算机、传真机及配套设备等,应交由省级民政部门统一管理,用于恢复或重建灾区通信网络。

⑨机电设备类物资如电动机、发电机、排水设备等,发至重灾乡(镇)、村,主要用于抽、排淤水及生产、生活发电。

⑩家电类物资如电视机、收录机、洗衣机、电冰箱等,只能发给灾区光荣院、敬老院和社会福利院,绝不允许发给个人。

⑪燃料类物资如煤炭可以发给缺柴的灾民;汽油、柴油由各级救灾组织用于救灾需要,一般不需要发给灾民个人。

在此过程中,应选择宽阔、空旷的场地进行救灾物资的发放,如广场、体育场、学校的操场等,还要与受灾群众的安置点和救灾物资的存放地点间隔一定的距离。在救灾物资发放点设置进出通道,方便物资的领用,避免发放混乱的现象出现。

在抗震救灾比较紧急的时期,由政府组织发放救灾物资。到了救灾活动的中后期,可以借鉴、采纳企业物流运作的相关经验,委托第三方物流企业或其他专业社会团体继续进行救灾物资的运输和配送工作。将受灾群众的实际需求和物资的供应相结合,分类划级地向受灾地区发放相应的物资。这样的分配方式不仅能够提高救灾物资的运输、配送效率,使受灾群众的需求得到最大程度的满足,还能够有效避免救灾物资的发放。此外,还能够减轻政府的工作负担,促使政府部门尽早组织恢复生产、重建社会设施、还原社会生活。

三、突发公共卫生事件应急物流管理

(一)突发公共卫生事件概述

根据《国家突发公共事件总体应急预案》,突发公共卫生事件属于一种突发公共事件,突发公共事件指具有突发性,严重影响生命及财产安全,破坏公共安全及生态环境,严重影响社会秩序的紧急事件。其主要分为四类:自然灾害、公共卫生事件、事故灾害、社会安全事件。

公共卫生不单指卫生工作,也指关系到一个国家或者一个地区人民群众健康的公共事业,要通过合理配置卫生资源保障人口健康。健全的公共卫生管理体系应该包括建立疾病防治预警系统、监控系统和社区防控体系等多方面内容。

突发公共卫生事件主要指突然发生,造成或者可能造成严重损害公众健康的重大传染病、群体性不明原因的疾病、重大食物中毒和职业中毒以及其他严重影响公众健康的事件,也指突然发生的、不可预测的、有公共卫生属性的、危害性和影响达到一定程度的突然事件。

1. 重大传染病

重大传染病指在短时间内发生并以较快的速度传播的某种传染性疾病,通常有较高的发病率,波及范围非常广泛,会造成大量的人员感染并出现明显伤亡。

2. 群体性不明原因的疾病

群体性不明原因的疾病具有发病快、集中性、多发性的特点，在某些相对集中的区域内传播和发病，感染范围持续扩大，感染人数持续增长，且无法在短期内确定疾病的种类和诊断方式。

3. 重大食物中毒和职业中毒

中毒是指由于服用、吸入或长期接触有毒有害物质，对人体产生的不良影响，食品污染或烹饪方式不当会引发重大食物中毒，而职业中毒的主要原因是职业危害。

4. 其他严重影响公众健康的事件

其他严重影响公众健康的事件具有突发性，针对的是不特定的社会群体，造成或者可能造成公众健康严重损害，影响社会稳定。

（二）突发公共卫生事件应急物流管理

针对我国突发公共卫生事件情况，其应急物流管理可从建立突发公共卫生事件应急组织、制订突发公共卫生事件应急物流预案、构建突发公共卫生事件应急物流信息系统三个方面进行。

1. 建立突发公共卫生事件应急组织

国务院《国家突发公共事件总体应急预案》强调有效组织应急物流保障是从容应对突发公共事件的物质基础。突发公共卫生事件是突发公共事件的一种类型，对其组织和管理也应遵循此预案。我国应对突发公共卫生事件的部门有国家卫生和计划生育委员会、各地卫生行政部门、医疗保健和卫生防疫机构以及相应的社会单位等。其中，国家卫生和计划生育委员会设立了突发公共卫生事件应急办公室，并设置有相应的指挥中心。各地卫生行政部门按相关标准设置应急指挥机制，当发生重大疫情或其他公共卫生突发事件时，应立即派遣专业人员进行病毒溯源和调查相关信息，同时进行医疗救护工作，并及时向地方政府和党委汇报疫情，针对疫情控制提出有效的建议。目前，经国资委、民政部批准，中国物流与采购联合会应急物流专业委员会已经正式成立。

2. 制订突发公共卫生事件应急物流预案

突发公共卫生事件应急物流预案是为完成突发公共卫生事件应急物流任务所做的全面、具体的实施方案。应急预案能使应急准备和应急管理有章可循，有利于对突发事件及时做出响应，有利于提高全社会的风险防范意识。我国在制订突发公共卫生事件应急预案上已做了很多工作，如卫健委和各级人民政府分别组织制订突发公共卫生事件应急预案。卫生部（现为国家卫生和计划生育委员会）和交通部联合制定了《突发公共卫生事件交通应急规定》。国务院有关部门根据实际需要，制订和完善应对各类突发公共卫生事件的应急预案。

制订应急物流预案时，应参考我国已颁布实施的有关突发公共卫生事件的法规，确保应急物资顺利抵达指定地点。预案中应侧重理论、原则、组织机构、统一指挥、各有关部门协调,包括专家咨询队伍与现场处理队形的组织。针对不同的突发公共卫生事件,建立具体的应急物流预案,做到未雨绸缪。此外,还要根据不同性质、不同类别和不同级别的突发事件,对应急物资(如医疗设备、医药药品等)的品种和数量进行检查,防止仅凭经验办事,而无成文规定的现象发生。

3. 构建突发公共卫生事件应急物流信息系统

突发公共卫生事件应急物流信息系统的任务是搜集、整理、汇总以及报告相关信息,以便在发生突发公共卫生事件时,指挥中心能够准确掌握应急物资的全部供应及运输信息,进而做出正确的应急物流保障决策。

首先,需要依赖突发公共卫生事件信息网络平台。该平台是突发公共卫生事件专属的基本应急物流平台,能够保证应急物流系统灵活、可靠且高效运行。国家卫生和计划生育委员会建立了统一的国家公共卫生信息系统平台和重大传染病疫情监测报告、重大食品卫生事件报告、重大卫生事件报告、重大环境污染事件报告、放射卫生事件报告等信息系统。其中,重大传染病疫情监测报告信息系统能够让国家和省、市(地)、县(市)疾病预防控制机构联网,并与各级各类医疗卫生机构联网,目前,在全国各疾病预防控制机构中,绝大多数的县级和县级以上医疗机构及部分乡(镇)卫生院通过网络都能够实时报告疑似或确诊病例并获得上级防控指令,在全国范围内实现了个案化管理传染病疫情,使疫情报告更加可靠,时效性更强。

其次,需要建立突发公共卫生事件预警预报系统。所建立的预警预报系统应满足以下几点要求:第一,该系统应具有法律效力。由于公共卫生事件的发生会对众多行业造成影响,其预警预报系统也会涉及多个社会行业,只有赋予该预警预报系统相应的法律效力,才能够对相关行业产生有效的法律约束作用,促使各行业在短时间内迅速做出响应,充分发挥社会功能。第二,该系统应具有良好的可操作性,以便通过简洁的操作向整个社会发出紧急预警,最大限度地减少疾病的传播,快速控制疫情,维护社会稳定发展。第三,预警应具有综合性和公开性的特征。这就意味着政府必须全面掌控各种因素,做好各个部门的协调工作,迅速组织和形成综合预防体系和疫情监控体系,及时告知民众相关信息和安排,安抚群众,做好稳定社会的相关工作及后勤保障工作。

最后,需要建立突发公共卫生事件应急物流跟踪系统。有了应急物流跟踪系统,就可以对救援过程中使用的物流设备、设施进行跟踪,尤其是一些重要的医疗设备、设施、医药药品等。需要注意的是,建立突发公共卫生事件应急物流跟踪系统需要使用相应的技术,如射频技术等。

第七章　供应链视角下的应急物流

第一节　应急供应链的重要性

一、供应链的概念

(一)供应链的概念

供应链是围绕核心企业,通过对信息流、物流、资金流的控制,从采购原材料开始,制成中间产品以及最终产品,最后由销售网络把产品送到消费者手中,将供应商、制造商、分销商、零售商直到最终用户连成一个整体的功能网链结构。它不仅是一条连接供应商到用户的物流链、信息链、资金链,而且是一条增值链,物料在供应链上因加工、包装、运输等过程而增加其价值,给相关企业带来收益。供应链的概念是从扩大生产概念发展而来的,它将企业的生产活动进行了前伸和后延。譬如,丰田公司的精益协作方式中就将供应商的活动视为生产活动的有机组成部分而加以控制和协调,这就是向前延伸。后延是指将生产活动延伸至产品的销售和服务阶段。因此,供应链就是通过计划、获得、存储、分销、服务等这样一些活动而在顾客和供应商之间形成的一种衔接,从而使企业能满足内外部顾客的需求。形象一点,我们可以把供应链描绘成一棵枝叶茂盛的大树:生产企业构成树根,独家代理商则是主干,分销商是树枝和树梢,满树的绿叶红花是最终用户,在根与主干、枝的一个个节点,蕴藏着一次次的流通,遍体相通的脉络便是信息管理系统。供应链上各企业之间的关系与生物学中的食物链类似,在"草—兔子—狼—狮子"这样一个简单的食物链中(为便于论述,假设在这一自然环境中只生存这四种生物),如果我们把兔子全部杀掉,那么草就会疯长起来,狼也会因兔子的灭绝而饿死,连最厉害的狮子也会因狼的死亡而慢慢饿死。可见,食物链中的每一种生物之间是相互依存的,破坏食物链中的任何一种生物,势必导致这条食物链失去平衡,最终破坏人类赖以生存的生态环境。同样的道理,在供应链"企业 A—企业 B—企业 C"中,企业 A 是企业 B 的原材料供应商,企业 C 是企业 B 的产品销售商。如果企业 B 忽视了供应链中各要素的相互依存关系,而过分注重自身的内部发展,生产产品的能力不断提高,但如果企业 A 不能及时向他提供生产原材料,或者企业 C 的销售能力跟不上企业 B 产品生产能力的发展,那么我们可以得出这样的结论:企业 B 生产力的发展不适应这条供应链的整体效率。还有所谓的全球运筹管理,实际上也跟供应链是相通的,所讲的范畴都是一样。国家标准《物流术语》将其定义为"生产与流通过程中所涉及将产品或服务提供给最终用户的上游与下游企业所形成的网链结构"。

(二)供应链的基本要素

一般来说,构成供应链的基本要素包括：

①供应商。供应商指给生产厂家提供原材料或零部件的企业。

②厂家。厂家即产品制造业。产品生产的最重要环节,负责产品生产、开发和售后服务等。

③分销企业。分销企业为实现将产品送到经营地理范围每一角落而设的产品流通代理企业。

④零售企业。零售企业是将产品销售给消费者的企业。

⑤物流企业。物流企业即上述企业之外专门提供物流服务的企业。其中批发、零售、物流业也可以统称为流通业。

(三)物流在供应链中的重要性

物流在供应链中的作用可以通过价值分布来考察,物流价值(采购和分销之和)在不同行业和不同产品类型都占到了整个供应链价值的一半以上。在易耗消费品和一般工业品中,物流价值的比例更大,达80%以上。

总的来说,物流在供应链中的作用如下：

①创造用户价值,降低用户成本。

②协调制造活动,提高其敏捷性。

③提供用户服务,塑造企业形象。

④提供信息反馈,协调供需矛盾。

(四)应急供应链的概念

应急供应链是一个比较新的概念,这个概念是从政府应急管理和虚拟供应链两个概念衍生出来的。

政府应急管理是指政府为了应对突发事件而进行的一系列有计划、有组织的管理过程,主要任务是有效地预防和处置各种突发事件,最大限度地减少突发事件的负面影响。由于应对突发事件需要政府采取与常态管理不同的紧急措施和程序,超出了常态管理的范畴,所以政府应急管理又是一种特殊的政府管理形态。

虚拟供应链可被看作是合作伙伴给予专门的、中立的信息服务中心提供的技术支持和服务而组建的动态供应链,其结构呈网状,更有利于供应链的优化,拥有专门的服务系统将给予客户对供应链更多的控制,从而得到更高质量的产品和服务。结合政府应急管理和虚拟供应链的概念,这里将应急供应链概念界定为"为保障由突发公共事件引起的应急物资的生产与供给,由政府提供技术支持平台,并以政府为指挥控制中心而组建的动态供应链联盟",这个概念的实质是将供应链管理的思想运用到突发公共事件应急管理中去。

(五)应急供应链的目标

应急供应链系统的目标应该是与政府应急管理的目标相一致的,根据应急管理工作的特点,应急供应链的目标应该有以下四个:

①快速响应能力。快速响应能力是应急供应链的一个重要特性,应急管理强调的是时间效益,时间要求比较紧迫,这就要求应急供应链拥有灵活的快速响应能力,供应链的各个节点要能够根据环境和任务要求迅速地进行供应链内部和外部的流程重组和优化,保障应急物资的高效及时供应。

②信息流、物流、资金流高效流动。应急管理工作中,时间就是生命,为了最大限度降低人员伤亡、防止次生灾害的衍生,必须实现应急资源的及时供给。在应急供应链系统中,物流、资金流要在信息流的指导下完成高效率、无差错的流动。其中,信息流流动时间的缩短,对于整个供应链系统时间的缩短起着决定性的作用。就像在一个商业供应链运作中,各种单据构成了信息流,信息流比产品流通更难应付,大部分出现的问题都是信息流问题,比如出现数量出错、标签出错等,在处理信息流问题上耗费的时间大大延长了供应链系统的时间。应急供应链必须保证信息流的有效集成和整合。

③组织协调。供应链效率的高低不仅取决于供应链中各节点的运作效率,也取决于节点间关系和运作是否和谐。组织协调是系统发挥最佳效能的保证,是实现供应链系统整体性优势的保障。应急供应链的敏捷性要求、成员企业加入的非自愿性和多元性等特点,对应急供应链构建的协调性要求更加严格。

④动态适应。应急管理注重以预防为主,坚持常态与非常态相结合。应急供应链作为处理突发事件的应急手段,也应当遵循平战结合的原则。在平时,应急供应链做好正常状态下的运作,完成物资储备,并确立应急预案。在战时,应急供应链要能够及时组织更多的成员加入应急供应链网络中,增强应急供应链的物资供给能力,同时还能够保持供应链系统的有序性和高效性。并且,在紧急环境下,不确定性随处可见,突发事件的发展变化是不确定的,因此,物资的需求也是不确定的、信息是不确定的等。根据这些不确定性,需要实时监测应急需求的变化,对应急需求进行动态分析,并做出相应的预测,根据需求变化和成员企业的供应链整体运作效率对应急供应链进行动态调整,以适应不确定的环境变化。

(六)传统供应链与应急供应链的差异

①运作环境。传统供应链是在一般常规条件下运作的,而应急供应链通常以突发的灾害事件或非常态事件为背景,灾害发生的时间、波及范围及强度具有不可预测性,从而导致应急供应链的需求无法预测,并且物资的需求具有峰值性,随突发事件时间的推移而对物资有不同的需求。

②参与主体。传统供应链的参与主体一般由供应商、制造商、分销商、零售商及顾客组

成。而应急供应链的参与主体则是多样的,包括政府、军队、社会团体、企事业单位以及志愿者等。此外,应急供应链的参与主体具有动态性和不确定性,不同阶段的参与主体有所不同,主体之间的合作属于松散型合作关系。

③供应链的核心目标。传统供应链的核心目标是通过整个供应链的协调达到整体效益的最大化。应急供应链则强调高度的时间响应性,为了获得高响应性,往往不惜以牺牲成本为代价。

④协调者不同。传统供应链的协调者通常是供应链中的核心企业,通过核心企业对整个供应链的协调,达到整体的优化。然而,核心企业对供应链中的成员不具备管理的权力,只是基于某些合作契约进行协调。而在应急供应链中,协调者是政府机构,除了使用协调手段之外,还会采用某些强制手段进行管理。

⑤决策不同。传统供应链中的很多决策,涉及的是例行问题,使用程序化决策就可以解决。而在应急供应链中,由于事件的突发性,需要做出的决策多为例外事件,并且时间、信息有限,需要采取非程序化的决策。

二、基于供应链视角的应急物流优点

供应链管理作为物流管理的高级阶段,以需求为导向,以合作、协同为核心,对物流运作服务、柔性与成本进行改进,从更加宽广的视角对供应链上的整个物流环节运作状况进行审视,从价值本质角度对物流运作进行优化,使物流最优成为可能。对应急物流来说,要想进一步优化其运作,达到理想的效果,需要从供应链视角对其进行审视。

(一)对组织的优化

从供应链管理角度来看,物流组织网络是一个网链结构,网链结构的构建直接关系到应急物流运作的效率,在构建时应注重以下三个方面:

①确立并发挥核心组织的功效。根据供应链管理理论,一个高效的供应链体系中有一个核心组织发挥着主导性作用,各参与者围绕核心组织进行物流运作。由于应急物流的特殊性,这个核心组织必须具有强大的影响力,以至于调动整个供应链上的物流运作,因此,这个组织应当由政府机构来承担。与一般供应链组织构建所不同的是,一般供应链中核心企业的确定是通过核心企业自身强大的影响力,以经济利益为纽带,以契约等形式加以约束,使核心企业实现对整个供应链的协调;而对于应急物流来说,核心组织的确定以及对整个供应链的控制,是由法律法规及行政权力确定的。

②精简并优化应急物流供应链组织。在应急物流供应链组织的构建过程中,一方面需要强有力的核心组织与机制为保证,另一方面,为了实现应急物流对时间的追求,整个供应链结构要尽量精减以节约运作过程中组织与组织之间的转换时间。所以从源头到最终应急物流的实现,整个过程参与者不宜过多。

③吸纳第三方物流及特种物流的组织参与。根据供应链管理理论,最佳的物流供应链组织体系是由在每个运作环节都具有核心能力与相对优势的参与者构成的,只有这样才能实现强强联合,实现供应链运作的最优化。考虑到应急物流过程的物流条件,如时间的紧迫性、道路的复杂性等,在应急物流供应链组织体系的构建过程中,要充分利用和吸纳社会上的第三物流企业及专业特种物流提供者,以发挥其核心能力,达到应急物流运作的目的。

(二)对流程的优化

流程管理是应急物流管理的主体,应急物流的目标就是通过高效的流程体系以实现物资的快速流通。对应急物流流程的优化应立足于整个应急物流的供应链,不仅要对各参与者内部运作进行考虑,还需要对整个物流供应链过程进行统筹考虑。应急物流的流程主要包括需求的确定,物资的准备、配送、分发等环节,在实现应急物流的流程中应注意以下四个方面:

①建立应急物流转运与配送中心。建立物流供应链上的节点是为了更好地实现物流供应链上物资的流动。应急物流运作过程中,应在灾区附近或灾区内部建立应急物流配送中心,物资经由外部运入之后,经过必要的作业,然后运往各个需求点。外地运入应急物资是大批量、少品种的长途运输,而需求点的需求特点是多品种、小批量,所以建立应急物流配送中心是十分必要的,可以优化整个应急供应链的流程。另外,通过对物资进行暂时储存分拣,还可以实现共同配送,防止道路过于拥堵,提高运送效率。当然,在特殊情况下也会有直达运输。

②基于价值的流程环节优化。以价值链理论为指导,优化对时间及费用造成浪费的环节。供应链管理强调从价值本质审视整个流程,优化或去除对价值造成浪费或根本不产生价值的环节。对于应急物流来说,价值主要表现在时间、费用等方面,对于应急物流流程,要从基于时间的价值角度考虑,找到关键的时间瓶颈,想办法予以解决。另外,供应链管理者在对供应链流程管理优化中提出"端到端"的流程体系,提出供应链流程的战略资产观,要求要从源头对流程进行规划与控制,从计划、采购、运作一直到最后的每个环节都要抓住核心内容,实现整个流程的"端到端"控制与管理。

③建立应急物流信息平台。根据供应链管理理论,高效的流程来自信息的有效集并,在应急物流运作中,必须保证信息的高效与流畅,且能有效集并,一方面为计划运作奠定基础,另一方面也使整个运作更具柔性。

④重视应急物流中的逆向物流。在应急物流运作过程中,过去只重视正向物流,而对逆向物流关注不够。逆向物流概念表述也有很多,能比较专业、准确地概括其特点的定义是:与传统供应链反向,为价值恢复或处置合理而对原材料、中间库存、最终产品及相关信息从消费地到起始点的有效实际流动所进行的计划、管理和控制过程。

逆向物流有广义和狭义之分。狭义的逆向物流是指对那些由于环境问题或产品已过时的原因而进行的产品、零部件或物料回收的过程。它是将废弃物料中有再利用价值的部分加以分拣、加工、分解,使其成为有用的资源重新进入生产和消费领域。广义的逆向物流除了包含狭义的逆向物流的定义之外,还包括废弃物物流的内容,其最终目标是减少资源使用,并通过减少使用资源达到废弃物减少的目标,同时使正向以及回收物流更有效率。

供应链运作体系是双向的,良好的物流流程必然包含正向与逆向的统一。如在应急事件发生时,需要大量的必需物资快速进入受灾地区,同时,也需要把灾区的很多破坏了的物资运送出来,只有这样才能保证灾区系统的正常。

另外,虽然大多数应急物流具有弱经济性的特点,但仍然要考虑经济效益,不然就不能称之为物流。开展应急物流,在充分考虑安全目标的前提下,必须考虑其经济性目标,避免浪费。由于大部分紧急救援物资只在突发状况下才使用,而突发事件本身又很少,导致很多物资在还没有使用的时候就已经过期了。逆向回收处理和修复可以减少新库存物品的生产时间,降低库存水平。在紧急情况下,还可以大大缩短供货时间,从而提高整个应急物流系统的运行效率,提高时效性,更好地实现应急物流系统的安全性目标。

（三）对合作模式的优化

供应链管理理论最大的特点就是强调供应链成员之间的合作,只有充分合作、进行协同才能有效实现整个供应链的高效运作。对于应急物流来说,参与主体具有多元性,地理分布较广,各组织单位能否密切合作,合作的效果与效率,都直接决定着应急物流的运作效果与效率。

①合作主体的构成。在我国应急物流运作中,需要的合作主要包括地区间合作、军民合作、上下游间的合作等。首先要处理好这些主体之间的关系。对于地区之间的合作来说,应建立长效的物流合作机制,一旦出现危机,地区间的应急预案就可以启动。以粮食为例,我国粮食产销非常不平衡,东南沿海作为粮食主销区,在非常规状态下就有可能出现粮食消费危机,这就要求东南主销区与东北等主产区在平时就建立合作机制。对于军民合作来说,在我国应急物流组织的构成中,军队起主要作用,需要充分发挥军队的作用,同时也要合理引导民众的参与。民众合理的参与可以对应急物流起到很好的补充作用,但如果参与不当,则会对整个应急物流造成一定的混乱,所以在进行应急物流管理的过程中,要注意对民众的合理引导,实现军民之间的合作。对于应急物流中的上下游来说,更需要密切合作,以实现运作中的无缝链接。

②合作动因的优化。对合作动因的分析可以清楚地认识合作的内在机理。在供应链管理中,合作动因可以是发展企业的核心竞争力与实现经济利益,即所谓的双赢甚至是多赢。而在应急物流中,合作的动因可以分为两种,一种是内在的需求,即合作双方往往是从道义上意识到必须密切合作,才把自己融入应急物流供应链中；另一种是外在压力,即行政命令

式的,且这种是主要的动因。这种比较注重行政命令为主、道义为辅的情况,会经常出现合作双方配送合作不密切的现象。从长远角度来看,应适当考虑经济上的合作动因的开发与利用,对合作进行有效的激励或是惩罚。

③合作过程的优化。在应急物流供应链参与主体之间的合作模式上,应改变过去传统的简单交易与行政合作的模式,而要从长远性、全局性与战略性的角度来考虑,优化合作双方的合作目的与方式,使合作更加具有计划性、协调性。合作关系要形成一种常态性,在平时就制定应急物流合作预案,并通过定期或不定期的互访与演练,使之更加顺畅,从深度与广度上优化合作模式,甚至创新合作模式。

三、基于供应链视角的应急物流评价标准

（一）服务质量

应急物流也属于供应链系统的一种,其服务质量理应作为方案优劣的判断依据之一。应急供应链不同于一般供应链的一大特点就是它不再以利益最大化和成本最小化为目标,更突出了一个"急"字。速度和效率是应急供应链首先要考虑的,如何在最短的时间内迅速筹集所需要的物资,并以合适的运输工具和行车路线把应急物资安全地送到事发点显得尤为重要,所以,这里在服务质量这一评价标准下设计了四个子准则:应急物资的易获性、应急物资运输的及时性、应急物资的到达完好率、运输网络的安全性。

（二）柔性水平

应急供应链要求具有快速响应的特点,但某些应急预案所需要的物资、运输工具、人员的调配等可能一时之间很难得到满足,所以某个预案是否很容易协调各方资源,以及当其所需的资源不能满足时是否很容易找到其替代资源等,也是我们在选择应急物流方案时需要加以考虑的。

（三）物流成本

成本在应急供应链中虽然不像在一般供应链系统中那样重要,但如何在保证效率的前提下使成本最小化也是我们必须考虑的,毕竟我国的经济发展水平很有限。在此把物流成本分为物资成本、运输成本和社会成本。在最短的时间内筹集所需应急物资,这就要求平时有一定数量可预见的一般性应急物资的库存,而以时间为前提的应急物资快速到达会使采购成本上升,把这两类成本都归结于物资成本范畴。运输应急物资是选择水、陆、空的哪一种,以及行车路线的选取都涉及成本问题,即运输成本。社会成本是指当突发事件发生时,可能需要多方面的协助,比如某些社会组织、志愿者、部队等,在此把它统一归结为社会成本。

第二节　应急物流供应链的结构设计

一、应急物流供应链的设计要求

(一)充分考虑各种风险

在最初设计和构建供应链时就应认识到供应链可能存在发生某种突发事件的风险性,根据其结构、环境等特点分析风险因素,区分事件类别,尽早识别。同时,建立危机管理审计队伍,定期或不定期对供应链各环节进行检查。对于发生概率较高的危机进行实战演习和训练,测试供应链的承受力和"软肋"。

(二)选择可靠的供应链伙伴

供应链合作伙伴选择是供应链风险管理的重要一环。要将供应链看成一个整体,而不是由采购、生产、分销、销售构成的分离的功能块。一方面要充分利用各自的互补性以发挥合作竞争优势;另一方面要考察伙伴的合作成本与敏捷性。制订全面的供应链伙伴的沟通计划并及时有效地执行,如媒体沟通、政府沟通、员工沟通等。这样,供应链才能真正发挥成本优势,解决可能面临的各种突发事件。

(三)重组供应链节点之间的业务流程

供应链管理环境下各成员企业之间的信息交流大大增加,企业之间必须保持业务过程的一致性,这就要求供应链成员企业之间必须进行业务流程重组与改进,对各企业采购、制造、营销和物流等过程采取跨企业的平行管理,消除多余的交接工作等弊病,加强企业间业务流程的紧密性,将不可靠性和延误降到最低。

(四)整合供应链流程,保持供应链的弹性

当今供应链管理强调JIT(Just In Time,准时制生产方式或无库存生产方式)生产方式,即减少库存以降低成本,这种运作模式一旦遇到突发事件或需求波动较大时就会显得缺乏弹性。因此,在注重效率的同时,仍应保持供应链具有适度弹性。并且,供应链合作中存在需求和供应两方面的不确定性,这是客观存在的规律。供应链企业合作过程中,通过在合同设计中互相提供柔性,可以部分消除外界环境不确定性的影响,传递供给和需求的信息。柔性设计是消除由外界环境不确定性引起的变动因素的一种重要手段。

(五)改善供应链的结构

根据可靠性工程可知,并联系统的可靠性大于串联系统的可靠性,因此供应链应尽量避免出现串联结构。例如,重要产品应该由两个以上的供应商提供,不能单单依靠某一个供应商,否则一旦该供应商出现问题,势必影响整个供应链的正常运行,使整条供应链变成一条危机链。供应链的节点增多会增加管理成本,在考虑成本时,可以优先考虑那些稳定性能比

较低或者重要程度比较高的节点企业,可靠性最优分配的理论说明在部件可靠度最小的位置上并联一个部件,将使得系统可靠度增加最快,因此,对这些企业一定要用同类型的企业作并联备份。

二、应急供应链基本模型

应急供应链和一般商业意义上的供应链有很大的不同。首先,应急供应链的上游不只是原材料供应商,而且有参与物资捐赠的企业或个人。其次,应急供应链的核心应该是政府,而不是任何一个参与的企业,整条供应链或者说供应网络都是在政府的指挥下高效运作的。

应急供应链基本模型的主要步骤可分为以下几方面。

(一)应急物资需求预测

在大规模突发事件发生初期,应急物资保障指挥中心根据突发事件的类别、级别、影响范围,并结合应急预案,对所需应急物资的需求数量、种类做初步的分析;在中后期,中心应根据应急需求点、物资供应点、物资存放中心的物资信息反馈以及筹措情况做出综合决策。

(二)应急物资的筹措

应急物资保障指挥中心在物资需求预测的基础上,通过应急物资信息系统查询应急物资的储备、分布、品种、规格等具体情况,确定应急物资筹措的方式、数量、种类以及应急供应点的数量、分布、物资供应量、品种等。应急物资的筹措方式主要有以下五种:

①动用储备。应急物资的战略储备是应急物资筹措的首选方式,为了应急需要,缩短物资供应时间的最佳途径是使用储备物资,救灾储备应实行实物储备与合同储备相结合的方式。

②直接征用。直接征用是指在重大灾害发生时,由于物资紧缺,国家根据法律法规,对一些物资生产和流通企业在事先不履行物资采购程序的情况下,对其所生产和经销的物资进行征用,以满足应急需要。事后,根据所征用物资的品种、规格、数量和市场平价与供应商进行结算和补偿。

③市场采购。根据筹措计划,对储备、征用不足的物资实行政府集中采购。要坚持质优价廉原则,引入市场竞争机制,采取多种形式,尽可能直接向制造商进行采购,以减少流通环节,降低采购流通成本,加快筹措速度。

④社会捐助。在突发情况下,动员社会各界积极开展捐赠,是挖掘社会潜在资源的一种重要手段。"一方有难,八方支援",捐赠和支持物资也是应急物资的重要来源之一。

但是,社会捐赠物资因品类复杂、规格不等、质量好坏不一、缺乏包装等,会给救灾发放带来很大麻烦。因此,政府在号召捐赠救灾物资时,应根据灾害发生的地点、季节、灾害严重程度以及灾区反馈信息,明确物资捐赠重点。在灾害紧急救援期,救灾物资实行定向募捐,重点面向有关生产企业,募集救灾食品、药品等急需物资;在救援中后期,可实行全社会募捐,面向所有企业及家庭募集衣服、生活用具等。在捐赠点或者物资收集中心,对捐赠的物资进行分类和整理,然后配送到相应的需求地,对暂时不需要的物品进行归类整理。

⑤组织生产。一般规模突发事件应急物资由于规模较小,应急物资需求量不大,采用动用储备、直接征用、市场采购、社会捐助方式中的一种或几种就可筹集齐全,但大规模突发事件应急时仅靠上述常规筹措方式很难满足应急物资需求,需采用更多的物资筹措方式,如国际援助、组织突击生产等。

(三)储存和运输

应急供应链基本模型中的应急物资储备中心包括国家在各主要灾难多发地设立的中央储备库,以及各地设立的捐赠物资收集中心和其他救灾物资储备中心、配送中心等。中央储备库担任着主要的救灾物资储存任务。在各地设立的捐赠物资收集中心的主要功能应该包括物资分拣、整理、包装、储存、配送等。捐赠物资收集中心将社会团体和民众捐助的各类物资集中分类、包装,实行整车运输、专列运输,来提高效益、控制救灾物资运输成本。通过收集中心的作业可以有效提高救灾物资收集效果,避免夏季救灾运送棉衣等一类的重复作业和无效作业。救灾物资收集中心一般设在远离灾区的未受灾地区,或有大量捐赠物资的集中捐赠地。另外,在应急需求地还应就近设立相应的应急物资配送中心,主要承担从各地运送来的物资的短暂存放、理货(药品、食品等的组合搭配)、再包装(加贴救助点编号)功能。配送中心宜设置在灾区外围交通运输比较便利的地点,且空间具有可扩展性。设置数量视灾区规模而定,各个配送中心应该可以通过运输网络互相支援和联系。对于应急物资的调度运输,应该结合实际情况,整合现有社会资源,联合配送行业内信誉好、价格合理的物流企业进行协同式配送,而且可以通过大型物流企业已建立起来的供应链、连锁网络,组织应急物品投放市场。在紧急情况下,可与军方联系救灾抢险事宜,动用军用运输装备、军用运输专用线路及相关设施,从而实现应急物资的快速配送。

(四)物资发放、回收

物资需求点负责接收从应急物资配送中心送来的应急物资,并按照发放标准足额、及时地分配到每一个需求者手里。物资需求点还可以成为救灾需求和救灾供应的信息交换枢纽,及时准确地收集灾民对救灾物资的种类、数量需求,并根据轻重缓急,迅速、准确地反馈给救灾指挥部和捐赠地政府的有关部门,以协调救灾物资的供需平衡。对于帐篷之类可以回收再利用的救灾物资,物资需求点还可以对其进行回收处理、分类、包装,再运送回救灾物资储备中心储存。

(五)评估

应急救援结束后,政府相关部门对整个突发事件处理过程进行评估,并向上级提交评估报告,对物资供应各阶段的指挥决策绩效和应急供应链整体的运作效率的评价也是其评估的重点内容之一。应急供应链管理中需要建立一套完整的绩效评价指标,并采用合理的绩效评价方法来对应急供应链的整体实施效果、运营过程及链中各成员的表现进行评价,以帮助决策者掌握应急供应链运作的效果,判别其运营过程中存在的问题,不断改进和完善。

三、集成应急供应链的设计

(一)集成供应链的定义及特点

集成供应链是供应链发展的结果,是指供应链的所有节点企业基于共同目标,借助信息技术组成的一个核心能力的集成体——动态联盟,组织内的成员通过信息接口的连接,从而协同地快速响应市场需求,优化组织的目标。集成供应链是建立在信息共享和信息流集成基础上的,是信息技术发展到一定程度的供应链进化体。其目的在于通过合作伙伴之间的有效合作与支持,提高整个供应链中物流、工作流、信息流、资金流的通畅性和快速响应性,提高价值流的增值性,使所有与企业经营活动相关的过程中的人、技术、组织、信息等各种资源有效集成,从而形成整体竞争优势。集成供应链具有管理和组织的非线性特征,对市场需求响应的敏捷性、运作成本的精益性及对环境变化的自适应性等特点。

(二)基于集成供应链理念的应急物流的定义及特点

基于集成供应链理念的应急物流是指运用系统集成的观点,利用各种先进技术和现代管理手段,实现应急物流的集成、整体运作与管理,强调集成、整合、一体。相对于传统的应急物流,其特点十分突出:①一体联动。运用集成的思想,整个应急物流系统能够对突发事件做出一致反应,迅速展开行动。②信息共享。和传统的纵向一体化应急物流运作模式相比,基于集成供应链理念的应急物流运作是纵横向信息的集合。③统筹协调。对应急物流活动中的物资筹措、储存、运输、配送等能够从整体上进行统一安排并且科学地组织实施。

(三)集成应急供应链的体系

1. 应急物流指挥协调中心

应急物流指挥协调中心是指国家或地区在应对严重自然灾害、突发性公共卫生事件、公共安全事件及军事冲突等突发事件中,为做好救援物资的筹集、运输、调度、配送等工作而建立的一个特殊的物流指挥协调中心,它是进行应急物流工作的核心机构。

应急物流的指挥协调工作很大程度上取决于政府职能的发挥,务实、高效的政府部门是应急物流指挥协调成功的关键。应急物流应该在国务院统一领导下,负责指挥、协调全国物资应急事件处理工作,并根据应急处理工作的实际需要,提出成立全国应急物流指挥中心。各级地方人民政府根据应急处理工作的实际需要,决定是否成立应急物流指挥中心。应急物流指挥协调中心主要负责统筹指挥做好救援物资的筹集、运输、调度、配送等工作,中心本身并不进行物资采购、储存、运输等具体的业务,它主要负责根据收集来的信息,依据集成供应链理念,对整个供应链上的物资采购、储备、运输、发放等方面进行指导,使整个应急体系高效、有序地运作。应急物流指挥协调中心的工作人员可由专职人员和兼职人员构成。专职人员包括灾害预报预测人员,主要负责收集、处理和发布灾情,提供应急物资及通信技术的保障;兼职人员可由政府相关部门的领导和工作人员,各加盟物流中心、物流企业的领导以及专家组成,为灾害救助提供各类信息,协调各部门人员之间的工作,直接或间接指挥应急救灾工作的展开。同时,要实现对应急物流顺畅、快捷、准确地指挥协调,信息的及时收集、反馈及任务的下达是关键。因此,应对现有的应急物流指挥协调系统加以完善,提高应急物流指挥系统的信息化程度。该系统应该是一个功能强大、适应性强、反应灵敏的信息网络系统。依据该系统,应急物流指挥协调中心可以根据灾情,组成一个区域性、全国性的应急物流体系,实施应急保障,使整个应急物流系统有序、高效、精确地运作。

2. 物资供应端

应急物资的来源一般有国家储备、政府采购和社会捐赠三种方式,早期主要是以国家储备为主,应急物资与普通物资相比具有不确定性、不可替代性、时效性和滞后性等特点。为保证突发事件发生时迅速、可靠地筹措到必需物资,必须充分认识应急物资的特点,从整体上掌握应急物资的特性需求、供应商、地理分布等情况。同时,对筹措中的应急物资应该用集成供应链理念,并根据当时所处的环境及客观条件,对供应端进行统筹集结或直接送达。

3. 物流集散中心

物流集散中心类似于区域物流中心,它是区域内部与区域外部进行货物交换的聚焦点,负责将各种应急物资进行分类、包装、装卸、储存以及运输,确定应急物资品种,与应急物资生产厂商签订生产合同,确定订单及配送方式。其作用一方面在于利用自身储备的救灾物资对灾区进行保障,另一方面在于可以作为社会捐赠和外来输送物资的集散地。

目前,我国已经在全国重要城市和地区逐步设立了区域物流中心和应急物资储备仓库,在发生突发性事件时,应急物流指挥协调中心可根据需要,将部分中心和仓库变为物流集散中心。

4. 物流配送中心

在应急条件下,由于应急物资的配送作业具有时间紧、任务重、要求高、难度大等特点,要求物流配送中心在应急物流指挥协调中心下达配送任务前及完成配送任务后,及时了解前方灾情,对现有物资进行科学规划,制定多种配送预案,综合协调地完成好配送任务。在配送过程中,当灾情发生变化而某些特殊应急物资又不能及时、充分地得到满足时,可以通过物流配送中心进行协调,使得这些特殊的应急物资能被尽可能多的人共享。这种基于集成供应链理念的物流配送方式,符合全社会齐心协力共同抗灾的原则,能在一定程度上缓解应急物资严重供不应求的困境,从整体上提高物流配送的服务水平。

5. 物资需求端

突发事件发生时,由于通信设施被破坏、现场混乱、时间紧迫等原因,应急物流指挥协调中心无法得到需求的准确信息,从而很难进行快速科学的保障。因此,必须及时对可能发生严重自然灾害、突发性公共卫生事件、公共安全事件及军事冲突等情况做出预测,针对突发事件发生地区的地理特性、人口分布、人口结构等相关特性进行分析,预测物资需求量。当灾情发生时,一是要合理选择应急物资发放点,把应急物资配送到灾民和具体受灾地;二是要及时收集并反馈需求信息。随着应急活动的进行,对应急物资需求的种类、紧迫性以及需求量等会发生不断的变化,应当及时进行信息反馈,关注物资需求的变化,从而使整个应急物流运作连续高效。

四、应急物流供应链的可靠性

(一)应急物流供应链可靠性的概念

可靠性是指对系统无故障工作能力的量度。中国国家标准局的相关文件对可靠性的定义为:可靠性是指产品在规定的时间内和规定条件下,完成规定功能的能力。

应急物流本身的目标特殊,任务严峻,比一般的供应链更需要可靠性。基于应急物流本身具有的突发性、事后选择性、基础设施的临时性、流量的不均衡性、信息的不对称性、弱经济性等特点,结合供应链可靠性的相关定义和应急物流供应链的运作目标,可将应急物流供应链可靠性定义为在整个应急物流供应链实施过程中,应急物流供应链保障救援对象或救援实施者能够在需要的时间内得到满足其需求的应急物资的能力。

(二)应急物流供应链可靠性的模型及评价指标体系

1. 应急物流供应链的实现流程

应急物流供应链的实现大致分为应急物资的采购、储备和筹措;应急物资的运输、配送;应急物资的分配等流程。

应急物资的储备和筹措是应急物资保障的基础和首要环节,目前我国有10个中央应急救灾物资储备库,但储备的物资品种少,无法满足新形势下的应急救援需求,因而筹措工作的优劣直接关系物资保障水平和应急物流目标的实现,也是应急供应链可靠性的基础,应满足及时快速、质优价廉、品目齐全、足量适用的基本要求。应急物资的运输、配送实现了物资的空间位移,是影响应急物流供应链可靠性的重要环节,当自然灾害发生后,应急物资的运输、配送将面临道路和基础设施损坏、自然条件恶劣等一系列不利于应急物流供应链的环境因素。物资的发放是应急物流供应链的最后一个环节,是应急物流供应链的重要组成部分,目的在于对受灾人群实施救助或阻止灾害的延续,尽最大可能消除或减小受灾系统的损失,具有处理对象复杂、处理量大、处理时间紧迫等特点。分配机制和管理的高效将会带来应急物流供应链运作的高效,也是影响应急物流供应链可靠性的重要环节。

2. 应急物流供应链可靠性模型

根据应急物流供应链流程,对实体流程进行抽象处理,建立以物资储备和筹措节点、物资运输和配送节点、物资分配节点构成的应急物流供应链可靠性模型。

应急物流供应链的可靠性由救援对象能否得到物资、得到物资的时间是否满足需求主体的极限时间,以及得到的物资是否满足需求3个因素组成。由模型可知,应急物流供应链是一个复杂的串联动态系统,各节点之间相互制约、相互影响,节点各个因素之间相互影响,最终影响应急物流供应链的可靠性。因此,从应急物流供应链可靠性的节点影响因素来构建应急物流供应链可靠性的评价指标体系十分重要。

3. 应急物流供应链可靠性评价指标体系

对应急物流供应链的物资筹措、运输、配送分配节点进行分类,给出了不同节点的可靠性评价指标。

应急物流供应链的每个节点的可靠性受物资的可得性、物资的正确性、物资到达时间、节点管理、信息等因素的影响,同时在每个节点里5个因素之间也会相互影响。因此应建立以应急物流供应链的3个节点为核心的评价指标体系。其中,物资的可得性是指按照需求信息节点能否有相应的物资供使用;物资的正确性是指物资的使用属性是否能够满足需求者的使用需求;物资到达时间是指物资能否在需求最高限度时间内到达该节点;节点管理是指能否通过优化管理和流程为节点目标的高效运转提供管理支持,良好的节点管理是提高可靠性的基础;信息因素是节点能否得到或者传出必要的正确信息,在应急条件下,存在信息的不对称,及时畅通的信息交流是保障可靠性的关键因素。

4. 提高应急物流供应链可靠性的措施

结合应急物流的特点,提高应急物流供应链可靠性有下列措施:

①加强应急预案的建立以及物资的多渠道筹措和储备。

②建立应急供应链协作机制,提高多供应链间的应急协作能力。

③构建应急信息、系统,提高应急供应链运作的信息化程度,用信息技术提高应急物流供应链可靠性。

④健全管理机构,完善管理机制,制定合理的规章制度,加强流程管理。

⑤加强现代物料搬运设备的使用和物流标准化在应急物流中的应用。

第三节 应急供应链的快速响应机制

一、快速响应机制的概念和重要性

(一)快速响应机制的概念

快速响应是制造业中准时制的要求。它确保了制造商、批发商和零售商的供应时间,从而使库存水平最小化。快速响应是美国零售商、服装制造商以及纺织品供应商开发的整体业务概念,目的是减少原材料到销售点的时间和整个供应链上的库存,最大限度地提高供应链管理的运作效率。快速响应现已应用到商业的各个领域,企业快速响应时间越短,越能把握更多商机,从而给企业带来更大的利润。快速响应是一种全新的业务方式,它体现了技术支持的业务管理思想,即在供应链中,为了实现共同的目标,各环节间都应进行紧密合作。一般来说,供应链的共同目标包括:①提高顾客服务水平,即在正确的时间、正确的地点用正确的商品来响应消费者需求。②降低供应链的总成本,增加零售商和制造商的销售和获利能力。快速响应业务成功的前提是零售商和制造商具有良好的关系。这种新的贸易方式意味着双方必须建立起贸易伙伴关系,提高向顾客供货的能力,同时降低整个供应链的库存和总成本。

（二）快速响应机制具有的特点

①响应快速:对市场需求的快速响应是快速反应的本质特性,通过快速设计、制造以及分销,快速提供客户需要的产品和服务,既是对已有需求的快速响应,又是对未来需求的共同预测,并持续监视需求的变化,以便快速响应。

②信息共享:信息共享直接影响到供应链的绩效,通过在供应链内部整合信息,实现供应链伙伴之间销售、库存、生产、成本等信息的共享,能够保证供应链上的信息畅通无阻并提高供应链整体反应速度,才能实现对客户需求的快速响应。

③资源集成:依靠单个企业的资源难以实现快速满足客户需求,基于供应链的企业及其供应链伙伴之间核心竞争优势的集成是快速响应市场需求的基础。这既需要企业内部资源的集成,更需要整合整个供应链合作伙伴的资源。

④伙伴协作:现代企业之间的竞争不再是企业与企业之间的竞争,而是企业的供应链与其他企业供应链之间的竞争,只有加强供应链伙伴之间的协作关系,形成比竞争对手反应更快、运作效率更高的供应链,才能保证整个供应链的竞争优势。

⑤利益共赢:供应链合作伙伴之间的利益共赢、互利互惠是供应链正常运作的基础。企业不仅仅追求自己利益的最大化,还追求整个供应链利益的最大化,供应链伙伴之间必须建立同生存、共发展、利益共赢的关系。

⑥过程柔性:生产过程的柔性化是提供客户满意产品的基础。面对小批量、多品种、更富个性化的客户需求,生产过程必须富有柔性并能根据需要进行快速重组,才能更好、更快地提供让客户满意的产品。

（三）快速响应机制在应急物流中的重要性

应急物流具有难预测性、不确定性、时效性等特点,人们总是期望在最短的时间内有效地解决突发事件,那么就要求在应急供应链中的不同节点之间存在物流、信息流、资金流等不同形式的流,他们之间的相辅相成、信息共享使得供应链各节点能有效沟通,提高供应链的响应能力,快速响应是应急供应链的第一需求。

第八章 应急物流的资源、资金、绩效及风险研究

第一节 应急物流的资源配置和征用

一、应急物流资源的分类与整合

应急物流资源是指应急管理体系为有效开展应急活动,保障应急物流体系正常运行所需要的人力、资金、物资、设施、信息和技术等各类资源的总和。政府作为应急活动开展的核心力量和领导者,拥有、控制、利用和借用的应急物流资源将占整个应急物流资源的绝大部分。

(一)应急物流资源的分类

1. 人力保障资源

人力保障资源可分为正式应急核心人员和应急辅助人员两大类。应急核心人员包括应急管理人员、相关应急专家和专职应急队伍,应急辅助人员包括志愿者队伍、社会应急组织、国家军队和国际组织。

2. 资金保障资源

资金保障资源分为政府专项应急资金、捐赠资金和商业保险基金。政府专项应急资金用于突发事件应急管理体系日常应急管理、应急研究、应急物流资源建设和维护及更新、应急项目建设以及应急准备资金;捐赠资金包括社会捐助和国际援助;商业保险基金是一种利用市场机制扩大资金供给的方式,可弥补应急资金的不足,包括财产、保险等。

3. 物资保障资源

应急物资保障资源涉及的内容最为广泛,按用途可分为防护救助、食宿消毒、应急交通、动力照明、通信广播、设备工具和一般工程材料等13类,并将设备与装备包括在内。物资又可分为若干子类,比如应急交通类物资有两大子类:一子类属于运载型物资设备,包括救护车、救生直升机、救生船、医疗救生船、运输机、运输车、陆地用的载重汽车、沙漠汽车、各类小车、拖拉机、摩托、火车、雪橇、舰艇、登陆艇、气垫船、汽车轮渡和其他可用于救援的运载工具,用于人员和物资设备的运输;另一子类属于交通疏通物资设备,包括舟桥、浮桥、推土机、挖土机、装载机、平土机、压路机、汽车塔吊、轮胎式吊车、履带式吊车、叉车、牵引车、拖车、拖

船等,用于保证交通运输线的畅通。

4. 设施保障资源

设施保障资源可分为避难设施、交通设施、医疗设施和废物清理设施。当发生地震、洪水等大规模破坏性突发事件时,会造成大量的建筑物、住宅被毁,需要建设满足受灾公众临时避难的场所,这便是避难设施。这些设施可设置在现有的体育馆、礼堂、学校等公共建筑以及公园、广场等开阔地点,同时为这些设施追加应急避难功能,在水、电、卫生、取暖、通风等基础条件方面要留有余地,预埋必要的饮用水、照明电力、卫生、排污等基础设施。

5. 技术保障资源

技术保障资源包括科学研究、技术开发、应用建设、技术维护以及专家队伍。通过政策、资金等方面的支持,发展突发事件应急领域的科学研究,不断将新的知识融入突发事件应急管理体系之中,提升整体应急能力。同时加大突发事件监测、预测、预警、预防和应急处置技术研发的投入,引导和扶植科研机构、企业对应急技术的开发,不断推出新的应用系统和应急产品,改进整个体系的技术装备,建立健全突发事件应急平台。通过自建、联合、委托等方式,建设一支强有力的技术保障队伍,完成突发事件应急设备、设施的技术管理和维护。

6. 信息保障资源

信息保障资源可分为事态信息、环境信息、资源信息和应急知识。事态信息包括危险源监测数据、突发事件状况、应急响应情况等与事件和应急活动有关的信息;环境信息包括社会公众动态、地理环境变动、外界异常动向等背景情况信息;资源信息包括人员、资金、物资、设施、技术等保障资源的状态信息;应急知识包括应急案例、应急措施、自救互救等知识。

7. 特殊保障资源

特殊保障资源是指那些有限的、不可消耗的资源,比如频率资源、号码资源、IP地址等。由于这些资源是有限的,因此需要优先为各种应急设备和系统配置此类资源,或预留一定的此类资源以保证应急活动的顺利开展。

(二)应急物流资源的配置

应急物流资源管理是一个动态平衡的过程,资源需求必须在资源整合和优化的基础上才能被提出,其流动包含资源需求、资源供给、资源储备和资源使用四个不断循环的过程。在特别紧急的情况下,有些应急物流资源可从资源供给直接到达资源使用。在应急物流资源管理工作中需要两者兼顾,找到平衡点,形成最佳的资源配置。

1. 应急物流资源普查

①建立应急物流资源分类细目表组织专家或委托咨询单位,按照一定的分类方法,采用层次结构形式排列出应急物流资源目录,一直划分到最小的独立的应急物流资源统计单元,并给出目录中每一项目的定义或描述。

②建立应急物流资源统计表并组织力量进行应急物流资源统计表的设计,确定每一项

目所要统计的内容和维度,如集群通信车载台可设定统计内容包括数量、型号、频段、技术体制、使用范围、主要功能等。

③设计应急物流资源统计方法,一是统计调查形式的设计,如可采用问卷调查、调查对象访谈等方式,同时结合设计抽样检验、全面检验等验证手段。二是统计内容汇总的设计,有些内容可采用直接求和统计,有些内容可采用加权统计,有些内容可采用对比统计,确保全面、真实地反映资源状况。

④应急物流资源统计在完成上述工作之后,由主管单位成立具体的应急物流资源统计实施机构,进行应急物流资源的统计、汇总、分析等具体操作工作。

2. 应急物流资源需求统计

按照分类分级的原则,在对突发事件分类分级的基础上,对突发事件应急管理体系内的所有组织(单元体和复合体)进行分类分级,建立应急组织分类分级目录。通过调查表格的形式,汇总各应急组织为有效开展应急活动,在原有应急物流资源的基础上对应急物流资源的需求量以及质量、地点等所提的要求。

3. 应急物流资源布局设计

应急物流资源的布局是根据各种潜在危险源的分布,在综合时间、成本和能力等因素的基础上,按照一定的规划方式,预先把一定种类和数量的应急物流资源放置在选定的地点。要保证突发事件爆发后,各类应急物流资源能够迅速、及时、准确地到达指定地点,就需要对应急物流资源的分布进行优化。

应急物流资源的布局优化是在应急物流资源普查和整合的基础上,依据选定的目标或准则,在某些限制条件下,结合各应急组织的活动位置,按照科学规划的方式,找到应急物流资源最佳的布局形式,使之发挥最大的应急效益。

有些突发事件具有衍生特性,如果处理不及时或处理不当,引起的次生危害可能具有更大、更强、更严重的危害程度。比如在地震或水灾后,对环境污染处理不力或不及时就有可能引发大规模的瘟疫流行,还有化工企业剧毒气体液体泄漏,引起大面积、大范围的中毒死亡事件。所以在应急物流资源布局时,还要考虑突发事件的连锁反应,统筹配置,不要顾此失彼。还要考虑到突发事件的发展过程是一种动态过程,应保证应急物流资源得到合理的应用,发挥其应急价值,达到有效处置突发事件的目标。

二、应急物流资源的调用和运输

应急物流资源调用与应急物流资源运输是两个概念,两者是有区别的。相同点是调用和运输都是应急物流资源流动过程中的重要环节,都需要动用运输工具。调用更注重于应急物流资源的及时分配,运输更注重于应急物流资源的及时到位。应急物流资源调用是一种支线运输,处于末端运输的地位,存在着分配、配置、准备、拣选、包装、加工等内容,一般运输品种多、频率高、直接面向目标、更注重服务质量。而应急物流资源运输一般运输批量大、时间长,品种也比较单一,注重效率,不存在分配问题,是一种干线运输或直达运输。

(一)应急物流资源的调用

应急物流资源调用分非紧急调用和紧急调用。非紧急调用是指与突发事件响应无关的应急物流资源调用,其调用方式与一般资源调动类似。紧急调用是指与突发事件响应有关的应急物流资源调用,有关部门根据应急指挥的要求,确定调用的资源数量,制定运送方式和路线,在限定的时间内调集到特定的地点,发挥其应急功能。在紧急调用前,要制定调用预案,做好各项准备工作。要做到对应急物流资源及时、准确、安全、高效的调用,就必须选择合理的调用方式,充分利用各种新技术、新思想、新流程、新算法,改进传统的调用方式,可以通过以下途径提高应急物流资源的调用效率。

①包装科学化,对物资类保障资源应采用先进的包装技术,如缓冲包装、防腐包装、统一包装等,既可以保证应急物流资源的质量,又可以符合装卸、储存、运输要求。

②推行标准化作业,采用标准化作业程序有利于对应急物流资源进行科学化管理,减少多余环节,加快流通速度,节省调用时间,提高调用水平和效率。

③推广使用先进的物流技术,采用自动识别、智能化分拣、自动化搬运、条码标志、立体定位等现代物流技术,提高资源调用管理的现代化水平。

④优化应急物流资源储备空间,资源在储备过程中应当合理存放,便于机械和人力装卸与搬运、专业工作人员维护,同类资源宜就近存放,以利于配货与管理。

(二)应急物流资源的运输

应急资源的运输"填平"了应急资源与受灾点需求之间的空间距离,使得物流得以真正实现。由于运输涉及时间、路程、能源、容量和成本等因素,需要精心组织和合理安排,确保应急物流资源快速、安全地到达指定位置。在应急物流资源运输管理中,应当遵循高速、安全、可靠、高效和准确的原则,注重应急物流资源应急价值的实现。

应急物流资源的运输要综合运用各种运输方式,要充分考虑运输途中地理条件、环境因素和可能出现的困难,制订详细的运输方案,运用各种现代运输技术如地理信息系统、全球定位系统、车辆运行线路安排系统和可视化等,以及各种现代运输方式如托盘化运输、集装箱运输、智能化运输、甩挂运输等,以保证应急运输过程的顺利实现。

在应急运输中要尽可能避免过远运输、迂回运输、无效运输、空载运输等现象。要做到运输的优化就必须充分考虑应急活动的需要、运输环境、交通网络、运载工具、线路选择及天气情况等各种因素,选择最有效的运输方案。要科学组织调运方式和流程,结合应急物流资源的特点,依托铁路、公路、水运、民航等运输系统,研究不同品种、不同数量、不同流向、多种方式的应急物流资源运输流程方案,从应急物流资源集结场地、装卸场所、装卸方式、运输方式、交接模式等方面优化运输效率,缩短调运时间。

交通运输保障是应急物流有效运作的关键所在,应完善应急物流交通运输动员法规体系,使全社会的物流交通保障力量"有法可依""有法必依";加强应急保障力量,以"骨干先行"的方式提高应急物流交通运输保障的快速反应能力,抓好交通运输基础设施建设,确保应急物流交通运输保障的全程顺畅;加强相关人员的救灾专业化培训工作,不断扩大和增强应急保障力量,抓好交通运输基础设施建设,确保应急物流运输的通畅。

三、应急物流资源的征用和补偿

（一）应急物流资源的征用

征用是指国家在特殊情况下为应对战争、重大突发事件或重大军事演习时的紧急需要,对属于公民个人、法人和其他组织所有的财产进行的强制性征收、集结和使用。应急物流征用是国家为应付突发事件的需要,征集、调用社会中的各类物流组织力量及其所拥有的物流资源,并予以适当补偿的行为。

要想筹措应急资源,只有正确认识应急资源的特点,才能保证在灾情发生时迅速、可靠地筹措到必需资源。应急资源与普通资源相比具有以下的特点：

①不确定性。灾情发生的时间、强度和影响范围具有不可预测性就决定了应急资源的数量、发放范围、运输方式等不能确定;

②不可替代性。应急资源的用途非常特殊,是在特定环境下启用的特殊资源。如疫情发生后的疫苗、救护用的血液都不能用其他资源代替;

③时效性应。应急资源要发挥其本身的使用价值,就必须在一定的时间内送达需求者手中,才能发挥其效用和价值,超过时限就失去了应急的意义;

④滞后性。应急资源的启用是在灾情发生后,根据灾害的强度、波及范围而使用,时间上滞后于灾情的发生。

鉴于应急资源的上述特点,征用是增强应急物流应对突发事件能力的有效途径,也是确保处置突发事件最终取得成功的重要保障,其征用对象主要是物流设施设备、物流组织与物流力量等。作为应急动员的一项重要内容,征用直接或间接地支持救援保障目标的实现,是在有限费用下使用民用物流资源提高救援保障力的方法之一。

突发事件一旦爆发,对应急资源必然产生"井喷"式需求,要求能迅速向事发现场提供强有力的资源保障。这使得在应急物流的运作过程中,不可避免地涉及对场地、设施、设备、运力及人员等社会物流资源的征用问题。

在市场经济条件下,以往依靠行政命令调度社会物流资源的征用方法已经失去了其行为基础。我们必须认真研究应急物流征用的补偿问题,建立科学合理的补偿机制,推动应急物流所需的资源足额、优质、快速、高效地征收、集结和利用,以实现应急物流顺畅运作,为应对突发事件提供强大的资源支撑。

(二)应急物流资源的补偿

理论上所有物流资源都是征用的对象,但应急物流的特殊性决定了征用的范围只能是与应急管理相关的部分社会资源。实际上是社会中部分主体来承担全社会应该承担的责任和义务,而被征用的主体通过纳税等形式已经支付了享用社会环境稳定这一公共产品的基本成本,在法律上已经没有更多义务为此提供无偿的资源。从这个意义上讲,政府在征用物流资源时,应将其行为作为一种市场行为来看待,在获取物流资源后应对被征用主体给予相应的补偿。

应对突发事件的最终目的在于恢复正常的社会、经济和生活秩序,从这个意义上来说,对征用的补偿有利于恢复正常的社会经济秩序。政府征用物流资源,是为应对突发事件而采取的行为,以强制性的手段利用物流资源所有者的劳务、设备、财产、物资和运输工具,必然侵占了被征用主体的利益,破坏了完全竞争的市场格局。所以,政府应正视征用行为对市场的破坏性,尊重由于征用而导致的与被征用者之间存在着的契约关系,自觉履行补偿责任,尽可能保证被征用主体的利益不受侵害,以保证社会经济健康运行。

第二节 应急物流的资金筹措和保险

一、应急物流资金的分类和投入

我国是世界上自然灾害、事故灾难等重大突发事件频发的国家之一,重大突发事件的应急救援是一项庞大的工程,涉及从政府部门、企事业单位到社会公众、从软件到硬件建设等各方面的工作,如应急机构的日常运行、应急物资的运输等。在应急救援过程中也需投入大量的资源,"钱"作为重要的资源,在突发事件应急管理中起着举足轻重的作用。

如何运用最有效的手段应对突发事件,使人们的生命财产损失降至最低,用最短的时间恢复社会秩序,建立完善的突发事件应对机制是当前的主要任务。在应急物流管理过程中,一般都要考虑财政资金和非定向捐赠资金的分配,金融资金和保险资金则有其独特的分配方式。

我国的应急救援资金主要来源于企业的应急救援投入和政府财政预算。不同的地区,应急物流资金筹措的方式也有所差异。有的地区是由政府和企业联合协商筹措,有的地市是通过各种行政性收费筹措,有的则成立了类似保险公司的专门机构,实行应急救援资金公司化运作。

我国的应急物流资金筹措模式远不成熟,资金来源渠道狭窄且投入不稳定,需要通过进一步完善应急投入的管理体制,充分吸引国内外企业、非政府组织、个人和国际组织进行资助或投资,形成以政府财政投入为主、其他资金来源为辅的多元化应急投资结构。加强有关的法制建设,以保证应急物流资金的投入方式和科学、合理,保障资金的来源渠道。

(一)常规性的应急投入

1. 政府预算投入

政府的财政投入包括了对自然灾害、事故灾难、公共卫生事件等突发事件的预防、应急救援及事后恢复等方面。对于政府部门的应急投入,应该加强政府应对突发公共事件的资金保障能力,加大对应急管理体系建设的投入,建立重大事故应急救援专项资金,制定相关的财政制度和政策,完善社会危机管理资金保障机制,保障应急物流资金得到科学、有效的投入、使用和管理。

2. 企业应急投入

企业的应急救援投入是指企业为了有效控制突发事故而预先计划的应急救援系统费用,包括应急救援设施(如消防设备)费用、组织办公费用、培训及演练费用等,一般是用于企业内部的应急救援工作。

企业的应急救援投入属于安全保障成本,但企业应投入多少应急救援资金,应急投入应占整个安全投入多大的比例,这中间都缺乏法律依据,实施也不规范,因此需要企业部门根据实际情况选择一个合理的指标,既要保证资金投入充足,又不能投入过多而导致资源闲置。

企业的应急救援投入指标应该从多个方面考虑,包括应急救援设施和装备、应急演练与培训,应急部门的日常运行等。如果本企业单位的应急救援能力较弱,在事故发生后需要企业外的应急机构参加救援,那么其他应急救援机构所消耗的物资也应该由事故发生单位来补偿。

(二)扩展性的应急投入

①银行贷款。银行贷款是指金融机构为支持地方政府或企业积极有效地应对重大自然灾害或事故等突发事件,解决政府或企业应急物流资金周转需求,而提供的资金支持。

②社会集资。在筹措应急物流资金时,应该充分发挥社会的强大力量,通过社会捐助、集资等方式来获取财力支持。对于政府部门来说,除了鼓励社会各界积极捐助外,还可采取一些手段和措施,如紧急征用民用土地、房产等(主要针对实物)、动用政府固定资产(如拍卖、抵押、转让等)以获取应急物流资金,必要时还可紧急增发内债,以应对突发性资金支出。

③上级补助。在重大突发公共事件发生时,地方财政部门或企业部门可以向上级财政部门或对口主管部门申请财政补助,获得资金支持。同时,法律应该保障紧急状态下的转移支付,如中央向地方转移、地方向中央转移、地区之间横向转移、政府向居民转移等。

④保险金。在大幅度增加财政投入和积极鼓励社会捐助的同时,建立起合理有效的保险系统,促进保险业的发展,是解决突发事件事后恢复阶段资金短缺问题的重要途径。在必要时,突发事件相关单位和主管部门可优先动用责任人和保险公司赔款以解燃眉之急。

⑤风险抵押金。根据《企业安全生产风险抵押金管理暂行办法》及《煤矿企业安全生产风险抵押金管理暂行办法》，矿山、交通运输、建筑施工、危险化学品、烟花爆竹等行业或领域从事生产经营活动的企业必须按规定专户存储风险抵押金，用作本企业生产安全事故抢险、救灾和善后处理的专项资金。

此外，平时预算安排的未动用的预备费、可调减支出项目的转移资金或压缩的支出指标可以转入应急专项资金项目，尽一切可能以合理、有效的方式扩充应急物流资金来源，为应急管理工作提供强有力的资金保障。

二、应急资金管理的财政和捐赠

（一）应急资金的财政方面

在市场经济体制中，应对突发事件、化解社会风险是公共财政的重要职能。应急物流财政作为一种分配关系，基本含义是指为满足社会应对突发事件的公共需要而进行的一种收支管理行为，其支出是出于社会公共安全的需要，按照一定的经济、政治原则，政府将其用税收方式集中的资财分配给有关利益主体。应急物流财政资金支持得不及时，往往会给受灾地区带来更加巨大的损失，因此，需要在公共财政框架内建立健全应对突发事件的应急物流财政机制。

当大规模的、连续性的危机事件袭来之时，往往会对应急物流财政运行产生巨大的冲击，即突发性地增加财政支出，减少财政收入，难免会出现入不敷出的现象。

处在转型期中的我国财政体制，尚未形成有效的应对突发事件的财政运行机制，重大突发事件的发生必然会对财政运行机制产生较强的冲击。

应急物流财政基础薄弱的一个主要表现是"风险管理"缺位。要减少危机事件造成的突发性财政支出，关键在于防范和化解公共风险。而目前我国对防范危机的财政、支出太少、制度基础薄弱，政府在财政方面缺乏一个风险成本分担的法律框架。在突发事件状态下，中央与地方之间、政府的各个部门之间、政府与社会公众之间等，如何分担各自的风险成本，现在的状况是风险的"大锅饭"，谁也不知道在自己应该承担多大的风险成本。各行为主体（中央、地方、企业）在承担风险不明确的情况下，就会出现救援行动偏于迟缓、相互观望的现象，不但不能化解危机，甚至可能延长危机状态，造成更大的损失。

综上分析，在应急物流财政的应对机制完整性和连续性方面，完善的应急物流财政框架是由公共财政运行机制、预警机制、紧急处置机制、善后处理机制以及评估机制五大部分组成。预警机制、处置机制和善后机制在时间上存在前后顺序关系，而评估机制则贯穿整个应急物流管理过程的始终，运行机制则为处理整个突发事件提供日常和紧急状态下的保障。

（二）应急资金的捐赠方面

应急捐赠是指在发生各种严重自然灾害、突发性公共卫生事件、公共安全事件及军事冲突等突发事件后,国内社会各界、外国政府及国外的组织、单位、团体、个人可无偿向灾区捐赠救援资金、物资。相对于一般捐赠而言,应急捐赠对时间的要求更高,针对性也更强。

突发事件往往会有多个诱因,种类复杂,涉及领域也呈现出多元化的特性,危害性和破坏性加大。捐赠作为一条可行的资金筹措渠道,可以有效地缓解国家在应对突发事件时存在的财力物力不足的状况,激发公民的慈善意识,解决应急物流管理中的实际问题。

通过应急捐赠可以募集大量的资金和物资,支援灾区人员抗灾救灾,重建家园。应急捐赠也体现了全社会对灾区的关心,在精神上鼓舞灾区人民。同时,通过应急捐赠活动可以使全民共同参与救灾工作,投身公益事业,增强全社会、全民族的凝聚力,促进社会文明的发展。

为了保证应急物流管理中的捐赠资金合理使用,规范救灾捐赠的接收工作,加强对救灾资金、物资的管理,切实管好、用好捐赠款物,应当严格控制捐赠的筹划、分配、发放、监督使用等,形成一整套适用的管理办法。

1. 接收

一般来说,国务院民政部门负责接收境外对中央政府的救灾捐赠;县级以上地方人民政府民政部门负责接收境外对地方政府的救灾捐赠;经认定具有救灾宗旨的公益性社会团体可以接收境外救灾捐赠,但应当报民政部门备案;国际社会意愿性捐款,明确要用于灾民生活救济和应急抢险的,由接收救灾捐赠办公室按捐赠者意愿报政府审批后,直接安排下达灾区组织实施。

2. 分配使用

灾难发生后,财政部门应设立救灾支出专户,各级受捐办公室在接收捐款后的一个月内应将捐款转缴财政救灾支出专户,与国家补助和财政安排的专项救灾资金统筹安排使用,救灾捐赠款及其存款利息全部用于救灾;救灾捐赠款物的分配应该严格按照捐赠者的意愿安排,专款专物专用;没有明确意愿的捐赠款物,由政府根据灾情和灾区自救能力,按"先急后缓、突出重点"的原则,统筹安排,合理分配;救灾捐赠款物只能用于受灾地区的抢险救灾、恢复生产、重建家园。

3. 监督

审计部门对同级接收救灾捐赠办公室接收的捐赠款物收支情况进行审计,并向社会公布;凡使用救灾捐赠款物的单位或项目,须接受同级审计部门对其资金、物资使用情况的审计,同时接受社会的监督;各级财政、民政、审计、监察部门要对救灾捐赠款物的发放、使用情况进行监督检查,发现问题及时纠正处理。我国是一个有着乐善好施、扶贫济困传统的国家。随着人民生活水平的提高,人们的慈善意识不断提高,相关的法律制度也在不断完善。

捐赠者权利的缺失与慈善组织透明度的缺乏息息相关,一个慈善组织是否有公信力关键看是否透明,财务制度不透明会导致资金运用效率不高。出于多方面的考虑,我国法律将捐赠当作自愿和无偿,这有利于鼓励捐赠,禁止强行摊派或者变相摊派则有助于保护捐赠。但接受捐赠是为了救助灾害、救济贫困、扶助残疾人等促进公益事业发展的性质,决定了捐赠和受赠应共同受法律约束。

三、应急物流资金的金融和保险

(一)应急资金的金融措施

我国尽管每年灾害的性质和发生地点不同,但是损失总量和政府救灾的支付总量却是一个稳定的大数,依然不能满足救灾与恢复生产的需要。作为社会资金融通枢纽的银行及其他金融机构,如果能够快速有效地参与到应急物流管理中,补充财政等其他资金来源的不足,则能为灾后重建提供极大帮助。

1. 金融是应急反应机制的重要补充

银行等金融机构通过应急贷款等方式,在地方政府及重点企事业单位发生突发事件时,能够成为各级政府和财政建设应急反应机制的补充,并形成与政府应急体系相配合的联动机制,协助各级政府有效应对和处置各类突发事件。比如,金融机构可以通过在债券市场上发行巨灾债券、巨灾期货等途径事先分担风险。

2. 金融能弥补财政拨款调物的不足

应急物流管理中的资金目前主要是依靠财政,通过应急贷款等方式,使金融机构成为抗灾救灾的另一个资金来源。比如,根据受灾情况要发放不同数额的财政拨款,银行在把资金快速投入使用的过程中承担着重要责任,通过建立"绿色金融通道"等方式,简化拨款发放流程,保证灾后重建的资金来源。

设立应急信贷业务、支持政府应对突发事件也是世行、亚行等国际政策性金融机构的成功做法。虽然我国的应急物流管理金融机制尚未建立,但是金融机构已越来越多地参与到了应急物流管理中,我们可以参考世界范围的成功做法,不断完善金融应急救济机制。

在突发事件发生后,人们的生命健康受到影响,财产遭受损失,部分企业的生产经营无法正常进行。此时,银行等金融机构提供贷款的风险必然会加大。但同时,灾后重建又是一个非常大的市场,损失越大而需求就越大,其潜在的利润就越多,金融机构应采取有效的措施,规避风险,获得收益。

①编制应急贷款预案,在突发事件发生之前,编制一套完备、详细、科学的应急预案,采取预案先行的工作思路,对相应的潜在借款人进行预评审,确定信誉等级和贷款限额,以便在突发事件发生后,简化操作流程,提高资金的投放效率。

②建立应急贷款评估机制,突发事件发生时,对资金发放的时间性要求较高,而一般情况下银行贷款所需的信誉等级评估、授信,往往程序复杂、耗时太久。如何在特殊情况下快速进行风险测量、发放贷款,是对银行贷款流程改革的一个要求。

③制定相应防范措施,应对潜在信贷风险受突发事件影响的个人和企业都有可能无法正常偿还银行贷款,导致违约率提高,银行面临的信用风险加大。银行在决定进行应急放贷时也应慎重考虑,权衡风险和收益,利用担保体系等多种途径减少贷款风险。

(二)应急资金的保险措施

应急物流所能提供的救援能力涉及更多环节的联合协作,每一个环节均存在各种复杂的影响因素,使风险的复杂性和不确定性充斥着运作的全过程。各种衍生的自然灾害、意外事故甚至经营管理的疏忽,均有可能造成应急物流的重大损失,使得物流救援水平难以控制。对于应急物流业来说,要在风险高度积聚的状态下实现以上目标,需要建立完善的风险管理体系,通过科学的风险管理方法降低风险成本并提高资源配置效率。

保险制度起源于早期的海上运输活动,由于保险有效地解决了运输风险管理问题,推动了海上运输和贸易的发展,于是得到广泛的推广,逐渐发展成为功能完善的现代保险制度。可见,物流和保险的合作是有着历史基础的。作为市场化的风险转移机制、社会互助机制和社会管理机制,保险是市场经济条件下风险管理的基本手段,在应急物流管理中发挥着日益重要的作用。

实践证明,保险业是参与应急物流管理的一股重要社会力量,并在其中发挥着不可替代的积极作用。通过向保险业转移风险,物流业可以将经营过程中涉及的赔偿或损失风险转嫁给保险业,使不确定的风险转化为确定的支出,有利于解放出资金提高企业的经营效率,实现以最小的成本获取最大保障的风险管理目标。

当前我国保险市场中与物流活动有关的产品有财产保险、货物运输保险以及责任保险等三大类,其中,财产保险和货物运输保险是投保率最高的险种。财产保险承保标的为物流系统中的处于静止状态的财产,包括在线的产品、半成品和原材料,保险费率有工业险、仓储险和普通险三类,每一类别再根据财产的种类、占用性质和危险程度,分为不同档次;货物运输保险以各种运输货物作为保险标的,承保在运输过程中可能遭受的各种自然灾害或意外事故所造成的损失;责任险包括雇主责任保险、雇员忠诚保险和机动车辆保险等。

现有的保险产品体系是根据传统物流活动特点而设计的,一个完善的应急物流服务体系必须有保险业的支持,通过保险转移风险有助于提高应急物资流通速度,节省物流费用是提高救援效率的有效途径。而当前我国的保险业和物流业都处于快速成长的阶段,深化行业之间的合作也是社会经济发展的必然要求。

第三节 应急物流的绩效测量和评价

一、应急物流的绩效与影响因素

绩效是指正在进行的某种活动或者已经完成的某种活动取得的成绩。在管理绩效的评价中,绩效是量化的过程,即对过程和过程中活动的相关效果的量化。当前对应急物流的研究是在不断深入的,但人们对应急物流绩效缺乏清晰的认识。应急物流绩效是指应急物资的空间位移(包括静止)的过程中所耗费的各种资源与救援效果的对比关系,是为满足应急需求在组织应急物流运作过程中的劳动消耗和劳动占用与所创造的物流价值的对比关系。

应急物流最主要的目标是满足因突发事件而产生的物流需求,保障物资、人员、资金的流动,同时也应该注意物流绩效的问题。

简单来说,应急物流活动有采购、运输、储存、配送等构成要素。其中,配送是"配"与"送"两项活动的有机结合,在物流的整个环节中,配送属于系统的末端,是直接与需求方相联系的部分。配送功能完成的质量及其达到的服务水平,直观而具体地体现了应急物流系统对受灾点需求的满足程度。

根据应急物流的构成要素可以列举出以下影响其绩效的主要因素。

(一)物资配送

一般企业物流都会建立稳固的物资供应关系,供应商数量有限,物资配送都按照企业中长期发展规划进行设计,在短期内不会进行大的调整。而应急物流中参与物资供应的供给主体众多,包括各级政府、企事业单位、人道组织的救援物资储备,紧急市场采购,社会捐赠等。大部分救援物资供给主体都是临时的,救援物资需求的品种、数量、地点都会发生大幅度的变化,相应节点设施的数量、布局也要及时做出相应的调整,不同渠道供应物资的质量、规格、包装等差别较大,容易产生低效配送、重复供应等问题。救援机构要快速创立配送中心,争分夺秒配送物资,所以应急物流物资配送是一个值得关注的问题。

(二)车辆调度

由于大规模灾害性事件发生时信息不对称,这时向灾害发生地调运救援物资往往带有一定的盲目性:一方面由于在事件爆发后的短期内需要运输大量物资,另一方面也因为突发事件的爆发时间与地点的不确定性,赋予运输工具的临时特性。救援物资运输行动一般是由政府组织的非常规性活动,货物配送中需要的车辆,可能是由政府按照应急预案临时征用社会团体或个人的,它可以出现在物流网络中的任何点,完成一项运输任务后也无须返回出发点,并且为了克服环境条件限制和加快运送速度,经常会混合使用公路、航空等多种运输方式。如何调度不同运输方式下的运输工具,对应急物流的绩效影响也不可低估。

(三)信息传递

信息在应急物流运作发挥着主导作用,信息是救灾得以进行的重要链条,畅通的应急物流信息指能准确感知应急物流需求,传递、分析、汇总、反馈灾区信息,能使物流作业准确迅速地进行,相当于应急物流体系的"神经系统"。时间就是生命,应急物流就是与时间赛跑,信息上请下达,形成联动。保持信息通畅能够优化调控物流,及时、准确、有效地驱散供需"迷雾",实现应急物流全程可视可控,提高物流反应速度、降低物流绩效,同样可能因为信息传递错误而导致货到而不能及时提取等也会产生应急障碍。企业迫切需要制定预案,对不可抗拒的和人为造成的紧急状况进行有效的防范,将错误反应降到最低。

（四）物资储备

在突发事件爆发前无法预测救援物资需求地点、种类、数量,并且由于突发事件可能会迅速蔓延,救援物资需求也会出现非常剧烈的变化。在物流驱动模式方面,应急物流则可以描述为市场上出现了供不应求的情况。由于大部分紧急救援物资仅在突发事件后才能使用,而突发事件又很少,不可预见,所以不能确定储备量。在急需时出现物资缺乏的局面,甚至有时因储备的应急物资过多,存放时间太久,在没使用之前就已经过期。所以,确定合理的储备以及怎样降低储备存放物资过期而造成的损失是必须要考虑的问题,其目的更好地实现应急物流的安全性与经济性目标。

二、应急物流的绩效评价和体系

（一）应急物流绩效评价的意义

应急物流绩效评价是指评价主体运用科学的标准、方法和程序,基于应急物流体系结构,对应急活动中的物流绩效进行评定和划分等级的一种评价体系。应急物流绩效评价是应急物流绩效评价体系中的重要组成部分,它既反映应急经济战略目标,又要结合应急物流主体的特点,是绩效评估的基础、绩效管理的前提。

科学、准确、全面地评价应急物流绩效是建立高效的应急物流救援体系的基础,原因如下。

①有助于认识应急物流发展水平,应急物流体系是一个复杂、多变的中观系统,绩效评价指标体系的建立是对应急物流体系进行系统分析和识别后所形成的一套完整、全面的评价内容框架。可以科学地确定应急物流绩效水平,准确地界定绩效等级,客观地分析差距,为下一步调整或改进指明方向。

②有助于应急物流发展战略的实施,应急物流战略目标决定了应急物流绩效评价的方向,具体指标的设计反映了应急物流发展的关键战略问题和优先发展领域:一方面可以帮助政府管理者关注和物流业主们掌握应急物流战略发展进程,另一方面可以引导应急物流市场朝着应急战略目标所希望的方向发展。

③有助于政府制定投资决策和政策,政策制定者、决策者和管理者可以随时掌握应急物流的发展进程,及时地评估物流政策的正确性和有效性。通过指标体系序列的历史评价,可以预测和掌握应急物流的发展态势和未来走向,有针对性地进行政策调控或物流体系结构的调整。

现阶段对应急物流的研究主要集中在应急物流的管理组织方式和效率、效益方面的研究,对于应急物流绩效评价的研究还很少。由于应急物流涉及的范围较之以往的一般物流或供应链物流变得更加广泛、复杂和困难,具有自身特有的特征、组织、结构、规模及管理。如何建立一个合理、科学的应急物流的绩效评价体系成为应急经济研究中的重要组成部分。

从宏观上,我们把应急物流绩效评价指标进行了划分。在具体设置某个应急功能模块及其具体指标内容时,又需按照具体的国民经济和物流行业情况进行设计,在此仅讨论基本的应急物流绩效评价指标体系的构建方法。

近年来,国内对多指标综合评价的研究越来越深入,常用的评价方法有价值分析法、专家评价法、运筹学和其他数学方法。

1. 价值分析法

这是一种以事先议定好的某个综合经济指标来评价不同对象的综合方法,有直接给出综合经济指标的计算模型的方法、费用—效益分析法等。

2. 专家评价法

这是一种以专家的主观判断为基础,通常以"分数""序数""评语"等作为评价的标准,有评分法、加权评分法及优序法等。

3. 运筹学和其他数学方法

①层次分析法。层次分析法的基本原理是根据具有递阶结构的目标、子目标(准则)来设计评价层次,用两两比较的方法确定判断矩阵,然后把判断矩阵的最大特征根的特征向量作为相应的系数,最后综合给出方案的优先程度。

②模糊综合分析法。模糊理论可采用精确的数学方法来描述模糊性想象。模糊评价则是以模糊数学为基础,对边界不清、不易定量的因素定量化,进行综合评价的一种方法。

③灰色关联度法。根据事物之间不确定性关联,或系统因子与主行为因子之间的不确定性关联,是基于行为因子序列的微观或宏观几何接近,分析和确定因子间的影响因子对主行为的贡献度而进行的一种分析方法。

④数据包络分析法。数据包络分析法是由运筹学家查恩斯(A. Charnes)和库柏(W. W. Cooper)等人提出的,用于研究多投入、多产出的决策单元的相对有效性。这是以相对效率概念为基础,以凸分析和线性规划为工具的一种评价方法。

⑤人工神经网络法。人工神经网络法是由大量简单的基本元件(神经元)相互连接,模拟人的大脑神经处理信息的方式,进行并行处理和非线性转换的复杂系统。

⑥数理统计方法。数理统计方法主要应用的数理统计方法有主成分分析、因子分析、聚类分析、差别分析等。

(二)应急物流绩效评价的体系

应急物流绩效评价是评价主体运用科学的标准、方法和程序,量化应急物流能力及水平的过程。应急物流绩效评价以绩效为本,以救援水平和能力为第一评价标准,应急物流绩效评价是政府绩效管理中的一个重要环节。应急物流作为中观物流,主要由政府引导发展,追求物流体系的科学性、合理性、整合性。应急物流管理就在于通过政府规划建立"结果导向"的应急物流体系,通过整合应急物流各层面以及各领域的绩效并保持它们之间的相互协调一致,以充分发挥应急物流功能。

应急物流绩效评价指标体系的构建应考虑到应急物流绩效评价体系的影响因素,从战略上把握绩效评价指标体系的构建思路。我们从应急物流体系的运行管理体系、建设水平体系、质量保障体系、技术支持体系、制度支撑体系五个维度来构建应急物流绩效评价指标体系。

在应急物流绩效评价中存在着定性和定量两种不同的指标类型,不同性质的指标其评价标准、指标处理的方式与方法也不相同。在指标设计思路上,应增加定性—定量指标维度,为后面对评价指标的计算、处理提供依据。

1. 运行管理体系

运行管理体系绩效指标是对完成物流的基本活动的效率进行测评,可以从资源配置角度将应急物流运行过程划分为:物流节点(包括物流园区、港口、内河码头、机场、公路枢纽站、铁路货运站)运营效率、物流通道(即连接各种节点的联系通道和应急物流节点与其他应急联系通道)运行效率。这种划分相比较企业物流运输、仓储、配送三个阶段更具有宏观性,符合应急物流评价特性。

物流节点运行效率:损失率、储存运输费用、总货运量、总货运周转量、港口码头吞吐量、装卸速度和成本、平均月正常工作日、多式联运在节点中的运输交接平均时间、通关时间、包装加工费用。

物流通道运行效率:运输满载率、运输损失率、运输费用、运输事故率、运输通道饱和度、运输精确性。

2. 建设水平体系

从应急物流绩效评价实施者——政府的角度来看,应急物流绩效评价体系主要是指导政府对应急物流活动进行科学管理和建设,完善和服务于应急物流活动。可以将应急物流活动上的所有物流企业作为应急物流建设的目标企业,展开指标评价设计,主要从应急物流投资能力、应急物流企业数量、基础设施建设水平三个方面进行评价。

应急物流投资能力:应急物流与区域经济的依存度、单位 GDP 物流需求弹性、物流基础设施增长速度、国际物流额、国际物流联系机构数量、区域或城市道路应急配送时间覆盖圈。

体系评价指标:应急物流企业数量、大型物流企业数量、专业物流企业数量、第三方和第四方物流企业效益比率、社会物流成本。

基础设施建设水平:等级公路数量、港口、机场、物流园区数量、应急信息平台信息处理量和速度、各种现代物流工具使用量和标准化程度。

3. 质量保障体系

应急物流质量保障评价体系是对受灾点提供救援的保障水平评价,救援水平的衡量缺乏实体度量单位。在结合布莱迪(Brady)和克罗宁(Cronin)对服务水平的定义——结果质量、交互质量和有形环境,可以将质量保障水平用可靠性、响应速度和柔韧性来反映。

可靠性(反映履行指令或承诺的能力):准时运输、准时交货率、货物发送正确率、物资到达时的合格率、单据正确率、受灾点保障率。

响应速度(反映对群众的需求和提供物资的迅捷性):订单提前期、订单处理速度、指令或咨询处理速度、申请处理速度、个性化物资订购速度。

柔韧性(反映救援的灵活性):个性化物资各类、临时物流满足率、物流风险防御能力指数。

4.技术支持体系

运营管理救援体系、营销救援体系、质量救援体系组成了应急物流核心救援体系,技术支持救援体系与制度保证支撑体系构成了应急物流辅助救援体系。应急物流技术支持救援体系主要包括金融体系、人才体系、基础设施规划、应用技术四项。

金融体系:物流企业速效成本水平、平均速效时间间隔、平均物流交易的结算时间和准确性。

人才体系:物流就业人数、高级物流人才率、区域内大专院校物流专业在校人数、各类型物流人才比例。

基础设施规划:基础设施投资占社会固定资产投资的比例、基础设施规划项目近期完成的比例、基础设施规划的科学合理性、物流企业入驻物流园区率。

应用技术:物流知识管理环境指数、物流知识收集能力指数、物流知识传播能力指数、物流信息平台覆盖范围、信息平台建设维护费用、物流应用技术研究生产机构数量、先进物流作业设备开发设计投资在固定资产投资中的比例。

5.制度支撑体系

应急物流技术支持救援体系是辅助救援体系中的"硬"平台,而应急物流制度保证支撑体系则是应急物流辅助救援体系中的"软"平台,支撑着应急物流市场的运行。可以将应急物流制度支撑体系分为扶持政策和管制制度两个模块。

应急物流制度支撑:扶持政策数量、有效性、力度、范围、配套、体系。

管制制度:数量、有效性、力度、范围。

第四节 应急物流的风险分析和防范

一、应急物流风险的特征与辨识

(一)应急物流的风险特征

应急物流风险是指应急物流运作过程中在规定的费用、进度和技术等约束条件下的实际结果与预期结果的偏离,包括所有突发事件及其相互关系。从近年来应对各种突发事件中的物流运作情况看,有效地实施应急物流运作过程中的风险管理已成为应急物流成功运作的关键之一,而实施准确、全面、快速的风险分析又是实施应急物流风险管理的关键环节。

应急物流风险是突发事件产生的概率及其后果的函数,具有以下特征。

①隐蔽性。由应急物流的本质特性决定,应急物流风险并非十分明显,反而非常隐蔽、难于辨识,并且有些风险的寿命周期非常短,出现跳跃式发展,一旦为人们所注视,将难以对其进行有效控制。

②动态性。应急物流中的风险不是一成不变的,主要体现在:一是随着时间的变化,风险会呈现各种不同的具体状态;二是在风险处理的过程中,利用资源、风险处理方法及风险构成因素的变化会引起风险状态呈现阶段性变化。

③时效性。应急物流风险显现突然、节奏变化快,要求在应急物流风险管理中做到:风险辨识快速、风险评估准确、风险处理及时、风险监控实时,此外,应急物流风险的动态性特征也进一步决定了其时效性特征。

④关联性。应急物流中诸多风险本身及它们之间的相互关系可能模糊不清,并且可存在于整个应急活动中的各个环节、各个层面中。例如,它们可存在于应急物流管理中心,也可存在于某单个配送、仓储或运输操作作业中;同时由于气候风险的存在,可能导致运输、配送过程难以实施快速作业,进而引发进度风险。

(二)应急物流的风险辨识

风险分析是指对风险进行辨识、评估及等级划分的循环过程。应急物流风险分析的结果一般包括风险的种类、风险发生的概率及其后果的性质,这可以说是风险管理中最困难、最耗时的部分。

风险辨识指对应急物流运作各个方面和各个关键性技术过程进行考察研究,从而辨识并记录所有风险以及做出对其后果的定性估量的过程。它是进行风险分析前要首先进行的重要工作,主要回答:有哪些风险应当加以考虑,引起这些风险的主要因素是什么,这些风险所引起的后果的严重程度是怎样的。

影响应急物流运作的风险因素很多,关系错综复杂,并且各风险因素所引起的后果程度也不同。风险辨识应将引起风险的诸多复杂因素分解成比较简单、易被认识的基本单元,继而从错综复杂的关系中找出风险因素间的本质联系,分析它们引起应急物流变化的严重程度。在应急物流管理中,风险可以具体分为技术风险、环境风险、管理风险及操作风险四类。

传统的风险辨识主要方法有结构分解法、故障树法、头脑风暴法、德尔菲法及幕景分析法等。在进行风险辨识时,参与者应包括应急物流管理队伍、风险管理小组和来自风险领域的专家等。

技术风险:时间风险、应急物流技术成熟度、信息集成与共享风险、信息传递风险。

环境风险:资源风险、气候风险、交通布局合理性、应急物流中心建设合理性。

管理风险:规划的全面性、组织的有效性、沟通风险、决策风险、不当的管理控制机制、费用风险、人力资源风险。

操作风险:操作的准确性、操作设备的完好率、各操作活动间的衔接程度。

二、应急物流风险的评估与判定

(一)应急物流的风险评估

风险评估通过对辨识出的突发事件进行考察研究来进一步细化风险描述,确定突发事件发生的概率及其后果的性质,继而将风险数据转化为风险决策信息,起到风险辨识与风险控制的中介作用。应急物流风险评估的一个关键问题是数据采集,而实际上又难以准确地收集相关信息和进行定量分析,一般可采用专家分析法及模糊综合评价法分别对突发事件发生概率及其后果进行判定。

(二)应急物流的风险判定

1.突发事件发生概率的判定

突发事件发生的概率和概率分布是风险评估的基础。一般来讲,突发事件的概率分布应当根据历史资料来确定,甚至在没有可利用的历史资料时,决策者就要根据自己的经验主观进行估计,以此得到主观概率。

应急物流突发事件发生概率很难进行直接的定量化判定,较大程度上还是依据经验进行主观估计,具体步骤如下:

①突发事件发生可能性的划分,可突发事件发生的可能性分为五个等级:a(极小可能性)、b(不大可能性)、c(很可能发生)、d(极有可能发生)、e(接近确定发生);

②组织专家对突发事件发生概率进行判定;

③进行综合判定。

2.突发事件发生后果的判定

目前,突发事件发生后果的判定方法很多,应急物流运作风险是由多方面的因素所决定的,并且这些风险大多难以定量化,许多指标是定性指标。由于从多方面对事物进行评价难免带有模糊性和主观性,可以采用模糊数学的方法进行综合评判,这将使结果尽量客观从而取得更好的实际效果。

(1)确立风险评价指标集合

指标集的建立应该全面、简明,力求从系统角度找出风险评价指标组成集合。

(2)确立风险评价指标权重集合

根据各个风险评价指标的重要程度对各风险评价指标赋予相应的权数,从而组成风险评价指标的权重集合。在综合评判过程中,为了防止权重确定的片面性和主观性,可以通过让同行专家评分的办法来确定权系数大小。先由专家按百分制对评估因素指标权重进行估计,然后采用下式进行归一化处理。

(3)确定风险后果判据集合

根据风险后果的判据,一般将风险等级分为5级:①影响极小或无影响,采取一些缓解措施;②影响可以接受,采取重大的缓解措施;③影响可以接受,无法采取任何缓解措施;④影响勉强可以接受,无法采取任何缓解措施;⑤影响不能接受。

(4)根据风险后果的判据结果建立风险单因素后果判据模糊评判矩阵

这一模糊评判矩阵由模糊评价统计的方法得到。所谓模糊统计的方法是指在介绍问题的有关背景、数据和情况的基础上,由专家对被评价对象(此处为风险因素指标)按风险失败后果等级集合确定等级,然后统计所有专家在各风险等级间的频数。

(5)进行综合风险后果判定

这一判定即风险评价指标的权重向量与模糊评判矩阵的乘积。

三、应急物流风险的防范

由于应急物流具有多参与主体、跨地域、多环节的特性,极易受外部环境突发变化和应急物流上各参与主体不利因素的影响,从而导致应急物流风险突发事件的发生。通过对应急物流风险形成机理和特性的分析可知,最终风险的应急物流管理模式应包含两个层面的内容。

(一)核心理念层

1. 快速反应

应急物流风险的传递性和依存性要求对于突发事件的应急管理必须快速响应。在信息化技术高速发展的今天,风险突发事件一旦发生,伴随着大众媒体的介入,会引起社会公众的广泛关注。应急物流的相关部门必须以最快的速度全面实施应急管理,以便及时地遏制风险事件影响范围的进一步扩大。

2. 公众第一

在现代社会中,部门的社会责任越来越被强调。当风险事件发生后,无论什么原因,应急物流部门都要把公众利益放在第一位,而不能只考虑自身付出的经济价值,一定要勇于承担后果,积极地处理风险事件,塑造负责任的形象。

3. 主动通报

应急物流相关部门应承担风险事件第一消息来源的职责,主动配合媒体的采访和各方的询问,掌握对外发布信息的主动权,以免新闻媒体和社会公众在不知道真相的情况下随意猜测而使部门陷入被动。

4. 真诚沟通

对于风险的突发事件,公众最关注的往往不是风险事件本身,而是相关部门对待风险的态度采取的措施。相关部门必须与公众真诚沟通,以取得公众的理解和配合。

5.高效处理

在应急物流风险的应急管理过程中,时间紧迫,事情繁杂,如何协调有限的资源,尽快抓住危机中的主要矛盾,避免重大的损失,需要应急物流相关部门的高效处理。

(二)实际操作层

1.启动

一旦应急物流风险突发事件发生,应立即启动应急处理程序,由应急处理小组(其成员包括应急物流相关部门分管的高管、公关人员、工程师、法律顾问、行政后勤人员以及外部专家等)组长的领导下,对应急物流风险事件应急管理进行统一指挥、组织协调。

2.识别

应急物流风险应急处理小组通过收集各种有效的信息,听取需求方的各种不同看法,并积极寻求与政府监管部门、行业主管机构的合作,及时对风险事件性质做出判断,确认是应急物流内部原因还是外部原因引起的,并分析风险事件的现状,预测其发展趋势。

3.控制

在充分识别的基础上,应急处理小组迅速做出决策,通过系统的部署与实施控制事态的发展。如果风险突发事件是由内部原因所引起,那么应急处理小组应代表应急物流相关部门向公众道歉以示诚意,积极承担全部责任,并迅速采取对策解决引发风险的问题。如果是由外部因素引发风险事件,应急处理小组在迅速采取相应措施的同时,应及时发布事实真相,避免风险事件的蔓延。

4.恢复

应急处理小组要积极稳妥地采取各项措施,消除风险事件的消极后果,解决各项遗留问题,消除隐患,使物流恢复到风险事件发生前的有序状态。

5.总结

应急物流相关部门进行系统的总结,从社会效应、经济效应、心理效应和形象效应等方面评估应急管理措施的合理性和有效性,提出修正措施,改进应急物流的风险管理工作。

第九章 物流产业健康发展的必由之路

第一节 第四方物流

一、第四方物流的概念

第四方物流供应商属于供应链集成商,主要对公司内部一些具有互补性的服务供应商提供的一些不同资源、能力和技术进行整合与管理,从而提供一整套供应链的解决方案,所以,第四方物流就是把自身的现有资源、技术进行有机整合的一种物流方式。

(一)第四方物流是对企业内外物流资源的整合和管理

第四方物流既不是企业物流服务与管理的全部外包,又不是完全由企业自己完成物流服务的内部管理。第四方物流需要具备一定的管理能力和协调能力,通过把不同公司的现有资源进行集成整理,全面分析各个公司的特点,从而进行相应的调整,最终提供具有第四方物流特色的服务。物流业务外包一方面有利于企业经营管理,不仅能降低成本,提高服务水平,还能为企业节约时间成本,提高工作效率;另一方面,第四方物流有利于公司的物流资源配置,提升管理水平,为客户提供专业化的物流服务,提高客户满意度。

(二)第四方物流是通过签订协议形成的组织

第四方物流要实现委托客户企业内外物流资源和管理的集成,这意味着要进行多个企业的资源整合,这个过程是相当复杂且烦琐的;第四方物流提供完善的供应链解决方案,需要与主要委托客户企业或服务供应组织签订合资协议或长期合作协议,从而形成一种稳定的关系。

(三)第四方物流是在第三方物流基础上延伸和发展起来的

在实际运作中,第三方物流虽然增加了组合操作,但是还是把主要精力集中于运输和仓储上,缺乏使整个供应链与技术真正一体化连接的策略。企业为了实现建立一体化供应链以提高服务水平、保持效益持续增长的目标,形成了对第四方物流服务的需求。第三方物流企业长期从事物流供应链管理,已经在各种高附加价值活动的提供和管理方面具备了相应的管理知识和能力,第四方物流就是在第三方物流的基础上发展起来的。

(四)第四方物流的重中之重是为顾客提供最佳的增值服务

发展第四方物流需要平衡第三方物流的能力、技术、性能和贸易管理等,为客户提供最佳的增值服务。

二、第四方物流的基本功能

第四方物流在实际运作过程中,主要有下列四个功能。

(一)第四方物流可以为企业提供全面的供应链解决方案

第四方物流不仅集成了第三方物流功能,还具备信息管理和服务咨询的功能,可以向客户提供一系列系统、全面的物流服务,使所有相关企业资源在供应链体系中得到合理配置与运用。通过企业在进行物流活动时各个环节的合作与协调以改善供应链管理,第四方物流可以提供全面的措施以解决供应链上的问题,体现了流程再造、供应链过程协作和设计的要求。

(二)第四方物流具有强化供应链职能的功能

第四方物流可以集中调整与改善某一具体的供应链职能,包括作业方案、销售管理、采购计划、顾客反馈等。第四方物流充分应用新技术,加上战略思维、流程再造和卓越的组织变革管理,共同组成最佳方案,对供应链活动和流程进行整合和改善。第四方物流可以依据客户需求来提供相应的管理方案和解决措施,并且能够随时根据行业的发展状况及时进行调整。

(三)第四方物流具有系统集成功能

第四方物流服务商帮助客户实施新的业务方案,包括业务流程优化、客户公司和服务供应商之间的系统集成以及将业务运作转交给第四方物流的项目运作小组。第四方物流供应商承担多个供应链职能和流程的运作责任,工作范围远远超越了传统的第三方物流的服务与运作管理,有利于实现供应链系统管理的服务过程一体化。

(四)第四方物流可以为顾客提供增值服务

第四方物流充分利用一批服务供应商的能力,包括第三方物流企业、信息技术与服务供应商、合同物流供应商、呼叫中心、电信增值服务商等,再加上客户的能力和第四方物流自身的能力,通过提供一个全方位的供应链解决方案以实现增值服务。所以,第四方物流要及时掌握供应链活动流程,在优化自身管理系统的同时满足用户需求。

三、第四方物流和第三方物流的区别

(一)从服务范围看

第四方物流和第三方物流相比,服务范围更广,对从事货运物流服务的企业有更新、更高的要求,服务内容也更为具体化、个性化,第四方物流最为突出的特点是它可以更快、更好且更为廉价地进行货物运输。因此,第四方物流不只是在操作层面上借助外力,在战略层面上也会依靠外部力量,提升物流服务水平。

（二）从服务职能看

第三方物流侧重于实际的物流运作，在物流实际运作能力、信息技术应用、多客户管理方面具有优势，第四方物流则侧重于在宏观上对企业供应链进行优化管理，在管理理念创新、供应链管理方案设计、组织变革管理指导、供应链信息系统开发、信息技术解决方案等方面具有较大的优势。

（三）从服务目标看

第四方物流发展需要满足整个社会物流系统的要求，通过电子商务技术将整个物流过程一体化，最大限度地整合社会资源，在全球范围进行资源的合理优化配置，选择最优方案。而第三方物流面对的是客户需求产生的一系列物流信息化服务，通过把现有资源信息进行集成整理，再对供应链进行调整，最终满足客户需求。

（四）从服务的技术支撑看

发展前景广阔的网络经济成就了第四方物流。第一，互联网提供了一个广阔且国际化的发展大平台，可以实现高速、及时、快捷、安全的信息共享。第二，通过互联网平台，可以减少不必要的成本，用最小成本实现资源的高效配置。互联网信息共享平台更有利于减少信息不对称，使中小企业也能够获益。第三，互联网信息平台不受时间、地点限制，能够进一步减少企业成本，从企业自身经济角度出发，发展第三方物流公司或其他物流行业内部信任的物流联盟模式，最终实现物流资源的最优配置与行业集成。

四、第四方物流的运作模式

第四方物流具有三种运行模式，即协同运作模式、方案集成模式、行业创新模式。

（一）协同运作模式

协同运作模式需要第四方物流和第三方物流进行合作，结合两者优势，科学合理整合物流系统，实现最大限度优化；与相关方面的专家、学者合作，制定供应链战略。第四方物流和第三方物流签订商业合同，选择组建战略联盟的方式进行合作。

（二）方案集成模式

方案集成模式将第四方物流作为一个枢纽，集成多个服务供应商的功能，为企业制订合理的供应链管理方案，并加以落实。第四方物流不仅可以依靠自身的资源和能力，还能借助第三方物流的力量，将周边的资源、技术、设备等。

有效集成，以更好地为客户服务。

（三）行业创新模式

行业创新模式是方案集成模式的升级与延伸，这一模式中的第四方物流连接着第三方物流企业和客户，可实现企业供应链的优化整合，为同一行业的多个客户提供服务，并提出促进企业间合作的科学供应链方案。第四方物流还将促进第三方物流的优化发展，为供应链下游的客户提供优质服务。不难看出,在此模式中,第四方物流是重中之重,实现了行业资源的交互和共享,第四方物流还可以通过高效运作能力实现供应链集成,从而进一步提高整个行业的经济效益。

第三方物流建立在企业物流业务外包的基础上,第四方物流则建立在第三方物流基础上的企业物流外包,第四方物流的快速发展使企业面临更少的物流层面的限制,让企业能够集中精力开展核心业务,进一步提高企业运作效率。

第二节 绿色物流

绿色供应链这一概念包括绿色设计、绿色材料、绿色生产、绿色包装运输、绿色营销和绿色回收等模块,其中绿色包装运输和绿色回收是绿色物流的重要组成部分,而绿色设计、绿色材料、绿色生产和绿色营销则构成了绿色物流的重要外部条件。

绿色物流强调了全局和长远的利益,强调了全方位对环境的关注,体现了企业的绿色形象,是一种全新的物流形态,是物流发展的新方向,是21世纪物流管理的一种新思路和新理念。绿色物流的发展必然会导致污染严重的物流企业被社会所淘汰,而飞速发展的绿色市场也为绿色物流及实施绿色物流管理的企业带来了众多发展机遇和经济效益。

一、绿色物流的概念

(一)绿色物流的定义

绿色物流实际上是一个内涵丰富、外延广泛的概念,凡是以降低物流过程的生态环境影响为目的的一切手段、方法和过程都属于绿色物流的范畴。

绿色物流中的"物流"是一个特定的形象用语,是对地球生态环境的活动、行为、计划和思想观念在经济活动中的总称。绿色包括两个方面的内容,一个是创造和保护和谐的生态环境,减少对资源的占用,另外一个是保持科学性、规范性,能保证永久通行无阻。

(二)绿色物流的内容

绿色物流的主要目的是让客户满意,然后达到连接绿色供给主体和绿色需求主体的目的,从而实现快捷、有效的绿色商品和服务流动的经济管理活动。绿色物流从理论上讲,是一个多层次的概念,不仅包括企业的绿色物流活动,还包括社会对绿色物流的管理、规范和控制。就绿色物流活动的范围来看,它不仅包括各个单项的绿色物流作业,还包括实现资源再利用而进行的废弃物循环物流。

二、绿色物流的特征

(一)学科交叉性

绿色物流是物流管理与环境科学、生态经济学的交叉,当今社会环境问题日益突出,物流活动与环境之间存在着密切的关系,在研究社会物流及企业物流时,必须把环境问题及资源问题考虑在内。但是由于生态系统与经济系统之间互相影响,生态系统必然会受到经济系统的子系统物理系统的影响。所以,必须将绿色物流与生态环境及生态经济学联合起来考虑分析,学科的交叉性让绿色物流的研究方法复杂化,并且研究的内容也非常广泛。

(二)多目标性

绿色物流的多目标性体现在企业的物流活动要顺应可持续发展的战略目标要求。注重对生态环境的保护和对资源的节约,注重经济与生态的协调发展,即追求企业经济效益、消费者利益、社会效益与生态环境效益四个目标的统一。绿色物流的多目标之间通常是相互矛盾、相互制约的,一个目标的增长将以另一个或几个目标的下降为代价,如何取得多目标之间的平衡,是绿色物流要解决的问题,从可持续发展理论的观念来看,生态环境效益的保证将是前三者效益得以持久保证的关键所在。

(三)多层次性

一方面,我们可以把绿色物流分为三个层次,即社会决策层、企业管理层和作业管理层,另一方面,也可以将其分为宏观层、中观层及微观层。社会决策层的主要任务是通过一些相关政策以及一些合理的法律法规传播绿色的理念,并在一定程度上指导企业的物流运营;企业管理层的主要任务是站在企业的角度,制订符合企业的战略目标及战略方案,为企业制定合适的绿色物流战略,从而建立有利于企业发展的物流循环系统;作业管理层主要目标是使物流绿色化,将产品的包装、运输以绿色为核心,生产安全、可持续发展的绿色产品。

从系统的角度出发,绿色物流系统是由绿色运输系统、绿色仓储系统、绿色包装系统等子系统构成的。

绿色物流系统有一个赖以生存发展的外部环境,这个环境包括促进经济绿色化的法律法规、人口环境、政治环境、文化环境、资源条件、环境资源政策等方面,它们对绿色物流的实施将起到约束作用或推动作用。

(四)时域性和地域性

时域性指的是绿色物流管理活动贯穿于产品的全生命周期,包括从原材料供应,生产内部物流,产成品的分销、包装、运输,直至报废、回收的整个过程。绿色物流的地域性体现在两个方面:一是指由于经济的全球化和信息化,物流活动早已突破了地域限制,形成跨地区、跨国界的发展趋势,相应地,对物流活动绿色化的管理也具有跨地区、跨国界的特性;二是指绿色物流管理策略的实施需要供应链上所有企业的参与和响应,这些企业很可能分布在不同的城市,甚至不同的国家。

三、绿色物流与可持续发展

21世纪,人类面临人口膨胀、环境恶化、资源短缺三大危机,在这种情况下,绿色物流将备受关注。绿色物流作为可持续发展的一个重要环节,一定要与绿色生产、绿色营销、绿色消费等紧密衔接。现代物流的发展应首先关注可持续发展问题,形成良性发展态势,保护资源环境。

(一)不合理的物流方式导致严重的环境问题和资源浪费

物流是原材料或产品从供应地向接受地流动的一个过程,在这个流动过程中,需要经过很多的环节,如包装、运输、装卸搬运等,同时存在着资源的消耗和能量的消耗。假如物流方式选择不合适,就会产生很多的废弃物。比如,物品在运输过程当中,因为破损或者变质而丢弃,运输包装器具消耗了大量自然资源的同时产生了很多的废弃物。

(二)可持续发展观强调经济的发展必须与资源环境的承载能力相协调

随着社会的发展、科技的进步,现在很多企业都以牺牲自然资源为代价赚取更多的利益,以自然资源高投入、高消耗为特征的经济行为被称为短期粗放型的行为,这种行为对社会造成了很大的危害,存在着很多的弊端,严重阻碍了社会的可持续发展,在很大程度上威胁到了人类的生存和发展。基于可持续发展的绿色物流既可以适应社会的发展,又可以在一定程度上促进社会经济与环境保护,而可持续发展的理念又在一定程度上突破了狭隘的"经济资源论",赋予了自然资源以经济学上新的意义与价值。

(三)可持续发展观要求必须摒弃粗放型生产方式

粗放型生产方式在生态经济上的表现就是视环境资源无价值,以牺牲环境价值来换取社会经济价值。生态环境的污染又将加速动植物品种的减少,威胁人类生存环境。粗放型物流方式是指为实现某一主体的经济利益,过分依赖资源投入和能源消耗,不顾对环境造成的危害,这种物流方式应该摒弃。

绿色物流是将可持续发展理念融入企业物流战略规划和物流管理活动中,将生态环境与经济发展联结为一个互为因果的有机整体,强调物流系统效率、企业经济利益与生态环境利益的协调与平衡,是一种资源节约型和综合利用型的生产方式。这说明,绿色物流是社会经济可持续发展的必然选择,是可持续发展的一个组成部分,是绿色经济循环系统的重要一环。

四、发展绿色物流的途径

(一)政府管理,制定政策法规

在发展绿色物流的起步阶段,政府要高度重视,积极支持并采取相应的措施引导绿色物流的发展,使物流企业绿色化能够顺利进行。政府制定的相应的法律法规为绿色物流的发展提供了有力保障。政府通过制定法律法规对现有的物流市场进行合理的规范与管理,禁止非绿色物流行为,在一定程度上控制物流活动,促进物流活动的绿色发展。通过制定绿色补贴政策、税收扶持政策、贷款优惠等政策来激励企业以绿色物流为主,促进社会和谐发展。

(二)转变观念,树立全员参与意识

从消费者、企业出发推行绿色物流的理念。消费者要尽量选择有利于节约资源、保护环境的消费方式与生活方式,把节能、节源放在首要位置;物流企业要制定长远目标,而不是只转变"环保不经济、绿色等于消费"的传统理念,应该着眼于未来,将绿色发展理念贯穿各项工作中。

(三)实施绿色营销战略

实施绿色营销战略一方面可以通过自身的绿色形象提升产品市场竞争力;另一方面,企业自身承担着一定的社会责任,对消费者来说,企业可通过实时绿色营销战略侧面引导消费者的消费观念。由此看来,绿色营销能够在一定程度上促进绿色产品市场的开拓。

(四)企业物流流程的绿色再造

企业物流流程的绿色再造包括很多方面,如运输装卸的及时安全性、保管加工方面的保质保鲜性、包装信息处理方面的健康环保性。企业首先要选择绿色运输策略,使用联合运输的方式。联合运输指的是以单元装载系统为媒介,将各种运输工具进行合理的组合,从发货方到收货方都能保持货物的系统化运输方式。这种运输方式可减少总行车量,包括转向铁路、海上和航空运输,通过有效利用车辆,提高配送效率。使用绿色运输工具,降低废气排放量。另外,要开展共同配送,减少污染。共同配送是以城市一定区域内的配送需求为对象,人为进行有目的、集约化的配送,这种方式能够提高市内货物运输效率,减少空载率,降低物流成本。

第三节　电子商务物流

一、电子商务概述

结合学者的各类说法与全球各地电子商务的成功案例,可以将电子商务定义为企业利用计算机技术或网络技术等现代信息技术开展的各种商务活动,其包括三个主要内容,即服务贸易、货物贸易、知识产权贸易。

(一)电子商务实质是一种采用先进信息技术的买卖方式

交易各方将自身的各类供求信息按照标准的格式要求输入电子商务网络,电子商务网络根据客户的需求,搜寻相关信息并将多种买卖选择提供给客户。客户确定后,就可以安排各项合同事宜,以及收付款、产品运输交易等流程。

(二)电子商务是一个用来进行虚拟交易的场所

电子商务跨越时间、空间界限,可以及时为客户提供各种优质服务,包括产品需求量与供应量以及交易各方的具体资料等,让交易各方便于分析市场,更准确地把握市场发展方向。

（三）从商务和现代信息技术角度理解电子商务

电子商务里的现代信息技术包含了各类以电子信息技术为基础的通信方式。另外，商务从宏观上理解，包括契约型或非契约型的所有商务性关系所导致的各类活动。电子商务是商务和现代信息技术的重合部分，就是电子商务会广泛提到的 Intranet 和电子数据交换（EDI）。

（四）电子商务并不单指将商务进行电子化

电子商务包括很多方面，包括公司前台业务电子化、后台所有工作体系的电子化与信息化，以及改善调整公司的业务经营活动。简而言之，真正意义上的电子商务，是指以公司整体系统信息化为主，利用电子方式对公司的一系列物流流程进行全面、系统的指挥。

狭义的电子商务是指依靠 Internet 进行的商务过程；相反地，广义的电子商务指通过 Internet 和 LAN 等很多不同类型网络进行的商务过程。不能简单认为电子商务只利用 Internet 进行商业贸易，而需要把通过电子信息网络进行的设计、开发、广告、销售、采购、结算等都归入电子商务内容中。从某种程度上说，电子商务不失为一种适应当代商业的发展形式。它为了满足企业、销售方和客户所需，不断提高企业经营效率和服务水平，从而减少成本。

传统企业只有对自身内部管理信息系统进行重组优化，才能实现企业的转型和开启电子商务之路。管理信息系统是公司实现电子商务的出发点，管理信息系统实质是通过对公司内部所有信息的处理分析，系统地管理物流、信息流、商品流、资金流等，减少相关费用，提高企业经营水平和经济效益。

二、电子商务物流概述

（一）电子商务物流的定义

电子商务物流也叫网上物流，是基于互联网技术，旨在创造性地推动物流行业发展的新商业模式。物流企业利用互联网可以被更多客户知晓并与之进行贸易活动，进而能在全国甚至全球范围内开展企业活动。电子商务物流把全球有物流需求的客户以及可以提供物流服务的物流企业都集中在网络上，组成一个自由的网上物流交易市场，以方便交易双方进行贸易活动。

电子商务物流就是在电子商务特定的时间和空间内，由包装设备、运输工具、仓储设施、工作人员等若干动态要素构成的具有特定功能的系统整体，电子商务物流不同于一般物流，它具有电子化、信息化、自动化等特点。

（二）电子商务物流的作用

1. 物流是生产过程的保证

要进行生产就离不开物流活动，所以说一个产品的生产过程就是系统的物流作业过程。

①供应物流以采购原材料为出发点,采购好所需材料,才能为生产运行提供保障。

②不管是原材料还是半成品,生产物流一直存在于生产各环节。

③回收物流将生产环节中的剩余材料与尚可利用的材料一一回收。

④废弃物物流就是对生产环节中的废弃物进行处理。

2. 物流服务于商流

商流的最终结果是将产品所有权从供应者移交到需求者。实际上,在签订合同后,产品实体并没有实现实时转移。顾客在网上购物,进行了交易,这只是出现了产品所有权的交付过程,直到客户实际上得到其所需产品或者服务时,才意味着产品所有权转移的结束,即交易的结束。物流服务于商流,服务于产品交易,因此电子商务离不开物流,二者相辅相成。

3. 物流是实现顾客至上的保障

电子商务满足了消费者对购物便利的需求,顾客只需打开 Internet,便可随意搜寻与挑选想要的商品。物流是电子商务实现"顾客至上"准则的保障,倘若离开了先进物联网环境下的应急物流管理体系与信息系统构建研究的物流技术,电子商务根本无法给顾客购物带去便捷。

电子商务是网络时代下一种新型的交易方式,是传统交易方法的延伸发展。不过,电子商务只有依赖先进的物流技术,才能体现出它的优势和先进性,才能确保交易双方得到满足。因此,要发展电子商务就必须全力推动现代化物流的发展和完善。

(三)电子商务物流的特点

电子商务促进了世界物流的发展,也使物流具有了电子商务的特点。

1. 信息化

信息化是电子商务的基石。物流信息化是指实现物流信息电子化,以及物流信息存储的数据化与标准化等。数据库技术、条码技术、电子订货系统、电子数据交换、快速响应机制、有效客户反应机制等先进的技术与理论都将被广泛应用到物流行业中去。如果没有信息化,不管拥有的设备技术多么先进高端,最后都不可能将其运用到物流活动中。

2. 自动化

自动化的最大特点是可以实现无人化,节省人力;此外还可以增强物流活力,实现劳动生产率的提高,尽量降低人工的误差等。物流自动化设备很多,如条形码、语音、射频自动识别系统、自动分拣与存取系统、自动导向车、货物自动跟踪系统等。

3. 网络化

物流网络化包含两方面内容,一方面是物流系统的电脑通信网络,通过网络平台与交易各方进行联系。例如,物流配送中心向供应商发出订货通知,便可借助计算机通信手段,还可借助增值网上特有的 EOS(电子订货系统)、EDI(电子数据交换技术)。另一方面是组织的网络化,即企业内网(Intranet)。

4. 智能化

在进行物流活动时,会存在大规模的信息需要及时处理。仓储问题的控制、运输手段的正确选择、自动导向车的运行、自动分拣机的高效使用、配送资源的优化等,这些都要依靠智能化与信息化解决。所以说,只有依靠物流智能化,物流总体自动化才能得到更好地实现。现今,全球智能机器人等有关技术已有了较成熟的发展,在今后电子商务公司的物流发展过程中,物流智能化将会大放异彩。

5. 柔性化

生产柔性化是为了实现顾客至上的原则。要实现生产柔性化,就意味着要时刻关注客户的需求变化,进而以此为依据来调整生产环节和服务。在生产环节广泛应用的弹性制造系统、计算机集成制造系统、公司与生产制造资源规划,以及供应链管理的理念、技术等,将生产与流通环节进行集成,根据顾客所需进行生产,确定相应的物流流程,被称为新型柔性化物流模式。物流配送中心也要确定对应的配送方式,灵活开展配送工作,体现顾客对产品需求"品种全、批量小、批次多、周期短"的特性。

另外,在电子商务模式下,物流不只有信息化、自动化、网络化、智能化及柔性化等特点,物流设施、商品包装的标准化、社会化等也是其特点。

三、电子商务物流体系的组建模式

(一)制造商、经销商的电子商务与普通商务活动共同使用一套物流系统

制造商和经销商建立以 Internet 为基础的电子商务销售系统,能够将现有的物流资源进行优化利用。传统制造商的主要任务就是产品的研发与制造,如今随着电子商务的发展,更多的制造商进入网络销售行业,建立了庞大的销售网络。制造商使用原本就有的物流资源和广阔的物流配送网进行电子商务活动,减少了物流配送的成本。对物流资源做出合理的规划,并建立科学、可靠的物流配送系统,能够增加制造商的市场优势,提升制造商在市场上的竞争力。

(二)ISP、ICP 自己建立物流系统或利用社会化物流、配送服务

Internet 服务提供商、Internet 内容提供商在组织商流、信息流、资金流方面有着绝对的优势。我国企业在与国际物流企业合作成立新兴企业时,要掌握以下两种解决物流与配送问题的方法。

1. 成立属于自己的物流公司

在电子商务中,物流业务和信息业务两者完全不同,而国内的 ICP 和 ISP 物流能力相对较弱,这两类企业成立物流公司本身具有一定的风险。因此,在制定跨行业经营计划时,必须进行严格的风险评估活动,严格按照物流公司的运作要求组建物流公司,警惕和避免出现"大而全,小而全"的现象。在还未形成完备的物流配送体系的初期发展阶段,不盲目追求过

高的物流服务水平。

2.外包给专业物流公司

把物流外包给第三方专业物流公司是跨国公司管理物流的普遍形式。从企业供应链出发,把非主要业务外包给从事该业务的专业企业,这样的话,企业能够把时间和精力放在自己的核心业务上,提高了供应链管理和运作的效率。

(三)物流企业建立自己的电子商务系统

不论是区域性的第三方物流公司还是国际性的第三方物流公司,都具有物流网络竞争力,其发展到一定规模后,会把它的工作环节顺着主营业务向供应链的前后端发展。将信息网络与物流网络相结合,可以科学合理地为客户提供完整快捷的电子商务服务。若第三方物流企业大规模进行电子商务销售,那么它的成功是指日可待的,因为它是世界上最大的物流快递企业,可以将现有的物流和信息网络资源实现利用最大化,实现电子商务系统专业化、标准化,最大限度地利用企业资源。

四、电子商务条件下现代物流发展的决策

(一)把现代物流产业作为我国国民经济的重要产业

我国将物流资源进行优化配置,实现物流系统的业务流程重组,以此加快物流产业的发展。第一,随着国民经济的不断发展,可利用的物流资源量较大,应尽量提高资源利用率,促进物流业从传统物流向现代化物流转型,从而实现国民经济的增长;第二,立足实际,合理配置物流资源,运用先进的科学技术进行物流行业的重组与优化,振兴现代物流行业,使其更具有生命力与创新力;第三,把现代物流产业作为推动国民经济发展的重要产业,升级物流基础设备,加大研发力度,促进物流产业成长为新的经济增长点,为其在新兴行业领域立足提供有力保障。

(二)加强运输和保管

政府应加大对交通基础设施建设的投资,以此缓解交通拥堵问题;大企业可将运输业务外包给专门从事运输的组织,进行联合运输和托盘化运输,降低企业运输费用,也能满足客户对个性化需求。

企业引进更为先进的库存管理技术,如物料需求计划和准时化生产方式等,有利于提高服务水平,提升仓储管理水平,降低库存率及提高公司的投资回报率。大企业还可以把自身传统仓库改造成配送型仓库,以满足客户需求,提升公司竞争力。

(三)按客户或产品的重要性依次进行有等级的物流服务

物流服务是通过节省成本费用为供应链提供重要附加价值的过程。ABC分析法可以帮助企业制订物流服务计划,使用合理的方式确保客户需求得到满足,按照所销售的产品进行物流服务的分配,为普通产品与战略产品提供不同的物流服务。对于产品发展前景较好

的"明星商品",应借助水平较高的物流服务以增加商品销售量;对于普通商品,则只需要维持当下的物流服务水平,稳定其销售量;对于处于衰退期的商品,可以将其放弃,退出市场竞争。

(四)进行物流信息系统的构建

物流信息系统是以信息技术为支撑所开发的信息系统,利用信息技术,与用户、制造商及供应商等进行资源共享,有利于对物流各个流程进行实时跟踪,以实现合理控制和有效管理。建立科研团队进行技术研发工作,可实现高效有序的信息管理,建立数据库信息系统,有效处理大量数据;加快物流信息处理速度,确保信息时效性,及时制定工作流程和工作方案;学习先进的物流管理技术,结合国情,加大研发适合的服务标准力度。

第四节 "互联网＋物流"

一、"互联网＋物流"概述

"互联网＋"被写入政府工作报告,"互联网＋"就是"互联网＋各个传统行业",使互联网与传统行业深度融合。借着"互联网＋"的趋势,物流业也开始从中寻找新的突破口。

(一)"互联网＋物流"的概念

在当今"互联网＋"的大环境下,信息化的时效性使空间距离相对缩短。因此,需要调整原先的物流运作模式。物流市场格局将加快调整,全面推行信息化,实现智慧物流。劳动密集是传统物流业的特点,企业更愿意加大对物流硬件设施设备的投入。随着物流活动逐步由制造业驱动的传统合同物流向快递、零担物流转变,小批量、多批次的物流作业成为主要趋势,从而导致市场需求与传统物流运营模式不匹配,服务内容同质化、服务水平低下、恶性竞争等问题频繁出现。"互联网＋物流"的出现在很大程度上可以解决这些问题。

"互联网＋物流"作为一种新的物流形态,即移动互联网与物流行业融合发展,充分发挥移动互联网在资源配置中的优化和集成作用,以实现信息共享、资源共用和流程可视化,重构物流的价值链。

(二)"互联网＋物流"的特征

1. 物流平台互联网化

根据互联网思维构建物流平台,整合物流资源,重构价值链。例如,小米模式是一个整合上下游企业的物流平台模式,它的盈利点主要是在延伸服务和增值服务上,而不是在基础物流服务上。

2. 物流运营大数据化

"互联网＋物流"通过提供良好的客户体验汇集大量流量,通过整合客户资源,进一步利用大数据进行精准营销;建设平台辅助系统,打造一个为客户企业提供有价值服务的平台,提高客户黏性。

3. 物流信息扁平化

通过"互联网+物流"可以实现物流信息的高效共享,将物流行业的供求信息进行整合,实现物流服务供需双方的交易扁平化、物流运营监控的可视化,提高物流人才供应的透明度。

4. 物流资源众筹化

众筹模式已取得很多研究成果,在国内市场,将互联网领域的众筹模式应用到物流行业,不管是资本的众筹,还是资源的众筹,都会带来很大的发展空间。

二、"互联网+物流"的内涵

(一)物流资源整合

物流资源整合可以促进传统物流业的变革。互联网通过对物流资源整合可以达到两个目的:一方面可以加速打破传统物流组织的自我封闭状态,创造一个新的社会和经济环境;另一方面也可以加强物流组织同外部的沟通与联系,为物流组织整合外部资源提供有效的工具。

(二)价值链重构

在互联网与物流业进行深度融合时,必然会变革传统物流模式,因而,价值链重构从根源上为"互联网+物流"提供驱动力,价值链的重构可以分为表层重构和深度重构。

表层重构主要是在传统互联网的基础上,重构物流信息的聚合和分发方式,如在信息层面上通过物流信息平台和手机 App 等对传统物流业进行重构。深度重构则是在移动互联网的基础上,逐一分析物流流程的各个环节,把能省的步骤都省去,利用互联网对物流行业进行重构。

正如价值链深度重构所阐述的,"互联网+物流"可以为省去物流中间环节和节省中间费用等去中介化提供直接的驱动力。第一,在交易活动中供需双方直接通过互联网联系,省去了时间、人力、物力等中间成本;第二,由于物流信息扁平化发展,避免了过多的人力参与,还可以在互联网上记录交易过程,双方可随时审核查看,保证交易的透明度;第三,在去中介化以后,各种交易数据可直接和高效地通过互联网反馈给整个行业,利用"互联网+物流"平台的大数据监测行业的发展走向。

三、"互联网+物流"的模式

(一)平台模式

互联网的快速发展促使全国各大物流平台陆续产生,如物流园区管理平台、公路港物流电商平台、零担物流专线平台等。传化物流是国内最早采用平台经营模式对行业转型升级提出系统解决方案的企业之一。早在21世纪初,传化物流就建成了全国首个公路港——杭州公路港,在全国首创了公路港物流服务平台模式。传化物流致力打造中国智能公路物流网络运营系统,发展物流大数据,形成中国物流大脑,同时应用互联网、云计算等信息技术,供应链、金融等服务手段,贯穿供应链全链条,成为中国物流行业新生态的品牌企业。物流平台经济是以生态为基础的新型商业模式,具有长远的战略价值。

(二)众包模式

京东众包是"互联网+物流"众包模式的典型代表,是京东到家推出的新模式,该模式利用用户抢单,为附近的客户提供送货服务。众包模式可以充分地利用社会上闲置的劳动资源。京东众包是一个全社会化的物流体系,在这种物流体系的运作模式中,配送工作从原来快递员专职承包的形式,转变成了兼职人员利用互联网平台承接物流配送工作的形式,从而最大限度优化了社会资源的配置,极大地缩减了物流成本。在传统物流配送模式中,聘用专职快递员的费用较高,成本固定,而众包模式中能够做到灵活地变动物流配送人员的数量,有效降低了物流成本。

(三)跨界模式

在"互联网+物流"的背景下,物流企业纷纷发展跨界经营模式,顺丰是进行跨界电商最早的快递企业之一。顺丰优选正式上线后,以全球优质安全美食为主,覆盖生鲜食品、母婴食品、酒水饮料、营养保健、休闲食品等品类,顺丰优选依托覆盖全国的快递配送网,从原产地到客户需求地进行全程冷链保鲜。

第十章　我国应急物流存在的问题及对策

第一节　我国应急物流发展现状及问题与对策

一、应急物流的发展现状

(一)我国应急物流起步晚,但发展迅速,应急保障能力不断提高

应急物流在我国的发展起步较晚,经过近十几年努力,在应对突发性事件上也取得了长足的发展和进步。实践证明,我国应急物流在应对突发事件中发挥了重要作用,显示了较强的保障能力。以大地震为例,大地震发生后,给震区造成非常巨大的财产和经济损失,交通基础设施基本瘫痪,物流通道同样造成重大破坏。震后,大量的救灾物资资源和专业救援人员需要尽快地运送至震区的最前线,这对应急物流管理能力提出了严峻考验。中央和地方政府迅速成立救灾指挥中心,指挥震区应急物流活动,同时开辟了物流运输"绿色通道"。同时依据法律和条例迅速落实数百次民航飞机,征用上万台车辆紧急运送物资和人员,应急物流保障力量在整个抗震救灾中发挥了巨大的作用。

(二)国家不断出台政策重视和促进应急物流发展

自 2003 年爆发的"SARS"疫情之后,业内普遍认为这是"应急物流"进入中国的标志性事件。在以后的重大突发性事件的应对过程中,应急物流发挥了重要作用,逐步得到学术界和政府的认可,国家为促进应急物流的发展,也在不断出台一系列重点的政策,推动应急物流逐步进入实质性发展阶段。

二、应急物流发展存在的问题

经过实践证明,我国应急物流在应对突发性事件中有着极其重要的作用,但是在实际应用过程中也同样存在一定的问题。

(一)应急物流交通运输设施建设比较缓慢

经过近些年的发展,我国的交通运输网络体系基本上已经形成,但是在展开应急物流运输的基础设施上还存在着一定的不足和问题。如支线运输通道能力还比较低,铁路线路网络结构比较薄弱,航空运输支线数量还比较匮乏,内河航道运输发挥的作用非常有限等。东、中、西三个地区之间交通设施依次弱化,部分区域运输网络线路较少。

(二)应急物资储备系统有待完善

首先,救灾储备中心规划和地域布局存在一定不合理。一般从应急物流规划上讲,救灾物资储备中心应尽可能靠近一线受灾地区,以对灾情严重程度做出快速反应来尽快安排救灾物资。我国目前在全国设立的10个主要的国家级救灾物资储备中心主要分布在中部和东部地带,但是我国自然灾害频发是在西部地带。其次,应急救灾物资供给和需求之间存在一定的不平衡性局面。我国救灾物资可以说基本上是属于应急捐赠,而社会捐助物资由于存在信息上的不对称,比较容易出现种类、时间上的供需失衡,造成不必要的浪费等问题。

(三)应急物流专业化人才匮乏

专业化的应急物流人才是应急物流体系中的重要支撑,相关部门和组织应考虑建立应急物流培训机制,开展专业性技能的培训,提高从业人员和志愿者的救助能力。当前我国应急人才专业化和实践能力还存在不足,未来国家应该加大投入力度和借鉴先进的经验来培养一批专业化的应急人才,从而更好地保障应对突发性事件的能力。

(四)应急物流的法律法规制定步伐滞后

为促进应急物流的发展,我国不断出台一系列有力度的政策,但是在应急物流的法律和法规的建设方面还存在较大欠缺,我国出台了相关的应急预案,但是主要是对突发性事件的纲领性文件和宏观管理调控方案,在具体的实施过程中对于临时站建设、责任归属、征用救助设备、物资调配、补偿等没有明确的规定,相关法律法规建设相对薄弱。此外各级部门成立的救灾指挥小组,由于没有明确的法律法规的指导,在运用行政性权力指挥救灾工作中会出现部门之间信息不对称、衔接不畅等问题,造成人员效率低下和物资的浪费。

三、促进应急物流发展的对策

(一)完善交通网和加快基础设施建设

一方面国家应该重点加强交通运输中存在的薄弱环节的投资和建设,构建科学、合理的网络化、一体化交通运输线,保证运输线路的畅通;同时国家应该加强对中西部的交通基础设施的投资,促进东中西三个地区之间交通运输的平衡发展,促进相互间交通的有效衔接。此外应该重视多种运输方式的整合与统一,建立公路、铁路、航空、水路多维立体的运输网络,保证多种运输方式的有效应用。

(二)优化物流储备系统,增强应急物流保障和运作管理能力

根据当前的切实需要,应急物流中心和储备中心应该加快建设的脚步和进程,建成具有现代化、智能化的应急物流储存系统。此外通过科学规划来建设专业应急物流中心或配送中心,使得遇到突发性事件时,最大限度保障区域内突发性事件的需要,并且可以利用社会资源,通过与具备实力的国内物流企业签订战略协议,如京东、顺丰等具有巨大物流能力的企业开展合作来更好地应对突发性事件时做好应急后备和支援工作,此外,政府应该出台相

关的扶持和奖励政策,鼓励应急物流社会化和产业化。

（三）加快应急物流资源集约化和培育高水平应急物流人才

国家应加强对分散的物流资源进行整合,实现对应急物资的多环节的有效集成或协作,提高应急物流的利用率和水平;国家和地方应该加强应急物流高水平、专业性人才队伍建设,通过在应急管理培训基地进行实战培训和实践,具备迅速应对突发性事件的能力。

（四）完善应急物流法律法规机制

通过制定完善的法律法规对政府、社会组织等不同主体在应急事件中的责任,保障应急物流活动的有序开展和顺利进行。同时法律应该明确规范政府对于物流企业参与保障的权责、流程和补偿等措施,为物流企业的具体实施过程提供法律保障。使得突发性事件发生后,政府通过行政手段能够最大限度地保证责权划分、经费来源可寻等问题,并高效应对突发性事件。

第二节 我国应急物流管理系统的问题及对策

近年来,我国频频发生重大的公共卫生事件和各类自然灾害,给社会造成了恐慌,使人们逐渐开始意识到突发事件对我国社会稳定的影响巨大。一旦发生重大灾情,造成的人员伤亡和财产损失不可估量,使得人们目前对应急物流的需求刻不容缓。通常应急物流要面对两大挑战:一是"短时间供应"。它不是日常性的物流活动,普通物流系统无法满足短时间供应,而应急物流系统却能发挥此优势。二是"不确定性"。应急物流通常面临的是不可预测事件,它的预警时间与发生时间相隔很近,发展速度快,后果严重,需要紧急处理,这就使应急物流备受社会关注。

一、我国应急物流系统的现状

目前,我国的应急物流体系还处在发展阶段,虽然在物资调度和信息传播方面已有很大的进步,特别是突发事件发生时,信息的传播实现了实时性,且信息的更新也很及时,能够最大范围地进行物资需求的传播。但在实际的应急物流行动中,仍能发现应急物流系统存在的缺陷,特别是近年来我国经常遭受自然灾害的侵袭,使我国的应急物流系统面临着巨大的挑战,目前,我国应急物流系统存在 4 个方面的主要问题。

（一）应急预案缺乏执行力

编制应急预案的目的就是在发生突发事件时,通过启动应急预案,将突发事件对社会、企业、公民的危害降至最低,以保证社会稳定。

（二）信息的沟通缺乏时效性

应急物流最重要的体现就是"急",在突发状况下,相关部门要在最短的时间内集中大量物资,就需要保持信息畅通,如果信息传播不及时、不对称,就会导致人员伤亡、财产损失,甚至对社会造成严重的危害,因此,应急物流活动的及时性、准确性极其重要。任何一个应急物流活动,都对时间有严格的要求,如果出现紧急情况,造成通信中断等问题,就无法向相关部门提供救助需求,使物流活动的实施遇到极大的困难,错过最佳的救灾时间。

(三)物资的存储布局不合理

我国西部地区的发展比较落后,遇到突发事件时,更依赖于外界的救助,然而我国的应急物资存储大部分集中在中东部地区,往往西部地区发出救助请求时,无法做到快速响应。同时,在突发状况下,储备中心储存的物资量和品种都较少,物资装卸设备也不够先进,无法做到及时共享,很难满足应急情况下的物资需求,因此,要想让人们灾后的物资需求得到保障,还需给予进一步的重视。

(四)物资的运输环节不通畅

相关部门只对本地区的运输路线和实际情况比较了解,面临突发事件时,应急物资的运输活动就会出现严重脱节的情况。例如物资在运输过程中,经常遇到交通运输受阻情况,等到交警大队采取处置措施时,已经浪费了很多时间,导致救援物资运输时间的延长,甚至完全中断,这给应急物流活动造成了很大的负担,使得运输效率降低,成本变高。

二、应急物流系统的改进措施

(一)加强应急处置专业队伍的建设

应急物流系统运作的过程十分复杂,需要政府、企业和广大群众等多个主体参与进来,而且必须依靠政府部门进行宏观调控,突发事件不同于普通物流,它需要人力、物力和财力紧密衔接在一起,才能达到效率最大化。加强应急处置专业队伍建设,不仅要建立一套完善可行的应急救援管理机制,把每一个环节都落实到救援团队中的每位成员身上,同时,要定期对队伍中的专业人员进行应急救援培训和实战演练。

(二)保障应急物资的储备

在突发状况下,往往需要在最短的时间内集合大量的物资,并以最快的速度送往事发地点,这就需要有一定的应急物资储备,因此,资源的有效整合就显得尤为重要。除了整合物资,还需要对技术、装卸设备、资金、信息等资源进行整合,只有这样才能保证在启动应急预案时,能在最短的时间内提供帮助,将损失降至最低,最大限度地保证人民群众的人身财产安全。

(三)保障通信信息通畅

要保证突发事件下应急物流活动的高效性,就要对信息的流通有更高的要求。因为任何一个应急行动,都需要一个最佳救援时间,这时就是考验应急物流活动的实施效率,所以建立一个高效的信息管理中心十分必要。以便在突发事件发生时,能以最快的速度获取救援信息,并及时开展救灾行动,同时,信息的实效性能够让相关部门获取更准确的物资需求,以便对物资进行合理配置和调控,尽力做到"有求必应"。

总而言之,突发事件是不可避免的,就我国目前的应急物流情况来看,仍然有许多不足之处引起了政府部门的重视。本文从应急物流的内涵和特点入手,研究分析了我国应急物流的发展状况,在此基础上提出了应急物流系统的改进对策,为今后的应急物流活动提供借鉴。

第三节　城市应急物流体系的特点问题及改进对策

由于各类不确定性因素是多样的、突发的,为了保证应急物流的及时响应,城市应急物流网络方面存在的一些问题急需优化。同时,为减少不确定性因素对城市经济发展和社会发展造成的重大影响,各个城市需要构建完善的应急物流网络。这个过程中需要从多方面来分析应急物流的特征,发现当前应急物流网络中的不足和缺陷,针对不足和缺陷,结合应急物流的特征予以完善,这是优化城市应急物流网络的主要思路,也是文章研究的重点内容。

一、城市应急物流网络的特点

(一)及时性

城市应急物流网络是社会应急网络的一个重要组成部分,只有在不确定的各类因素下才会启动城市应急物流网络。因此其具有十分明显的及时性,具体表现在应急物流的整个流程之中,首先是城市应急物流网络中的运载物质属于应急物资,应急物资具有及时性;其次是物流的目标是指定的区域,这种区域通常具备分散性,在这种情况下,城市需要保证应急物资的安全,并能够及时地通过物流网络运送到应急物资所需要的区域,应急物流网络与普通物流网络有着较大的差异,这种差异是由不确定性因素引发的,也是由城市的人口集中这个特征决定的。

(二)统一性

不确定性的各类事件所具有的不可预测性使得应急物流网络需要随时随地都要做到响应。由于应急物资的具体需求和数量在不确定性公共事件发生前很难具有足够数量的仓储,而在事件发生后又会产生需求增加的问题,这就决定了城市应急物流网络具有统一性,统一对物资进行调度、统一指挥城市应急物流网络、统一分配物资,这是城市应急物流网络的基本特征。

(三)创新性

创新性是城市应急物流网络在不确定性下需要展现的基本特点,不确定性因素是多方面的,如果城市应急物流网络还是应用传统的方案应对不确定性下的各类影响因素,很多情况下无法完全保证其及时性和准确性,这种情况下,城市应急物流网络需要保持不断地创新。创新性并非一个空洞的内涵,而是直接关系到城市物流应急网络的建设水平,城市应急物流网络是从仓储、运输到使用的具有全过程、全环节的物流体系,根据不确定性下的各种因素,要对物资进行仓储、运输到分配等各个环节的模拟和演练,这个过程很容易产生具有一致性的网络流程,但不确定因素是多样的,不同的不确定性因素下的应急物流网络的过程是有差异的,如果平时演练的应急物流网络是一样的内容,在不确定因素发生时很难针对特定的因素发挥应急物流网络的作用,因此在不确定性下,城市应急物流网络需要有多种方案和多种措施,这就需要针对城市应急网络建设进行创新,这是新时代城市应急网络的基本特征。

二、不确定性下城市应急物流网络中存在的问题

(一)信息化建设水平较差

在应对不确定性的突发因素时,政府和相关部门难以快速准确地掌握所需应急物资的生产、仓储及分布情况。这使得应急指挥部门在进行物资调度时,对于前线救护人员和受灾人员最需要的医疗物资,不能保证快速及时地送达定点目标。同时救援信息可能由于不确定性因素的影响,产生不通畅的情况,过去的经验表明,当不确定性因素发生时,社会产生的大量捐赠难以有效地管理起来,各类复杂的实际情况是考验城市应急物流网络应急能力的关键,如果应急物流网络不能进行统一调度和指挥,往往会造成救援物资的需求和供应失衡的情况发生。对于不确定性下的自然危害和社会问题,因为不确定的因素具有突然性,一旦暴发突发性的公共安全事件、公共卫生事件,面对来自各地救援物资的长途运输,往往会存在初期物资急剧短缺,后期可能出现物资过剩的情况,这就是由于信息化建设水平较差所造成的应急物资分配不平衡。

(二)物资存储缺乏创新

不确定性下的各类因素引发公共事件后,只有保证在最短的时间内将所需医疗器械、药品、食品等应急物资运送到灾难发生地,才能最快地实现对救护人员的防护、病人的治疗,满足普通市民的正常生活。此外,医疗物资对存储和运输过程也有特殊要求,药品的可替代性又较低。因此医药物流的能力难以在短时间内得到增强。所以在应急物流响应突发事件的前期,急需大量的人力、物力、财力才可以完成初期应急物资的采购、运输、配送等,而我国救灾物资储备库主要储备帐篷、食品、衣被等生活必需品。

(三)城市应急物流的相关法律缺乏更新

法律法规的保障在面临不确定性下城市应急物流网络的应急能力有着十分重要的作用。在应急网络启用的时间内,要迅速地明确个人和政府部门的义务、职责和权利。当前,

城市应急物流有关的法律法规主要有《突发公共卫生事件应急条例》《中华人民共和国传染病防治法》《国家突发事件总体应急预案》《突发事件应对法》《自然灾害救助条例》《中央救灾储备物资管理办法》等法律条文。但针对物流体系如何执行城市应急网络并未做出明确的规范，尤其是我国物流企业以民营企业为主的背景下，规范民营企业参与到应急物流体系中来是建设城市应急物流网络体系的重要内容，而这个方面依旧缺乏完善的法律法规，使得在发生应急物流响应的公共事件中，很难集中物流力量去推进公共事件的应急处理。

三、不确定性下城市应急物流网络优化策略

（一）提升城市应急物流网络的信息化建设水平

城市应急物流网络的信息化建设要借助互联网企业的力量，应用大数据的优势，将有关生产企业、服务企业紧密联系起来，尤其是在公共卫生、公共安全事件发生的情况下，受灾地区最需要的各类产品要及时地通过快速物流通道送到所需地，这种情况下无论是食品企业、户外物资生产企业，还是医疗器械类企业都需要迅速响应，保证从工厂产出的物资能够直接流向受灾地区。在信息化建设中，要将企业按照物资的优先性进行组合，企业的运输配送环节和生产环节要紧密地结合起来，军队物流、地方应急物流和企业物流要与物资生产企业进行对接，简化物流的手续环节、减少物流的流通事件、增加物流的运输能力，这是城市应急物流网络信息化建设的重要目标，也是城市应急物流体系信息化建设要注意的细节，这个过程中企业、物流要根据不同的公共事件等级进行计算机模拟演练，发挥不同企业在各自领域的相应优势，在日常要对员工开展应急物流的课程培训，必要时要组织企业之间进行应急物流网络的响应演练。与此同时，完善城市应急物流网络信息化建设要注重对信息真实性的识别。因为在不确定性因素下，应急工作开展存在各种各样的困难，应急物流的响应能力也有着次序性和紧迫性，在这些因素的影响下，很多信息会产生失真问题，这种情况下，城市物流体系下的配送就是最重要的一个环节。

（二）创新应急物资管理服务

城市物流应急网络中应急物资的管理是关键，创新应急物流管理服务能有效地保障应急物资的库存质量，为应急物流的快速响应提供有效的物资保障。创新应急物资管理服务需要从两个方面入手，其一，完善应急物资的管理制度，不同级别的应急物资有不同的管理制度，中央储备物资的管理、省市储备物资的管理、县级行政区储备物资的管理、企业储备物资的管理、社会储备物资的管理有着不同的管理制度，这些制度如何与城市应急物流网络相结合，促进城市物流网络高效地运转，这是创新应急物资管理服务的重要环节，不同的管理制度要有不同的管理流程，不同的管理流程要能够及时地融入应急物流网络中，这个过程中对这些物资的调度分配就需要一个整体的管理，这就需要创新应急物资管理服务，从整体性的角度去细化每件物资的接收、分配、使用管理，保障物资能够迅速运用到最需要的地方。

其二，要完善应急物资运送通道使用制度，由于不确定性下的影响因素是多样的，因此对于基础设施的使用，尤其是物资通道的使用是保证应急物流网络能够产生作用的主要因素，因此在应急物资运送通道管理上要明确应急机制下通道的开放能力，做到简化流程，缩短通道的过往事件是运送通道使用制度的根本目标。

(三)完善城市应急物流网络的法律法规

城市应急物流网络法律法规是应急物流网络优化的重要策略，只有在应急物流响应的过程中做到有法可依，才能保障在不确定性下城市应急物流网络实现响应的快速性、高效性和及时性。完善城市应急物流网络的法律法规需要从三个方面入手，首先，要将所有物流企业纳入应急物流网络中，通过立法的形式规范物流企业在应急机制下的征调权和指挥权，要以法律条文的形式将应急物流网络中的物流企业进行责任和义务划分，形成应急物流与普通物流在应急体系下一体化的目标，这个过程中要出台专门的针对城市应急物流保障的法律法规，专业的适用性法律对于完善城市应急物流网络具有重要的价值。其次，在城市应急物流相关的物资采购、储存、调配、运输、回收等职能中，往往是由不同的职能部门进行管理的，在不确定性下，城市应急物流网络需要统一性和整体性，因此应急物流的指挥机制应当以立法的形式规范起来，指挥机制如果在各类不确定性因素下临时组建，会有较长时间的磨合期，这个磨合期就非常不利于现场资源的有效整合。因此，需要在应急部门中增设应急物资主管部门，专门负责不确定性下城市应急物资储存、运输和调度，针对不确定性事件做出统一指挥。最后，要完善城市与乡村之间的应急物流法律体系，整合现有法律中重复的、矛盾的地方，规范应急物流体系下各个参与主体的权责，对应急物资的存储标准、配送标准、基础设施运营标准、救援人员执行标准、接收物资统计标准等以法律的形式规范下来，形成强制性和约束性，保障应急体系响应的稳定性。

第四节 我国自然灾害应急物流的问题及对策研究

一、我国自然灾害应急物流存在的问题

(一)自然灾害应急物流信息系统建设不完善

通过雅安地震抗震救灾报告可以明显看出，我国地震应急运输物流服务信息共享系统基础的建设还不够完善，在抗震救灾时，缺乏能统一共享发布的地震应急物流信息管理平台和地震应急物流信息资源共享管理机制。地震应急运输物流服务信息共享系统信息完整度低，难以完全满足国家自然灾害应急响应的具体要求，如应急物资运输需求、物资供应需求、物资供应需求等，地震灾区的交通运输能力等应急信息若不能及时有效地发布和准确共享，极易造成应急信息不对称，进而严重影响抗震救灾的工作效率和管理效果。当然，由于

自然灾害也可能对城市交通运输造成巨大的经济损失，构建完善的国家应急救援物流运输信息网络系统仍然是科学研究和实践的一大挑战。

（二）自然灾害灾区应急救援物流工作预案不完善

自"非典事件"以后，我国各级人民政府和各个行业不断加强行业应急安全预案管理体系机制建设。截至目前，我国已累计制订各级各类行业应急管理预案130多万件，然而这些工作预案并不是很完善，主要存在两个主要方面的问题。一是应急物资计划仅对各类应急物资的管理、储存、运输和交通管理有一般性的政策规定，仅包括各类应急物资的供应和其他应急运输，这类应急物资计划难以切实指导自然灾害时期应急物流的管理、组织和实施。二是这些区域规划原则性很强，由于规划与自然灾害实际情况差距较大，导致规划的可操作性不强，进而导致一些区域与相关产业在自然灾害地震前期衔接不好，一些基层民政部门没有灵活地组织应急指挥行使权力，履行职责，导致抗震救灾工作严重错失良机。

（三）统一的调度指挥机构缺乏

雅安地震发生后，大量抗震救灾物资涌入雅安。但由于缺乏专业统一的应急组织协调和应急指挥，大量运输和救灾车辆受阻在路上，这直接使大量的抗震救灾物资无法及时、安全地运到地震灾区人民的手中。所以如果没有统一的自然灾害突发应急救援物流工作组织或者指挥机构，就不能把各种类型应急救灾物资、应急救灾装备和社会各界应急救灾工作人员及时正确地组织和有效调动结合起来，最终可能导致错失最佳的应急救援指挥时机。

二、促进我国自然灾害应急物流发展的对策

（一）加强自然灾害应急物资储备中心建设

针对常见的各种自然灾害对应急救灾物资的储备要求，各地区根据频发自然灾害的实际发展情况，加强自然灾害地区应急救援物资灾前储备管理中心体系建设，提前有效储备各种应急救灾物资，科学合理地将物资企业储备控制，最大限度压缩从自然灾害事件发生到应急救灾任务完成的间隔时间，减少物资采购和交通运输利益相关者的成本，并将我国企业应急物流经营管理体系中的储备库存规模控制管理方法融入企业应急危险物资的企业储备库存管理中，科学有效地确定企业应急危险物资企业储备库存规模，实现对企业应急危险物资储备库存的有效控制。灾害发生时还应当依法动用一切社会力量，通过各种方式途径依法筹集大量救灾救助款项。

（二）动员社会公众积极参与

在重大灾难突然来临时，仅仅依靠各级政府的社会力量救援是远远不够的，只有发动全民积极参与、全国群众同心奋斗才能有效解决困难并取得最后的斗争胜利。对于我国应急快件物流来说，少不了第三方应急物流服务企业技术的大力支持。只有各大物流服务企业积极地深入参与整合进来，为应急救灾人员提供更多专业化的应急设备、资源、人才与解决

方案,才能真正实现更有效率的应急救援。

(三)加强硬件设施的建设

硬件基础设施的完善程度直接影响着物流应急车的运行速率。在园区应急仓库物流建设环节中,对于园区应急物流仓库地点的建设选址要正确,使相应该地点分布更加科学合理,同时引进国内外先进的应急仓库基础设施管理设备,提高园区应急物流仓库建筑面积的综合利用率。对于这类车辆的经营管理细则应该非常清楚明确,从不断提高公用车辆司机专业化管理程度水平开始,逐渐不断提高汽车司机的安全驾驶管理能力及事故应急处理能力。

(四)建设专业化的自然灾害物流管理队伍

首先,政府应当加强与高校物流合作,加强高校物流相关专业人才建设,大力支持培养高校应急指挥物流专业人才,尤其是应用指挥型物流人才;其次,要继续加强自然灾害灾区应急救援物流系统相关部门工作人员日常实战训练,定期组织开展对具有较强针对性的自然灾害灾区应急救援物流相关实战综合演练。这不仅是对自然灾害地区应急运输物流管理预案实施科学性、时效性、经济性和实际可操作性的全面论证检验,也是明确自然灾害地区应急运输物流工作人员基本职责,增强自然危机意识,团队协作意识和安全应急管理意识以及不断提高人员科学有效应对自然危机管理能力的有效方法;再次,要继续加强自然灾害地震应急设备物流相关知识的宣传普及,在平时,政府部门一定要通过网络电视、广播、图书、报刊、网络等多种传播手段,对广大民众广泛进行自然灾害地震应急设备物流知识宣传教育,让广大民众充分了解灾害应急设备物流的使用重要性、处理应急方法、相关专业知识和自律法规;最后,积极研究探索和完善利用各种新型社会组织力量积极参与自然灾害灾区应急运送物流运输服务的工作长效机制,逐渐逐步形成专、兼职技术人员相辅与结合的自然灾害灾区应急运输物流服务人才队伍。

参考文献

[1]汪楠,曹辉,刘飒,等.物流管理理论与实务[M].北京:清华大学出版社,2022.02.

[2]姜岩.物流服务质量管理:理论及应用[M].北京:机械工业出版社,2022.10.

[3]许文文.应急管理中的社会组织[M].北京:应急管理出版社,2022.02.

[4]袁科峰,熊华林.现代物流管理理论与实务[M].青岛:中国海洋大学出版社,2018.01.

[5]王乾.安全与应急科普丛书应急管理知识[M].北京:中国劳动社会保障出版社,2022.03.

[6]马宝成.应急管理体系和能力现代化[M].北京:国家行政学院出版社,2022.03.

[7]雷杰,万志鹏,师路路.物联网环境下应急物流管理体系与信息系统构建研究[M].北京:中国原子能出版社,2021.12.

[8]郗蒙浩.应急物流管理[M].北京:应急管理出版社,2021.09.

[9]朱莉,曹杰,孙发孟.跨区域复杂应急决策模型与方法[M].北京:科学出版社,2021.12.

[10]刘明菲,王槐林.物流管理学 第4版[M].武汉:武汉大学出版社,2021.11.

[11]王铁宁,曹钰,刘旭阳.装备保障物流系统规划与仿真[M].北京:电子工业出版社,2021.12.

[12]赵鲁华.网络平台道路货运运营管理[M].成都:西南交通大学出版社,2021.05.

[13]张磊,张雪.物流与供应链管理[M].北京:北京理工大学出版社,2021.02.

[14]陈文,吴智峰.物流成本管理[M].北京:北京理工大学出版社,2021.09.

[15]陈栋.物流与供应链管理智慧化发展探索[M].长春:吉林科学技术出版社,2021.06.

[16]耿元芳,刘贵容.物流管理[M].北京:经济管理出版社,2021.06.

[17]李兆隆.公路网络灾后恢复决策优化技术[M].北京:电子工业出版社,2021.05.

[18]徐东.应急物流技术概论[M].北京:中国市场出版社,2020.06.

[19]王海燕.应急物流供应链研究[M].武汉:武汉理工大学出版社,2020.09.

[20]王宏伟.健全应急管理体系[M].北京:应急管理出版社,2020.06.

[21]黄剑波.应急管理与安全生产监管简明读本[M].长春:吉林人民出版社,2020.06.

[22]何品晶.重大疫情期间固体废物应急管理手册[M].上海:同济大学出版社,2020.08.

[23]赵明.城市应急物流设施选址[M].北京:北京邮电大学出版社,2020.06.

[24]刘锐,池英花.突发事件应对制度导读与案例评析[M].北京:中国财政经济出版社,2020.03.

[25]侯汉平,杨建亮.属地应急物流管理[M].北京:经济科学出版社,2019.08.

[26]孙家庆.物流风险管理[M].沈阳:东北财经大学出版社,2019.02.

[27]王喜富,崔忠付.智慧物流与供应链信息平台[M].北京:中国财富出版社,2019.03.

[28]王伟,黄莉.应急物流网络可靠性诊断与优化研究[M].南京:河海大学出版社,2018.01.

[29]黄定政.应急物流教程[M].北京:中国财富出版社,2018.06.

[30]王之泰.新编现代物流学 第4版[M].北京:首都经济贸易大学出版社,2018.07.

[31]王仲君,王臣昊.物流学导:论概念、技术与应用 第2版[M].镇江:江苏大学出版社,2018.01.

[32]张敏.应急设施的可靠性选址与评估[M].北京:中国财富出版社,2018.02.